ÉTUDES

SUR

LA CIRCULATION

ET LES BANQUES

Paris. — Imprimerie de P.-A. BOURDIER ET Cᵉ, rue des Poitevins, 6.

ÉTUDES

SUR

LA CIRCULATION

ET

LES BANQUES

PAR

M. ALFRED SUDRE

PARIS

GARNIER FRÈRES, LIBRAIRES-ÉDITEURS

6, RUE DES SAINTS-PÈRES ET PALAIS-ROYAL, 215

1865

AVERTISSEMENT

Le problème de la meilleure organisation à donner aux banques de circulation, qui paraissait définitivement tranché en France dans le sens d'un monopole unique et exclusif, vient d'être remis en lumière par des faits inattendus qui ont profondément ému le monde financier et excité dans le public une attention qu'éveillent rarement chez nous de semblables sujets. En présence de la banque de France investie, sinon par les termes précis de la législation, du moins par son esprit et par un fait généralement accepté, du privilége d'émettre seule des billets au porteur et à vue sur toute l'étendue du territoire, s'est posé un autre établissement, dont l'existence est consacrée par un acte international, et qui aspirait à partager, par un vaste système de succursales et de correspondances, le domaine de la circulation fiduciaire. Les partisans de la liberté absolue des banques d'émission ont applaudi à cette brèche qui paraissait s'ouvrir dans la forteresse du monopole. Celui-ci n'a pas manqué de défenseurs, et à ce sujet tout notre système de circulation a été remis en question. Bientôt une violente crise monétaire est venue généraliser une agitation qui semblait d'abord concentrée entre quelques intérêts particuliers et dans le domaine de la théorie pure. Pour la cinquième fois depuis sept ans, le commerce et l'industrie de la France, sans s'être départis de leur prudence et de leur réserve traditionnelles, se sont vus grevés de taux d'escompte considérés naguère comme impossibles, et dont le fréquent renouvellement porterait la plus funeste atteinte à la production. En présence des réclamations qui se sont élevées de toute part, le gouvernement s'est ému, et une enquête publique ouverte par ses soins va nous donner le spectacle, trop rare dans notre pays, d'une grande question que concourront à élucider les recherches des théoriciens, l'expérience des hommes pratiques et le rigoureux contrôle des intérêts. Cette situation exceptionnelle convie tous ceux qui se sont livrés à de consciencieuses recherches sur la circulation et les banques, à produire au grand jour le résultat de leurs travaux, comme un témoignage de plus dans le solennel débat qui va s'ouvrir. C'est cette considération qui nous a déterminé à publier les études contenues dans ce volume.

Ces études se divisent en deux parties : la première, composée à une époque déjà fort éloignée, est consacrée à la recherche des principes qui, suivant les temps, les lieux et le milieu social, doivent guider l'homme d'État et le législateur dans l'organisation du système circulatoire d'un grand pays. La seconde, plus récente, a pour objet de signaler les inconvénients de l'organisation qui a prévalu parmi nous, et d'indiquer les remèdes qui pourraient y être apportés, sans compromettre les conditions de stabilité et de sécurité de la circulation, qui sont plus nécessaires en France que partout ailleurs. Qu'il nous soit permis d'indiquer rapidement les circonstances dans lesquelles fut écrite la première partie, consacrée aux principes généraux de la matière.

L'Académie des sciences morales et politiques,

section d'économie politique et de statistique, avait proposé, en 1845, la question suivante :

« Déterminer, d'après les principes de la « science et les données de l'expérience, les lois « qui doivent régler le rapport proportionnel de « la circulation en billets avec la circulation mé- « tallique, afin que l'État jouisse de tous les « avantages du crédit, sans avoir à en redouter « l'abus ? »

Le programme joint à la question, après avoir rappelé les opinions contradictoires des partisans exclusifs du numéraire métallique et de la monnaie fiduciaire, ajoutait :

« Ces deux opinions sont-elles également ex- « cessives ? Peut-on, sans nuire à la sûreté des « transactions et au développement de la pro- « duction, concilier dans une certaine mesure les « deux moyens de circulation, qui sont le métal « monnayé et les billets ? Quelle est cette mesure ? « Est-elle la même pour tous les temps et tous « les pays ? La théorie éclairée par les faits « peut-elle la déterminer ? Ou faut-il l'abandon- « ner aux tâtonnements de l'empirisme ? »

C'était là une grande et belle question qui, par la généralité de ses termes et le terrain nouveau sur lequel elle était posée, semblait ouvrir un vaste champ aux recherches. Elle invitait à soustraire le problème de l'organisation des banques au domaine des considérations abstraites et absolues dans lequel, comme beaucoup d'autres questions d'économie politique, il avait été trop longtemps retenu, pour le rattacher à l'ensemble des faits sociaux qui constituent le milieu dans lequel les établissements de crédit sont appelés à fonctionner. Elle conviait à montrer l'influence que la distribution de la propriété, l'organisation industrielle et commerciale, la situation politique, doivent, selon toute apparence, exercer sur la nature des instruments de circulation.

Quatre mémoires furent envoyés à l'Académie; mais aucun ne fut jugé satisfaisant. La question fut remise au concours, et accompagnée, cette fois, de l'explication suivante :

« Tout en laissant aux concurrents le soin de « fixer la direction et l'étendue de leurs investi- « gations, l'Académie les invite cependant à por- « ter principalement leur attention sur cette « partie du crédit dont les gouvernements sont « libres de déterminer l'usage. Ce qu'elle de- « mande, c'est l'examen des règles à imposer à

« la circulation en billets dont l'émission a lieu « soit pour le compte des États eux-mêmes, soit « par l'intermédiaire d'établissements ou de ban- « ques investis de priviléges exclusifs. Dans « quelle mesure cette circulation peut-elle, sans « inconvénient, se combiner, avec la circulation « métallique? Quelle proportion faut-il maintenir « entre le montant des émissions et celui des en- « caisses ou réserves métalliques, destinées à sub- « venir au remboursement des billets dont la « conversion en numéraire pourrait être récla- « mée? Les règles, à cet égard, doivent-elles être « partout les mêmes, ou peuvent-elles différer « suivant les temps et les lieux? Tels sont les « points qu'il importe surtout d'éclaircir et de « décider. »

Le problème se trouvait réduit à la recherche de la proportion la plus convenable à établir entre le montant des émissions et l'encaisse des banques à privilége. C'était une question très-différente de la première. Le concours n'eut pas plus de suite que le précédent, et la question après avoir encore été l'objet d'une nouvelle interprétation, fut définitivement retirée.

L'auteur des études ci-après était au nombre

des concurrents de 1845[1]. Il avait compris la question dans le sens général et élevé qui paraissait lui avoir été d'abord attribué. Cette méprise, si c'en était une, peut paraître excusable, puisqu'elle avait été partagée par tous les concurrents, et que la question fut en trois années l'objet de trois interprétations différentes de la part de ceux qui l'avaient posée. Quoiqu'il en soit, en relisant à vingt ans de distance ce travail presque sorti de notre mémoire et devenu pour nous comme celui d'un étranger, nous avons cru y trouver une analyse de faits économiques non encore approfondis, des considérations générales et des prévisions que les événements survenus dans ce long intervalle n'ont pas infirmées. Ce sont ces analyses et ces considérations, extraites du mémoire présenté à l'Académie en 1845, qui constituent la première partie de ce volume. Nous n'y avons fait que les faibles additions et retouches nécessaires pour les mettre en rapport avec les faits de l'histoire contemporaine.

1. Notre Mémoire doit se trouver encore dans les cartons de l'Académie des sciences morales et politiques, sous cette épigraphe empruntée à l'excellent article de M. Thiers sur Law :
« Les banques résultent d'une prospérité antérieure, servent « puissamment à l'accroître, mais ne la précèdent jamais. »

Ces explications sur l'origine de ce travail nous ont paru de nature à établir l'indépendance et l'impartialité qui ont présidé à sa composition. À l'époque où nous recherchions les principes supérieurs qui doivent présider à l'organisation du système circulatoire des divers États, il n'était question ni d'une banque de France affranchie de toute limite dans le taux de ses escomptes, ni d'une banque de Savoie aspirant à partager son monopole. Demeuré étranger à tous les intérêts privés qui s'agitent aujourd'hui autour de la question générale, nous n'avons eu, en abordant dans notre seconde partie les débats actuels, qu'à appliquer les idées fondamentales que nous nous étions formées depuis de longues années, et nous n'avons consulté que les grands intérêts de la société laborieuse, devant lesquels doivent s'effacer toutes les prétentions des associations particulières ou des individus.

ÉTUDES

SUR

LA CIRCULATION

ET LES BANQUES

PREMIÈRE PARTIE

CHAPITRE I

DU CRÉDIT EN GÉNÉRAL

Influence du crédit. — Question fondamentale qui domine l'étude des banques de circulation. — Objet et plan de cet écrit.

Produire et échanger, telles sont partout et toujours les premières conditions de l'existence des sociétés. Mais la production et l'art des échanges, l'industrie et le commerce ont subi, aux diverses époques de l'histoire, de grandes révolutions, qui ont exercé sur l'ordre social et politique la plus profonde influence.

Ainsi, l'hérédité des professions savantes, artistiques et industrielles, la servitude des classes agricoles et ouvrières, le servage des laboureurs et l'émancipation des industriels et des commerçants réunis dans les murs de la commune sous une forte hiérarchie, l'établissement des manufactures, la liberté des classes laborieuses et la concurrence ont successivement caractérisé la production dans l'antiquité, le moyen âge et les temps modernes.

Les révolutions dans l'art des échanges n'ont pas été moins importantes. Sans parler des grands événements qui ont eu pour principe la découverte de routes commerciales et de débouchés nouveaux, combien l'invention de la monnaie et le développement successif du crédit n'ont-ils pas influé sur la civilisation !

Bornée d'abord au simple troc, la répartition des produits entre les consommateurs devint, par l'établissement du numéraire et du contrat de vente plus étendue et plus facile. En même temps le crédit personnel et hypothécaire élargit le cercle des transactions civiles; mais là s'arrêta pendant longtemps le progrès.

Au moyen âge, l'invention de la lettre de change vint affranchir le commerce du transport des espèces à des distances éloignées, soustraire les valeurs mobilières aux rapines du pouvoir, et fonder la solidarité des négociants. Elle créa la base du crédit commercial moderne, bientôt développé par l'établissement des banques de dépôt, et complété plus tard par celui des banques de circulation. En même temps les besoins des gouvernements donnèrent naissance au crédit public qui, du système des emprunts remboursables et temporaires, est successivement passé à celui des emprunts à rentes viagères, et à l'institution actuelle des rentes perpétuelles et des dettes flottantes.

Toutes les nations modernes ont cherché dans le crédit commercial et public, organisé sur une large échelle, des éléments de puissance industrielle et politique, et toutes en ont cruellement éprouvé les abus. Il a donné des victoires, mais en escomptant l'avenir; il a décuplé la production, mais souvent au prix des souffrances des classes laborieuses; il a multiplié les richesses, mais rendu les fortunes précaires. Force redoutable à qui l'emploie, il peut être pour les peuples une source d'opulence et de misère, de grandeur actuelle et de faiblesse future.

De toutes les institutions qui contribuent au développement du crédit, les banques de circulation sont celles qui exercent l'influence la plus étendue. Aussi ont-elles donné lieu aux débats les plus animés. Parmi ces discussions, les unes ont eu pour objet la comparaison des avantages et des inconvénients intrinsèques des banques, le principe même de leur admission ou de leur exclusion. Les autres n'ont porté que sur des points de détail, relatifs à l'organisation de ces puissantes machines financières, tels que la recherche du meilleur emploi du capital, celle du rapport à établir entre la somme des billets et les réserves métalliques.

Mais toutes ces controverses sont dominées par une question plus élevée, celle de savoir si le développement relatif des divers moyens de circulation ne doit pas varier suivant les temps, les lieux, l'organisation économique et la situation politique des sociétés.

C'est cette question que nous nous proposons d'abord de traiter. Jusqu'ici, on a considéré les banques de circulation sous un point de vue général et abstrait, et négligé l'appréciation des milieux si différents dans lesquels elles peuvent fonctionner. Aussi, la plupart des écrivains qui ont discuté sur les avantages et les dangers de ces établissements sont-ils tombés dans les extrêmes opposés de l'engouement ou de l'hostilité systématique, parce qu'ils ont prétendu poser des règles absolues, là où il n'en saurait peut-être exister que de relatives.

Reconnaître, par l'analyse du phénomène compliqué de la circulation, les conditions spécialement favorables à l'emploi du numéraire ou des monnaies de confiance ; rechercher l'influence qu'exercent sur ces conditions les lois civiles, l'état de la propriété foncière et mobilière, le développement de l'agriculture, de l'industrie et du commerce, l'assiette des impôts, la forme du gouvernement, la répartition des fonctions publiques; voilà la tâche que nous essayerons d'abord d'accomplir.

Après avoir ainsi constaté les limites que la nature des choses impose au développement des monnaies de crédit, nous retracerons dans un rapide historique les funestes conséquences qu'entraîne la rupture de l'équilibre entre le numéraire et la circulation fiduciaire, et nous apprécierons les divers moyens employés ou proposés pour assurer le maintien de cet équilibre. Nous rechercherons ensuite si les nécessités de la politique et du commerce extérieur permettent aux divers États de donner dans leur sein un égal développement à la circulation fiduciaire, ou si, au contraire, de graves considérations n'imposent pas à quelques-uns d'entre eux le devoir de la restreindre dans des limites inférieures à celles que comporteraient les conditions purement économiques et internes de leur existence.

Tel sera l'objet de la première partie de cet écrit.

Dans la seconde partie, nous examinerons les changements qu'a subis depuis vingt ans le système de la circulation en France, les avantages et les inconvénients que présente son organisation actuelle, et la valeur des modifications que l'on a proposé d'y apporter.

CHAPITRE II

DES INSTRUMENTS DE CIRCULATION

De la circulation en général; courants partiels que l'on peut discerner dans le mouvement des valeurs. — Instruments de circulation. — Le numéraire et les billets de banque. — Nécessité de la convertibilité des billets de banque en monnaie métallique. — Équilibre naturel des instruments de circulation.

I

Considérée au point de vue le plus général, la circulation est ce mouvement compliqué qui fait passer les richesses aux mains de possesseurs successifs, et les répartit entre eux en proportion de leurs facultés et de leurs besoins. Elle est le résultat de la division des fonctions qui, attribuant à chaque individu un genre de production spécial et limité, alors qu'il éprouve des besoins nombreux et variés, le contraint d'avoir recours à d'autres producteurs pour les satisfaire.

Tous les objets susceptibles de propriété peuvent être transmis d'un possesseur à un autre, en un mot circuler. Mais ces objets se divisent en plusieurs classes d'après leur nature et leur destination. Ce sont :

La terre qui, par sa permanence et sa puissance productive, occupe le premier rang entre les valeurs.

Les immeubles urbains et les capitaux fixes, qui embrassent les richesses les plus importantes après la terre, usines, machines, forces naturelles appropriées, animaux de travail, etc...

Les produits de l'agriculture et de l'industrie que l'on désigne par l'expresion de capitaux circulants[1].

Enfin, les valeurs immatérielles telles qu'effets publics, actions de compagnies industrielles, créances hypothécaires, droits d'usufruit et d'usage, rentes viagères, etc... Ces titres ne sont point, sans doute, des richesses réelles, puisqu'ils ne représentent qu'un déplacement et non une augmentation des capitaux ou du revenu ; mais il est certain qu'ils accroissent la masse des objets susceptibles de circuler.

La transmission des valeurs comprises dans ces catégories s'opère suivant différents modes, qui constituent les contrats civils et commerciaux. Parmi

1. L'expression de capitaux circulants, usitée pour désigner les produits destinés à la consommation reproductive, n'est peut-être pas très-juste. Tous les capitaux circulent, en ce sens qu'ils passent d'un détenteur à un autre. Il eût mieux valu appeler les valeurs dont il s'agit capitaux roulants, ou renaissants. On eût évité par là d'attribuer des acceptions différentes aux mots circuler, circulant et circulation.

ces contrats, ceux qui nécessitent des payements en numéraire ou en signes de crédit se ramènent à deux types principaux, la vente et le louage.

La vente est, pour ainsi dire, le grand chemin de la circulation. Par elle se transmet la propriété de la terre, des capitaux fixes et des valeurs immatérielles ; par elle les capitaux circulants appropriés à chaque industrie, matières premières, machines et outils, se réunissent entre les mains des entrepreneurs. C'est ce contrat qui, pratiqué par les nombreux agents du commerce, met les produits à la portée des besoins, et en les livrant à la consommation, rembourse à ceux qui les ont créés les frais et les avances qu'ils ont coûtés.

Le louage s'applique comme la vente aux richesses matérielles; et, il a de plus pour objet le travail humain, sans lequel elles demeureraient stériles. On peut le considérer comme la source commune des revenus. Le fermage ou rente territoriale, les loyers des immeubles urbains et des capitaux fixes, l'intérêt des capitaux circulants ; la rémunération des fonctions intellectuelles, les profits industriels et commerciaux et les salaires, ne sont que des aspects divers de ce contrat, qui consiste essentiellement dans l'échange des services utiles contre une part proportionnelle de la valeur des produits à la création desquels ils ont contribué.

C'est en général au moyen du numéraire ou de

ses équivalents que s'acquittent les fermages, les loyers, les intérêts des capitaux, les profits et les salaires ; en un mot le revenu. Cependant il existe des valeurs consommées par leurs producteurs mêmes, qui font bien partie du revenu total, mais ne donnent lieu à aucune circulation.

Le revenu a trois usages principaux :

La majeure partie est dépensée en objets de consommation journalière.

Une autre portion conservée par l'épargne sert à l'entretien et à l'accroissement des capitaux fixes et circulants.

Une troisième, prélevée par le gouvernement sous le nom d'impôt ou de contributions, est consommée annuellement pour les services publics ou capitalisée en travaux d'utilité générale. Elle est le plus souvent perçue et dépensée sous la forme de numéraire, ou de monnaies de crédit.

On distingue donc, dans le mouvement général des valeurs, plusieurs courants partiels caractérisés par la nature et le mode de transmission des objets qu'ils entraînent. Circulation des fonds de terre, des immeubles urbains, des capitaux fixes, des valeurs immatérielles ; circulation des capitaux destinés à la consommation reproductive ; payement et dépense du revenu ; perception et emploi des deniers publics, tels sont ces courants partiels dont l'ensemble constitue la circulation.

II

Quels sont, dans l'état actuel de l'organisation commerciale et politique, les moyens par lesquels s'opère ce mouvement, les instruments de circulation? C'est là une question fort controversée, malgré son apparente simplicité. Les uns ne considèrent comme instruments de circulation que les monnaies métalliques et les billets de banque payables à présentation et au porteur; d'autres y joignent les dépôts reçus par les banques, les crédits en compte courant, les virements de parties, les bons des trésoreries et les effets de commerce.

Sans doute les virements de partie, les comptes courants et les dépôts sont des moyens de payement qui dispensent de l'emploi du numéraire et des billets; mais leur usage est limité aux opérations du grand négoce. D'un autre côté, si les effets de commerce sont souvent admis pour solder des achats de marchandises, et les bons du trésor employés quelquefois pour acquitter des obligations civiles, ces titres sont bien plus souvent échangés par l'escompte contre des billets de banque et du numéraire, qui seuls constituent des moyens de payement définitivement libératoires, et se prêtent par leur divisibilité à toutes les opérations du commerce et de la vie civile.

Ainsi, les dépôts, les comptes courants, les obligations transmissibles par endossement, ne remplissent le rôle d'instrument de circulation que dans des circonstances exceptionnelles.

Les billets de banque seuls, par la généralité de leur emploi, marchent de pair avec le numéraire, et méritent véritablement le nom de monnaie de crédit. C'est donc sur ces deux instruments de circulation par excellence que doit se concentrer notre attention.

Un premier point qu'il importe d'établir, c'est que le billet de banque ne mérite ce titre qu'autant qu'il est remboursable au porteur et à vue en numéraire métallique, sur un pied fixe, tandis qu'il n'est plus qu'un papier monnaie plein de périls quand cette condition fondamentale vient à défaillir. Il s'est pourtant rencontré des esprits subtils qui ont contesté cette vérité, et peut-être s'en présentera-t-il encore dans l'avenir. C'est une tâche extrêmement difficile que d'assurer par des moyens pratiques le remboursement effectif des billets; son accomplissement exige l'emploi de mesures restrictives qui sont souvent la cause occasionnelle et apparente de souffrances et de désastres commerciaux, dont les causes réelles et profondes résident pourtant ailleurs. Frappés de ces inconvénients, quelques écrivains ont cru trouver la source du mal dans l'obligation même du remboursement, et ont proposé divers moyens de s'en affranchir. Mais ce sont là des conceptions dont il n'est pas difficile de démontrer la vanité.

La qualité la plus essentielle pour les instruments de circulation, c'est la constance de la valeur échangeable représentée par les unités dont ils se composent. C'est là une vérité tellement évidente qu'il est superflu d'en donner la démonstration. Aussi n'est-elle pas contestée par les adversaires du remboursement métallique. Ils se bornent à soutenir que cette constance de l'étalon de la valeur est impossible à obtenir, même avec ce remboursement, qu'elle ne peut être réalisée qu'approximativement, et que ce résultat peut être atteint par d'autres moyens.

La valeur en effet, disent-ils, n'est que le rapport existant entre un objet et la quantité d'autres produits que l'on consent à donner en échange. Les deux termes de ce rapport sont soumis à de perpétuelles fluctuations, provenant à la fois de la nature qui se montre tantôt prodigue et tantôt avare de certaines richesses, de l'état de l'industrie qui en rend la production plus ou moins facile, des caprices de la volonté humaine qui y attache plus ou moins de prix. La valeur ne réside donc point dans la substance des choses, mais dans notre esprit. C'est une quantité morale qui n'a point de mesure absolue.

Les métaux précieux, continuent-ils, participent

à cette mobilité universelle des valeurs. Pourquoi donc les choisir comme étalon unique, et attribuer la fluctuation des prix uniquement aux autres marchandises, quand eux-mêmes y participent? Pourquoi considérer comme fixe l'un des plateaux de la balance, dans lequel on met l'or ou l'argent, et comme mobile seulement l'autre plateau, dans lequel on place tous les autres produits, quand en réalité les deux plateaux sont également flottants? Dès lors ne vaudrait-il pas mieux créer une unité de monnaie idéale, représentée par un papier solidement garanti, et dont la constance serait assurée par sa fréquente comparaison avec la valeur d'un certain nombre d'objets commerçables, choisis parmi ceux dont les prix sont le moins sujets aux variations? L'or et l'argent lingots ne seraient plus que des marchandises comme les autres, soumises à la loi commune de la hausse et de la baisse, de l'offre et de la demande. Ils n'exerceraient plus sur la circulation ce tyrannique empire que leur confère la nécessité du remboursement métallique du billet à un taux constant. On ne verrait plus le commerce et l'industrie d'un grand pays bouleversés par les variations capricieuses du change, par le contre-coup des besoins d'or et d'argent qui se manifestent à l'improviste sur un point quelconque du monde. On pourrait conserver la monnaie métallique comme appoint, comme instrument de la petite circulation qu'occasionne la dépense journalière des revenus; mais toutes les grandes transactions se solderaient en monnaie de banque, ainsi que cela s'est pratiqué sur plusieurs places commerciales, où cette monnaie ne représentait aucune espèce matérielle frappée par le balancier.

Ce plan, appuyé d'ingénieux développements, fit beaucoup de bruit en Angleterre, lors de la discussion à laquelle donna lieu le bill de 1844 sur les banques, proposé par sir Robert Peel. Au point de vue de la théorie pure, on ne pouvait contester les considérations qu'invoquaient ses promoteurs, relativement à l'universelle instabilité de la valeur et à l'impossibilité d'en trouver un étalon absolument fixe. Mais quand on arrivait à la pratique, les impossibilités éclataient de toutes parts. Quelles seraient ces marchandises dont les prix réunis serviraient à constituer la moyenne d'après laquelle on jugerait si l'unité de la monnaie idéale avait haussé ou baissé, si cette monnaie était trop rare ou surabondante? Serait-ce le quarter de blé, le gallon de bière, la tonne de houille, la livre de viande, le quintal de laine ou de suif que l'on prendrait ensemble pour établir cette valeur moyenne dont la constance était reconnue nécessaire? Mais ces marchandises ou toutes autres analogues ne sont-elles pas sujettes à des causes nombreuses et subites de rareté ou de surabondance, à d'énormes fluctuations de prix en comparaison desquelles celles des métaux précieux sont insignifiantes? Dès lors est-il possible d'établir la fixité de l'étalon de la valeur sur une pareille base, dont les éléments ont d'ailleurs le défaut d'être absolument arbitraires? En supposant que l'on ait triomphé de ces difficultés et mis la nouvelle monnaie en circulation, que fera-t-on quand on reconnaîtra par la comparaison des prix des marchandises types que l'unité de cette monnaie a baissé de valeur? Ne faudra-t-il pas, pour la relever à son taux normal, restreindre l'émission et recourir aux mêmes contractions de la circulation que dans le système métallique, sous peine de voir le papier de la banque subir une dépréciation continue? On aura donc les inconvénients du système actuel sans en posséder les avantages. Enfin, la comparaison entre un papier de banque non remboursable et les anciennes monnaies idéales de banque pèche par la base. Ces monnaies ne répondaient, il est vrai, à aucune espèce matérielle frappée au balancier; mais elles représentaient un poids fixe d'or ou d'argent pur, en lingots ou en monnaies quelconques évaluées d'après leur titre réel, et elles étaient toujours échangeables contre ce poids de métal pur. C'était de cette fixité de l'équivalent métallique exigible à tout instant, et non d'une pure convention qu'elles tiraient leur valeur.

D'un autre côté, prétendre affranchir le système

circulatoire d'un grand État de l'influence des changes étrangers, c'est poursuivre un but chimérique. La variation du cours des changes n'est presque toujours qu'un symptôme de la rupture de l'équilibre entre les importations et les exportations, et l'existence d'un papier non remboursable, loin de la prévenir, ne peut que l'aggraver. Supposons en effet l'Angleterre livrée à un tel système de circulation ; le cours des lettres de change tirées sur elle de l'étranger et payables en papier non convertible n'en oscillera pas moins suivant leur abondance ou leur rareté, et réciproquement celles tirées de l'Angleterre sur l'étranger resteront soumises à la même loi. Seulement, dans le cas d'une circulation à base métallique, les variations du change sont retenues dans d'étroites limites par la possibilité d'envoyer de l'or au lieu de remises devenues trop coûteuses, et par la certitude qu'ont les négociants étrangers d'obtenir de l'or en Angleterre par le recouvrement des traites payables chez elle. Mais, dans le cas où la circulation repose sur un papier non remboursable, ces limites sont effacées, et la dégradation des changes peut atteindre d'énormes proportions. C'est un fait constaté par l'expérience et d'ailleurs facilement explicable, que lorsqu'un pays est livré au papier-monnaie, les traites tirées sur lui de l'étranger sont beaucoup plus dépréciées que ce papier-monnaie ne l'est dans le pays même où il circule, et qu'en revanche les traites tirées par lui sur les contrées où règne une circulation métallique, renchérissent chez lui outre mesure. Donc, en revenant à notre supposition que l'Angleterre ait adopté une monnaie de banque non remboursable, elle aura toujours le change contre elle; les pays étrangers achetant au-dessous du cours anglais la monnaie de papier anglaise sous la forme de traites, pourront acquérir à prix réduit les marchandises anglaises pour les exporter. L'Angleterre, au contraire, payant chèrement les traites sur l'étranger, ne pourra en tirer en contre-valeur qu'une somme moindre en marchandises. Des exportations plus fortes de sa part seront donc balancées par des importations moins considérables. Il en résultera pour elle un appauvrissement continu. Ce sont là les inévitables conséquences d'une circulation qui ne s'appuie pas sur la base solide du numéraire.

D'autres écrivains proposaient, à la même époque, de rendre les billets de la banque d'Angleterre échangeables non contre leur valeur nominale en livres sterling d'or sur le pied constant de 3 livres 17 schellings 10 deniers à l'once, mais contre un poids de ce métal fixé d'après son prix courant sur le marché. Ils prétendaient éviter ainsi les demandes de remboursement et le resserrement des escomptes qui en est la suite. C'était là retomber en réalité dans le système précédent, déplacer l'étalon de la valeur et donner ce caractère aux billets de banque, qui auraient servi de mesure au prix de l'or; c'était renoncer à toute fixité de l'unité monétaire et décréter un papier-monnaie perpétuellement altérable.

Enfin, rappelons que le célèbre économiste Ricardo avait tracé le plan d'une banque dont les billets seraient remboursables non en métal monnoyé, mais en lingots, sur le pied d'un poids d'or fixe par livre sterling. Ce plan, assez peu digne du renom de son auteur, ne pouvait opposer d'obstacle qu'aux demandes de remboursement des petits porteurs de billets, à ces paniques populaires appelées *a run* chez nos voisins. Mais ces paniques ne se sont plus reproduites depuis un demi-siècle, et l'expérience prouve que les demandes de métaux précieux dont les banques sont assaillies aux époques de crises commerciales n'ont nullement pour cause les craintes des porteurs de billets, mais tiennent uniquement à la dégradation des changes et aux besoins du haut commerce pour l'exportation. Or, le remboursement en lingots à un taux fixe n'aurait aucun effet dans ce cas, les banquiers et négociants pouvant exporter des lingots aussi bien que du numéraire, et devant dans tous les cas en être quittes pour quelques frais de monnayage. Le *Bullion system* de Ricardo serait donc impuissant à défendre l'encaisse des banques et à prévenir l'élévation de l'escompte et les contractions de la circulation auxquelles ces établissements se livrent en temps de crise.

Dans le remarquable discours qu'il prononça en 1844, à l'occasion de la réforme des banques, sir Robert Peel n'eut pas de peine à réfuter les divers systèmes qui prétendent affranchir les billets de la nécessité du remboursement en numéraire, et à démontrer que ces systèmes sont exclusifs de la qualité la plus essentielle à tout instrument de circulation, la fixité. Il est certain, en effet, que la barrière opposée aux émissions d'une monnaie de papier par la nécessité de la rembourser à un taux constant étant une fois enlevée, les mesures les mieux combinées pour la remplacer, ne pourront jamais restreindre les fluctuations d'une telle monnaie dans des limites aussi étroites que celles où la valeur des métaux précieux est retenue, par la nature elle-même et par l'universalité de leur emploi. Cependant, malgré la distinction nettement établie par sir Robert Peel entre le papier monnaie et le papier de crédit, entre la théorie pure et les nécessités de la pratique, son discours sur la réforme des banques a été vivement critiqué par quelques économistes. On lui a reproché de parler d'un étalon de la valeur, on a compendieusement démontré que la valeur n'a pas de mesure précise, comme si le premier lord de la trésorerie d'Angleterre pouvait être censé ignorer des vérités théoriques, devenues élémentaires depuis

Adam Smith. Les critiques n'ont pas remarqué que l'homme d'État ne doit accepter de la science que les données positives et immédiatement applicables. Or, à ce point de vue, on possède dans un métal précieux monnayé, une commune mesure des valeurs douée d'une exactitude et d'une fixité suffisantes pour les besoins de la vie, ce qui résulte du fait même de son admission universelle, et il est constant que cette commune mesure ne peut être remplacée par aucune autre, présentant les mêmes avantages et la même simplicité.

Tenons donc pour certaine et adoptons comme point de départ cette vérité : qu'il n'y a d'instruments de circulation sûrs et réguliers, que la monnaie métallique et les billets de banque, remboursables à vue en cette monnaie.

Or, chacun de ces deux instruments de circulation présente des avantages et des inconvénients particuliers, qui le rendent plus spécialement propre à certains ordres de transactions.

On reconnaît généralement que le numéraire, par son inaltérabilité, sa divisibilité, la facilité de le vérifier, convient éminemment aux transactions d'un chiffre peu élevé et d'une grande fréquence. Mais, quand il s'agit de payements importants, la difficulté du compte et de la vérification des espèces, l'encombrement qu'elles occasionnent, les dangers auxquels expose leur possession, difficile à dissimuler, le prix et le risque du transport, constituent de graves inconvénients.

Le contraire a lieu pour les billets de banque. Divisés en coupures d'un chiffre élevé, du même timbre, ces billets concentrent une grande valeur sous un petit volume, et sont faciles à compter et à vérifier; leur solidité suffit aux exigences d'une circulation modérée. En faibles coupures, ils ne présentent plus aucun de ces avantages, et sont inférieurs au numéraire sous le rapport de la durée, de la sécurité et de la facilité du compte. Ainsi, par leur nature même, abstraction faite des avantages et des périls inhérents à l'institution des banques, les monnaies de crédit sont propres à la circulation des fortes sommes, impropres à celle des petites.

Si donc, on suppose un pays où la conversion des monnaies de crédit en numéraire soit toujours assurée, où l'on ne cherche ni par contrainte, ni par influence, à étendre ou à restreindre l'usage de ces monnaies, en sorte que le public jouisse dans le choix des instruments de la circulation de la liberté la plus entière ; dans un tel pays, il devra s'établir, *en temps ordinaire*, un certain rapport naturel, un équilibre stable entre les divers instruments de circulation, dont chacun remplira les canaux auxquels il convient par sa nature. Le chiffre minimum des coupures de billets de banque se fixera de lui-même, parce que les coupures trop faibles seront repoussées par le public ; les monnaies de crédit, réduites aux billets d'un taux suffisamment élevé, seront d'autant plus employées que les payements par grosses sommes seront plus nombreux ; au contraire, la circulation exigera d'autant plus de numéraire que les transactions d'une faible importance tendront davantage à prédominer.

Pour reconnaître les conditions de cet équilibre, il convient d'étudier en particulier chacun des courants de la circulation que nous avons précédemment énumérés, de constater comment les lois, les mœurs et les habitudes élargissent ou restreignent le champ qu'ils présentent à l'emploi des deux espèces de monnaie.

CHAPITRE III

ANALYSE DE LA CIRCULATION

De la circulation des fonds de terre, des capitaux fixes et des valeurs immatérielles. — De celle des capitaux roulants. — De celle des revenus privés et publics. — Résumé des conditions économiques qui influent sur le rapport à établir entre les deux instruments de circulation.

I

De toutes les valeurs que possède une nation, le sol est sans contredit la plus importante. L'état de division ou de concentration de la propriété foncière, sa stagnation ou sa mobilité, la nature et le nombre des transactions dont elle est l'objet, doivent donc puissamment influer sur la circulation monétaire.

Or, la propriété foncière est celle dont la transmission est soumise aux conditions les plus variées. Inévitablement exposée à l'action des lois civiles et politiques, la terre a été aux différentes époques et chez les divers peuples, régie quant à sa possession, sa division et son aliénation, par des principes particuliers. Ainsi, la législation hébraïque, par l'institution du jubilé, ne permit que l'aliénation temporaire du patrimoine immobilier de chaque famille. Athènes, Sparte, et la plupart des républiques de la Grèce, attribuèrent à chaque citoyen une portion déterminée du territoire national, et s'efforcèrent d'assurer la permanence et l'égalité des propriétés foncières entre les mains des membres de la cité. Rome soumit la vente des immeubles situés en Italie aux formes solennelles de la mancipation, accessibles aux seuls citoyens. Elle refusa aux étrangers la faculté de recevoir par testament, et facilita l'agglomération de la propriété foncière dans un petit nombre de mains, par le système de la succession des agnats et le droit d'exhérédation illimité accordé aux chefs de famille. Grossies des terres domaniales usurpées, des biens des plébéiens expropriés, du produit des confiscations, les immenses possessions des patriciens envahirent l'Italie et les provinces, et préparèrent la dépopulation et la ruine de l'Empire.

Sous l'influence de ces législations et de ces mœurs, les transactions immobilières devaient être rares et exiger l'emploi d'une faible quantité de numéraire, seul instrument de circulation qui fût alors connu. Le même effet se reproduisit avec plus d'énergie et de généralité pendant le moyen âge, lorsque l'établissement du système féodal et de la mainmorte eut transformé en loi civile et politique l'immutabilité et l'indivisibilité des propriétés territoriales, qui n'étaient dans le monde romain qu'un fait résultant des mœurs. Cependant, l'existence des terres libres ou allodiales laissa quelques portions du sol dans la circulation; bientôt l'affranchissement des communes rendit disponibles une partie des immeubles urbains et les environs des villes émancipées, tandis que l'industrie et le commerce, renaissant à l'ombre de leurs murs, exigeaient l'emploi d'une plus grande quantité de monnaie.

Vers les premiers temps de l'histoire moderne, l'abolition de la mainmorte dans les pays qui embrassèrent le protestantisme, rendit à la circulation cette portion des biens du clergé qui ne fut point réunie au domaine des souverains ou inféodée à des familles nobles. Le relâchement des principes du droit féodal, le développement des fortunes mobilières en Italie, en France et en Angleterre, firent sortir une partie des propriétés territoriales de cet état de stagnation qui les retenait depuis des siècles dans les mêmes familles. Cette augmentation des transactions immobilières dut exiger un accroissement dans la masse du numéraire circulant, et ces changements coïncidant avec la découverte de l'Amérique, furent sans doute l'une des causes qui arrêtèrent la dépréciation de l'or et de l'argent, en compensant par l'extension de la demande une partie des effets que devait produire l'offre sur le marché européen des richesses métalliques du nouveau monde.

On voit par cet exposé combien la législation relative à la propriété immobilière a dû, aux différentes époques, modifier les conditions de la circulation monétaire. Avant l'établissement des monnaies de crédit, l'influence de cette législation ne pouvait s'exercer que sur la quantité du numéraire nécessaire aux mutations territoriales; de nos jours, elle agit sur la nature même des monnaies qui sont consacrées à solder ces transactions; elle détermine tantôt la prédominance du numéraire, tantôt celle des billets de confiance. Si les lois mettent des obstacles à la trop grande division du sol, les monnaies de crédit deviennent l'instrument naturel de payement pour les ventes des fonds de terre. Dans le cas contraire, le morcellement du territoire amène l'emploi presque exclusif des monnaies métalliques.

En France, la propriété foncière est arrivée à un fractionnement extrême. Ce résultat est dû à l'abolition des substitutions, à l'égale division des héritages, à l'état de gêne d'un grand nombre de propriétaires, enfin à la passion du paysan pour la possession du sol. Les 38 millions d'hectares de terre cultivable que renferme notre territoire sont morcelés en 123 millions de parcelles, ce qui donne pour chacune d'elles une superficie moyenne de trente et un ares environ. Comme elles se trouvent réparties entre onze millions de propriétaires, il s'ensuit que chacun d'eux possède en moyenne environ trois hectares et demi, divisés en onze lambeaux.

Les relevés annuels des ventes immobilières et des emprunts hypothécaires révèlent à quel chiffre incroyablement minime sont tombées chez nous la plupart des transactions de cette nature. Sur 1,059,441 ventes immobilières, qui ont eu lieu en 1841, 701,021 étaient inférieures à 600 fr., et 162, 503 comprises entre ce chiffre et 1,200 fr. Sur 329,576 obligations hypothécaires, souscrites dans la même année, 155,220 étaient égales ou inférieures en principal à 400 fr., et 89,803 à 1,000 fr. Les ventes et emprunts d'un chiffre élevé s'appliquaient en grande partie aux immeubles urbains. Les mêmes résultats se reproduisent chaque année, et les petites transactions tendent de plus en plus à prédominer.

Or, le prix de ventes si peu importantes ne peut guère être payé en billets de banque, auxquels les cultivateurs préféreront toujours le numéraire, qui est à la fois plus sûr, plus durable et mieux approprié à leurs besoins. Les billets ne leur présenteraient aucun avantage, puisque les sommes qu'ils ont à toucher n'occasionnent, par leur faible importance, ni difficulté de numération ni encombrement.

Quand même le prix des ventes de parcelles dépasserait en général la valeur individuelle des billets de banque, ceux-ci n'en seraient pas moins exclus de cet ordre de transactions. Pour que des billets soient acceptés en payement et s'introduisent d'une manière stable dans un des canaux de la circulation, il faut qu'ils puissent être employés par celui qui les reçoit sans être échangés. Le prix des petites ventes immobilières est en général destiné au payement de dettes ou à des dépenses de détail, pour lesquelles le numéraire présente seul des conditions de divisibilité suffisantes.

Ainsi, la circulation de la petite propriété foncière qui domine en France, est et sera peut-être toujours interdite aux billets de banque et aux autres monnaies de crédit. Il est probable que le même résultat se produira dans les pays soumis aux mêmes conditions que le nôtre.

Cet état de la propriété foncière exige au contraire l'emploi d'une grande quantité de métaux précieux, par suite de la prodigieuse multiplicité des petites ventes et de la nécessité où se trouvent ceux qui ont acquis ou se proposent d'acquérir, de tenir leurs fonds disponibles jusqu'au payement. Il est difficile de trouver pour d'aussi faibles sommes un placement sûr, avantageux et permettant une réalisation immédiate. Elles sont le plus souvent conservées en argent.

Mais la formation de ces petits capitaux n'emploie pas moins de numéraire que leur conservation. C'est par l'épargne longtemps continuée que le paysan parvient à réaliser le rêve de son ambition, la possession d'un bien au soleil. Cette épargne, il l'accumule écu par écu, et doit en garder longtemps les premiers résultats sous la forme de numéraire, avant qu'ils suffisent au payement d'une acquisition ou à tout autre emploi productif. Les métaux précieux deviennent alors un moyen d'accumulation et de conservation de la valeur, ils ne sont plus un instrument de circulation.

Ces faits sont une des principales raisons de la grande quantité de numéraire que l'on s'accorde à reconnaître à la France. Si l'on admet que sur 25 millions d'habitants consacrés aux occupations agricoles, il y en ait 4 millions qui, en moyenne, conservent en argent une somme de 200 fr., fruit de leurs épargnes, on voit que la somme énorme de 800 millions en monnaies métalliques serait ainsi enfouie dans les coffres de nos laboureurs à l'état de valeur morte, également inutile à la circulation et au travail productif. Si, d'ailleurs, on remarque que le total des ventes annuelles, inférieures à 400 fr., s'élève à 500 millions environ; celui des ventes inférieures à 1,200 fr. à 160 millions; que les obligations hypothécaires inférieures à 400 et 1,000 fr. atteignent le chiffre de 120 millions, on reconnaîtra que la transmission de la petite propriété foncière donne lieu à un mouvement annuel de fonds de près de 800 millions, qui doivent encore être augmentés de 100 millions pour l'enregistrement et les frais d'actes. Par ces chiffres, on peut se faire une idée de l'énorme quantité de numéraire que doit employer cette circulation.

Le mouvement de la grande propriété présente un aspect bien différent. La valeur considérable des héritages, l'importance des emplois auxquels les prix de vente peuvent être consacrés, rendent les monnaies de crédit très-propres à cet ordre de transactions. Les capitaux des acquéreurs ne se forment ni ne se conservent par l'accumulation du numéraire, comme dans le cas des petites ventes, mais sont transformés en valeurs productives aussitôt que réalisés.

La concentration de la propriété foncière dans un petit nombre de mains est donc favorable à l'extension des monnaies de crédit et à la réduction de la masse du numéraire. Mais dans les pays où règne cette concentration, le champ qu'elle ouvre à la circulation des billets n'est pas également vaste. Il ne suffit pas en effet que les domaines présentent une grande importance individuelle; il faut encore que l'aliénation n'en soit pas entravée par les lois, les mœurs, ou par l'excès même de leurs dimensions. Or la permanence de la propriété foncière dans les mêmes familles accompagne presque toujours son étendue. En Angleterre, où le sol appartient à un petit nombre de grands propriétaires, le droit d'aînesse et les substitutions en vigueur dans les familles aristocratiques restreignent considérablement le nombre des mutations. En Autriche, en Prusse et dans plusieurs des États secondaires de l'Allemagne, les lois reconnaissent encore la distinction des terres en nobles et non nobles, et apportent diverses restrictions aux droits de propriété et d'hérédité sur les terres nobles possédées par les roturiers; des domaines considérables y sont détenus par des corporations féodales ou ecclésiastiques, et ne peuvent être aliénés qu'après des formalités longues et difficiles. Enfin, le système de culture adopté ne permettant pas les ventes par lots, il n'est pas aisé de trouver des acquéreurs pour des immeubles qui, en raison de leurs vastes proportions, sont d'un prix très-élevé. Les ventes de propriétés territoriales sont donc peu fréquentes dans ces contrées, et le champ que leur importance individuelle pourrait ouvrir aux monnaies de crédit se trouve ainsi restreint par leur rareté.

La circulation des immeubles urbains et des capitaux fixes comporte, d'une manière plus générale que celle des fonds de terre, l'emploi des monnaies de crédit. Ces deux espèces de valeurs, en effet, ne sont pas indéfiniment divisibles comme le sol. Une maison, une usine, un navire, ont une importance bien supérieure à celle des parcelles de terre qui couvrent nos provinces.

Mais, de même que les propriétés foncières d'une trop grande étendue sont l'objet de transactions peu nombreuses, de même les capitaux fixes, lorsque l'industrie est très-centralisée, résident avec plus de permanence dans les mêmes mains. Dans les pays où la fabrication est concentrée dans de vastes usines, où de puissantes compagnies exploitent les principales branches de la production, ces immenses capitaux ne changent que rarement et difficilement de propriétaires.

Que si, au contraire, l'industrie, par suite d'une organisation fractionnaire, n'emploie que des capitaux fixes divisés en très-petites exploitations, alors leur circulation, comme celle des parcelles territoriales, se fera presque toujours au moyen du numéraire. Le prix d'une filature, d'une usine à fer, se solde en billets de banque; mais celui d'un métier de tisserand ou d'une enclume de forgeron se paye en argent.

C'est donc dans les pays où les propriétés foncières et les établissements industriels présentent une importance individuelle assez grande, sans être excessive, que leur circulation peut donner lieu à l'emploi le plus étendu des monnaies de crédit.

A côté des immeubles ruraux et urbains et des capitaux fixes viennent se placer les valeurs immatérielles qui, par leur faculté de procurer un revenu à leurs possesseurs et d'être aliénées, présentent avec eux une grande analogie. Tels sont les offices ministériels, qui forment en France une classe de valeurs si importantes; les droits résultant de baux à ferme ou à loyer; les clientèles et achalandages des fabriques et des fonds de commerce; les usufruits détachés de la propriété; enfin, les titres qui donnent droit à un capital payable à terme avec ou sans intérêts, ou à des prestations, soit perpétuelles, soit viagères. Les rentes sur l'État ou sur particuliers, les actions et obligations des compagnies industrielles ou commerciales, les contrats hypothécaires rentrent dans cette dernière catégorie.

On comprend que le nombre et l'importance de ces valeurs doit exercer une notable influence sur la nature et la quantité des instruments de circulation nécessaires à un pays.

Ainsi, les offices publics et ministériels, lorsque la vénalité en est consacrée par la législation, offrent un nouveau champ à l'emploi des monnaies de crédit, parce que le privilége dont ces fonctions sont investies leur attribue un prix élevé. Ce champ est borné, il est vrai, par suite de la permanence de ces charges dans les mêmes mains, et de la rareté de leurs aliénations; cependant si ces professions sont libres ou à la disposition du gouvernement, l'absence de cette classe de valeurs réduit la masse des billets de confiance susceptible d'être utilement employée.

Dans les pays où règne le système des vastes propriétés et de la grande culture, qui est inséparable de celui des baux à longs termes ou emphytéotiques, le droit à ces baux devient une propriété distincte, d'une valeur considérable, et qui forme l'objet de transactions importantes, dont le prix se solde en monnaie de crédit. Les baux à courts termes sont, au contraire, rarement cédés. Le changement de fermier s'opère par des renouvellements qui ne donnent lieu à aucune circulation, surtout quand les baux n'ont pour objet que des exploitations peu étendues.

De même, lorsque l'industrie et le commerce sont organisés sur une grande échelle, les cessions des achalandages et des baux à loyer comportent l'emploi des billets de confiance, tandis que le peu d'importance de ces transactions dans les contrées où règne une organisation fractionnaire, fait préférer le numéraire.

La séparation de l'usufruit et de la nue-propriété tend plutôt à restreindre qu'à augmenter l'usage des instruments de circulation. Bien que susceptibles d'être aliénées, ces deux valeurs trouvent difficilement des acquéreurs à cause de leur nature aléatoire, et sont toujours dépréciées. Les lois qui favorisent la division des deux éléments dont se compose la propriété, sont donc des obstacles à sa facile aliénation.

Parmi les obligations civiles souscrites par les particuliers, celles qui sont garanties par une affectation hypothécaire sont presque seules susceptibles de transmission. Les engagements personnels reposent en général sur des garanties morales qui ne peuvent être appréciées que par le prêteur. Aussi vend-il difficilement sa créance. Les titres constatant des prêts hypothécaires pourraient être l'objet d'une active circulation, si les lois civiles ne hérissaient le recouvrement de ces créances de délais et de difficultés, et si les lois fiscales et les profits des notaires n'en rendaient la transmission onéreuse. L'existence d'une bonne législation hypothécaire, la modération des droits d'enregistrement, le bon marché des actes sont donc autant de circonstances favorables à ces transactions et au développement des monnaies de crédit, qui sont le moyen de payement le plus convenable pour les solder. Un régime hypothécaire vicieux, des droits élevés, des frais coûteux produisent l'effet opposé.

Les fonds publics, les actions industrielles, sont affranchis de ces entraves. Grâce à la facilité et au bon marché de leur cession, ces valeurs sont l'objet d'une circulation très-active, à laquelle les billets de confiance conviennent parfaitement, puisqu'elle opère toujours sur des sommes considérables. L'agiotage, qui semble être inséparable de l'existence des dettes publiques et du développement industriel, accroît encore l'emploi des monnaies de crédit, par la nécessité de payer le solde d'opérations fictives et illimitées.

Ce champ ouvert aux instruments non métalliques de la circulation, est d'autant plus étendu que l'État est grevé d'une dette plus lourde, que les compagnies d'actionnaires sont plus nombreuses, et les transactions dont la bourse est le théâtre, plus développées.

Telle est l'influence qu'exercent sur l'extension des monnaies de crédit, les conditions variées auxquelles peut être soumise la circulation des fonds de terre, des immeubles urbains, des capitaux fixes et des valeurs immatérielles. Pour faire apprécier toute l'importance de cette circulation, et du champ qu'elle ouvre à l'emploi des monnaies métalliques ou de crédit, nous ferons remarquer qu'une seule de ses branches, celle qui embrasse les transactions relatives à la propriété immobilière, donne lieu en France à un mouvement annuel de fonds de près de 3 milliards. Cependant, cette importance a, en général, échappé à l'attention des économistes. Ces écrivains se sont exclusivement préoccupés du mouvement des denrées et marchandises, qu'ils ont désignées par le titre impropre de capitaux circulants. Mais, en traitant même ce dernier sujet, ils ont tenu peu de compte des différences que présente la transmission des produits de l'agriculture et de l'industrie, suivant l'état social et politique des peuples, différences qui modifient notablement les conditions d'équilibre des deux instruments de circulation.

II

Les capitaux dits roulants ou circulants ne sont autre chose que les produits considérés entre le moment où ils prennent naissance, et celui où ils sont achevés et livrés à la consommation. Ils sont donc l'objet de deux séries de transmissions : celle qui les fait passer successivement entre les mains des divers producteurs, dont le concours est nécessaire à leur perfection, et celle qui, après leur achèvement, les amène par une série d'agents commerciaux jusqu'aux consommateurs. Le premier de ces mouvements peut être appelé circulation industrielle, le second circulation commerciale. Analysons-les successivement.

A son origine, tout produit provient de l'agriculture, des mines ou des pêcheries, sources communes des matières premières mises en œuvre par l'industrie.

Le payement des frais de production de ces matières donne lieu à un premier emploi des instruments de circulation.

Dans l'industrie agricole, ces frais se composent de l'intérêt et de l'entretien des capitaux fixes et roulants, du fermage ou rente due au propriétaire du fonds productif, des avances périodiques telles qu'engrais et semences, des salaires des ouvriers, enfin des profits des entrepreneurs.

Lorsque les exploitations rurales sont très-morcelées, le fermage, les avances périodiques, l'intérêt des capitaux atteignent un chiffre trop faible pour que les monnaies de crédit puissent servir à les solder. Les salaires des ouvriers doivent toujours être acquittés en numéraire, de même que les dépenses dans lesquelles se résout le profit du fermier. D'un autre côté, les produits du sol, vendus en lots de faible valeur, ne peuvent être payés qu'en monnaies métalliques. La création et la vente des produits agricoles est donc, dans les pays à petite culture, exclusive de l'emploi des billets de confiance.

Mais quand les exploitations atteignent une étendue considérable, le chiffre des ventes que fait le fermier, celui des sommes qu'il doit payer pour avances dues à des fournisseurs, termes de fermage, intérêts de capitaux empruntés, s'élèvent à la fois, et il trouve de l'avantage à recevoir des billets de banque qu'il peut commodément employer. Ses profits deviennent assez importants pour qu'il puisse en capitaliser une notable partie. En même temps la somme des salaires à payer en numéraire est relativement réduite, car on sait que la grande culture exige peu de bras.

Toutes ces conditions se trouvent réunies chez les grands exploitants agricoles de l'Angleterre ; aussi les monnaies de crédit circulent-elles parmi eux. On remarque même une grande expansion dans l'émission des banques qui les leur fournissent, aux époques où se tiennent les principaux marchés et aux échéances des fermages. En France, où l'exploitation agricole est encore plus divisée que la propriété foncière, où les ventes de denrées se font en général par petites fractions, les billets de banque ne peuvent remplir le même office.

Des considérations analogues s'appliquent à l'exploitation des mines et des pêcheries, qui sont les deux autres branches de l'industrie primitive.

Les produits bruts obtenus du sol par la culture, ou tirés du sein de la terre et des mers, ne sont point, pour la majeure partie, susceptibles d'être livrés immédiatement à la consommation. Ils doivent, le plus souvent, subir de nombreuses élaborations, avant d'être propres à la satisfaction de nos besoins. Tel est l'objet de l'industrie manufacturière. Suivons donc les matières premières dans les nombreuses mains où elles passent, avant de parvenir au consommateur, et voyons quel rôle jouent, dans ce mouvement, les divers instruments de circulation.

Les matières premières sont acquises, soit directement, soit indirectement, par un entrepreneur manufacturier, qui leur fait subir une certaine métamorphose. Lorsque ces acquisitions portent sur des masses considérables et donnent lieu au payement de sommes importantes, ces payements s'effectuent avantageusement en monnaies de crédit. Le manufacturier ajoute, par son industrie, une nouvelle valeur aux matières qu'il élabore, il les transforme en produits nouveaux qu'il revendra à son tour, et dont le prix peut lui être payé en billets de banque, si chaque vente atteint un chiffre suffisamment élevé. Mais une portion de ces billets devra nécessairement être échangée par le manufacturier contre du numéraire. En effet, le prix des produits vendus se résout en plusieurs parties : il représente les avances faites pour acquisitions des matières premières, le loyer et l'entretien des capitaux engagés et roulants, les salaires payés aux ouvriers, enfin le profit industriel. Or, l'entrepreneur d'industrie ne peut solder les salaires de ses ouvriers, dépenser la portion de ses bénéfices destinée à son propre entretien, qu'au moyen du numéraire, qui seul présente des conditions de divisibilité suffisantes. Si donc le fabricant a reçu le prix de ses produits en billets de banque, il doit en transformer une partie en argent, et cette partie est relativement d'autant plus considérable, que les salaires et les profits entrent pour une plus forte proportion dans la valeur des produits manufacturés.

Le même fait a lieu chaque fois que les produits inachevés sont transmis d'un entrepreneur d'industrie à un autre, qui les soumet à une nouvelle élaboration.

La somme de billets de banque qu'emploieront ces transactions sera d'autant plus grande que les entrepreneurs d'industrie opéreront sur des masses plus importantes, et que la main d'œuvre et les profits entreront pour une moindre proportion dans la valeur des produits, c'est-à-dire que l'industrie manufacturière sera plus centralisée et plus perfectionnée.

Examinons maintenant les conditions propres à la circulation commerciale.

Les produits achevés passent entre les mains d'un négociant en gros qui les transmet à un second, et ainsi de suite, jusqu'à ce qu'ils soient livrés à la consommation par le marchand en détail. Ces transactions sont celles auxquelles les monnaies de crédit sont plus spécialement propres, et elles en exigent d'autant plus que les marchandises passent entre les mains d'un plus grand nombre d'intermédiaires.

Le détaillant ne peut guère recevoir qu'en monnaies métalliques le prix de ses ventes journalières; mais comme il doit lui-même payer aux négociants en gros celui des marchandises qu'il débite, il recherchera pour cet objet les monnaies de crédit, et échangera volontiers contre elles le numéraire qu'il a reçu des consommateurs.

Il y a donc de la part des fabricants offre de billets et demande de numéraire; de la part des marchands en détail offre de numéraire et demande de billets. Ces besoins opposés se satisfont l'un par l'autre dans une certaine mesure.

En signalant le double point de vue sous lequel peut être envisagé le mouvement des produits, nous ne prétendons pas que la circulation industrielle et la circulation commerciale se distinguent toujours nettement l'une de l'autre. S'il existe certaines grandes industries dans lesquelles cette distinction est bien tranchée, il en est d'autres où les deux modes de circulation se confondent et se succèdent par de rapides alternatives. Il arrive souvent que des négociants s'interposent entre les divers industrieux dont le concours est nécessaire à l'achèvement d'un produit. Souvent aussi la qualité de commerçant et de producteur se trouve réunie dans la même personne. Mais, quelle que soit en fait la confusion des fonctions productives et mercantiles, les précédentes observations n'en sont pas moins applicables aux deux modes de transmission dont les produits sont susceptibles.

III

Pour compléter l'analyse du phénomène complexe de la circulation, il ne reste plus qu'à examiner les moyens par lesquels s'opèrent le payement et la dépense des revenus privés et publics.

Nous avons déjà rappelé que tout revenu dérive du loyer des terres et des capitaux fixes et circulants, et de celui du travail personnel dont le prix constitue les rémunérations, les profits et les salaires.

Les salaires n'excèdent point, en général, ce qui est nécessaire à l'entretien de l'artisan et de sa famille. Comme l'ouvrier n'a point de crédit, il est obligé de payer comptant ses dépenses journalières, et doit, par conséquent, recevoir chaque jour, ou à des intervalles très-rapprochés, le prix de son labeur. L'exiguïté de ce prix et des dépenses dans lesquelles il se résout, ne permet pas aux monnaies de crédit de passer par ses mains, à moins qu'elles ne soient parvenues à un degré de division où elles ne présentent que des inconvénients sans aucun avantage.

On a tenté de s'affranchir du payement des salaires en monnaies métalliques par l'échange direct de la subsistance contre le travail. Quelques manufacturiers anglais ont imaginé de fournir eux-mêmes à leurs ouvriers les objets nécessaires à leurs besoins soit en leur ouvrant des comptes, soit en leur remettant des bons payables en nature. Sans doute une telle institution épargnerait une certaine quantité de numéraire, et pourrait avoir des effets avantageux, si elle était inspirée par une véritable philanthropie. Mais il est à craindre qu'entre des mains avides elle ne devienne le principe d'un monopole qui priverait la classe ouvrière de toute indépendance et lui rendrait l'épargne impossible. C'est donc avec raison que le code prussien, prévoyant un pareil résultat, a défendu de payer aux ouvriers employés aux travaux des mines leurs salaires en nature. Cette sage disposition devrait être étendue aux manufactures, ou du moins il conviendrait que les conditions auxquelles les bons et les comptes en nature seraient admis, fussent réglées par des actes législatifs.

Les revenus des petits propriétaires agriculteurs, des industrieux et des commerçants du dernier ordre, ne sont guère supérieurs aux salaires, et doivent comme eux être reçus et dépensés en numéraire.

Les revenus d'une importance considérable, ceux des riches propriétaires et capitalistes, des grands entrepreneurs d'industrie, des principaux commerçants, des fonctionnaires de l'ordre le plus élevé, des hommes exerçant des professions libérales largement rétribuées, sont seuls susceptibles d'être payés en billets de banque. Mais ils ne peuvent être en totalité dépensés sous cette forme. Il y a toujours dans les usages qu'un homme opulent fait de son revenu une classe de dépenses journalières qui exigent l'emploi des nstruments de circulation les plus divisibles. Ce ne sont que les loyers d'habitation, les achats d'objets d'art, d'équipages et chevaux de luxe, d'ameublements, bijoux et pierreries qui comportent des payements en monnaies de crédit.

Cependant, dans les grandes villes où les marchands en détail disposent de capitaux assez importants, il arrive souvent que les fournisseurs ouvrent de véritables crédits aux riches clients dont la solvabilité leur est connue, et ne reçoivent le montant de leur compte que lorsqu'il atteint une somme assez forte. Ces payements se font commodément en billets, que les marchands emploient à l'acquit de leurs obligations commerciales ou de leurs achats en gros. La dépense du revenu fait alors directement rentrer les billets dans la circulation commerciale. Il n'est donc pas exact de dire, comme le fait M. de Sismondi, que les billets sont absolument impropres à la recette et à la dépense du revenu. C'est là une vérité générale qui souffre des exceptions d'autant plus nombreuses que les fortunes des consommateurs sont plus considérables, et que les marchands en détail disposent eux-mêmes de capitaux plus abondants ou d'un crédit plus étendu.

De l'examen des revenus privés passons à celui des revenus publics.

La nature des instruments de circulation employés au payement des contributions publiques dépend à la fois de l'assiette des impôts et de l'état des fortunes. En général, les impôts indirects, perçus sur de fortes quantités de produits à la fois, sont susceptibles d'être acquittés en monnaies de crédit. Il en est de même de l'impôt foncier quand la propriété immobilière est peu divisée, et des taxes personnelles frappant sur les classes riches. Mais la contribution payée par le petit propriétaire et le commerçant du dernier ordre, et surtout la capitation du pauvre ne peuvent se payer qu'en numéraire.

Les billets conviennent parfaitement au grand mouvement de fonds qu'exige l'administration financière d'un vaste État, et peuvent circuler assez longtemps entre les principaux agents du trésor. L'écrivain éminent que je viens de citer a remarqué avec raison que cette fonction est l'une de celle auxquelles ils sont le mieux appropriés. Mais il soutient que dès que ces billets sortent des grandes caisses publiques, ils doivent nécessairement être échangés et revenir à leur point d'émission. Cela n'est vrai que pour ceux qui serviraient à payer des dépenses de détail ou de faibles traitements; mais les achats de matières, les marchés passés avec des entrepreneurs pour des travaux importants, les émoluments des fonctionnaires supérieurs, peuvent être soldés ainsi sans que les billets soient nécessairement rejetés de la circulation.

On voit donc que les billets recevront pour ces divers objets un emploi d'autant plus étendu que les fortunes seront plus concentrées, les impôts indirects plus développés, l'administration confiée à un moindre nombre de fonctionnaires plus richement rémunérés.

IV

Nous avons exploré les divers canaux de la circulation et constaté les circonstances qui appellent de préférence dans chacun d'eux les billets ou le numéraire.

Il résulte de cette analyse que la concentration de la propriété territoriale jointe à sa disponibilité, le nombre et l'importance des constructions urbaines, l'agglomération des capitaux fixes, l'abondance des valeurs immatérielles, l'agiotage dont elles sont l'objet, ouvrent un vaste champ à la circulation des monnaies de crédit.

L'existence de grandes entreprises industrielles, d'un commerce organisé sur une large échelle, la concentration de revenus considérables dans un petit nombre de mains, la prédominance des impôts indirects, les grands mouvements de fonds entre les principaux agents du trésor de l'État, les fonctions publiques richement rémunérées, sont autant de circonstances qui permettent d'étendre l'usage des billets de confiance.

Au contraire, si la terre est très-divisée, si les capitaux fixes sont fractionnés, les valeurs immatérielles peu nombreuses et difficilement transmissibles, les revenus généralement médiocres, le commerce de détail et la petite industrie dominants; si le gouvernement tire ses principales ressources des impôts directs et emploie un grand nombre de fonctionnaires faiblement rémunérés, peu de billets de banque pourront circuler.

En un mot, l'organisation aristocratique de la propriété et de l'industrie favorise le développement des monnaies de crédit; le morcellement des terres et la division des capitaux, propres aux sociétés démocratiques, tendent à faire prédominer le numéraire.

Le rapport naturel et normal qui doit exister entre ces deux instruments de circulation, l'équilibre qui tend à s'établir en l'absence de toute influence perturbatrice, ne sont donc pas les mêmes dans les divers pays. Cet équilibre dépend d'éléments nombreux et essentiellement variables. Ce serait, par conséquent, commettre une grave erreur, s'exposer à de funestes mécomptes, que de prétendre poser, en cette matière, des principes absolus, des règles universellement applicables. Préconiser le développement illimité des monnaies de crédit; considérer la prédominance de la circulation métallique chez un peuple comme une preuve d'incapacité commerciale, une cause d'infériorité; s'efforcer de substituer partout le papier au numéraire, pour imiter servilement quelques nations placées dans des conditions exceptionnelles; c'est méconnaître les rapports intimes qui rattachent l'organisation des moyens de circulation à la constitution politique, civile et économique des États; c'est voir des similitudes là où, le plus souvent, il n'existe que des différences.

Lorsque l'on veut reconnaître quel développement un pays peut donner aux monnaies de crédit, il convient de rechercher dans sa législation civile et politique les dispositions qui règlent la transmission des biens, meubles et immeubles, d'observer l'état de division du sol, le système d'amodiation généralement adopté, la nature et l'importance des valeurs immatérielles; d'étudier le développement industriel et les habitudes commerciales, la répartition des revenus, la nature de leur emploi, l'organisation financière de l'État. Quand ces divers points auront été l'objet d'une analyse approfondie, on sera en mesure d'apprécier l'étendue du champ ouvert à la circulation des monnaies de crédit, de reconnaître lequel des deux instruments de circulation est appelé à prédominer.

Cependant, on ne saurait déterminer *a priori* le chiffre relatif du numéraire et des billets qui doivent circuler dans un pays donné. En effet, il est impossible de connaître, même approximativement, la quantité de numéraire qui existe dans une contrée. Toutes les recherches qui ont pour objet la détermination de cette quantité sont essentiellement hypothétiques. Leurs résultats sont tellement incertains que l'on voit les hommes les plus compétents varier du simple au triple dans l'évaluation du numéraire de la France.

Le premier terme du rapport, le chiffre des monnaies métalliques est donc inconnu. Fût-il parfaitement constaté, il n'en serait pas plus facile de déterminer, *a priori*, la quantité de monnaies de crédit qui pourraient être émises. Pour y parvenir, il faudrait connaître le nombre et l'importance de toutes les transactions qui comportent l'emploi des billets, et la rapidité avec laquelle ces billets circuleront. Or, ces données ne sont pas susceptibles d'une constatation exacte.

Il est donc impossible de dire à l'avance si les billets devront, dans un pays, former la moitié, le tiers ou le quart de la masse totale des monnaies. Mais l'étude comparative de l'état économique et social des divers peuples, éclairée par les principes que nous avons essayé de formuler, permet d'apprécier d'une manière générale si, chez une nation déterminée, le développement des monnaies de crédit doit être étendu, médiocre ou restreint dans d'étroites limites. Les lois qui déterminent le rapport naturel des deux instruments de circulation ne peuvent se résoudre en formules d'algèbre ou en chiffres statistiques; mais elles n'en sont pas moins positives. Leur intelligence et leur application exigent, comme tout ce qui tient à l'ordre moral, la perspicacité, le tact et l'expérience.

L'équilibre des monnaies métalliques et de crédit étant une conséquence de la nature des choses, tend à s'établir et à se conserver de lui-même dans chaque pays, lorsque la liberté la plus entière est laissée au public dans le choix des instruments de circulation. Pour cela, il faut que les banques n'exercent aucune influence tendant à faire admettre des coupures d'un chiffre inférieur à celui qui serait librement accepté, et que la conversion des billets en numéraire soit toujours assurée. Mais ces deux conditions, la seconde surtout, sont extrêmement difficiles à remplir. Malgré la rigueur des dispositions légales qui imposaient aux banques le remboursement des billets, on les a vues trop souvent, dans divers pays, se livrer à des émissions excessives qui ont amené soit la suspension des payements monétaires, soit des crises funestes au corps social.

Un rapide exposé de l'histoire des banques en Europe et en Amérique fera, mieux que des considérations de pure théorie, comprendre les causes et les effets de ces perturbations, et apprécier la valeur des mesures adoptées pour les prévenir.

CHAPITRE IV

DES BANQUES DE CIRCULATION

Divers modes d'organisation des banques de circulation. — Des banques privilégiées. — Des banques libres; coup d'œil sur leur histoire en Amérique, en Irlande et en Écosse. — De la coexistence de banques privilégiées et de banques libres; effets de ce système en Angleterre. — Réforme des banques adoptée par l'État de New-York. — Le bill de 1844 en Angleterre.

I

Il existe trois systèmes d'organisation des banques d'émission fondés l'un sur le monopole, l'autre sur la libre concurrence, le troisième sur l'alliance de ces deux principes. La banque de France investie par la loi du privilége de l'émission, qu'elle partageait naguère avec un petit nombre de banques provinciales, représente le premier système. Le second est réalisé aux États-Unis et en Écosse, où le principe de la libre concurrence des banques a reçu la plus large application. La banque d'Angleterre, garantie de la concurrence dans un certain rayon, au delà duquel il existe un grand nombre d'établissements particuliers, offre un exemple du troisième.

Les banques privilégiées sont presque toujours fondées avec un capital considérable, qui assure leur solvabilité et garantit la prudence de leur conduite. Leurs statuts, sanctionnés par la puissance publique, leur interdisent les prêts à longs termes, les ouvertures de crédit, et restreignent leurs opérations aux avances sur lingots et dépôt d'effets publics, au trafic des métaux précieux, et à l'escompte du papier de commerce le plus solide. Les billets qu'elles émettent par ces diverses voies, ont pour garantie des gages qui en assurent le remboursement, et l'expérience prouve qu'ils n'excèdent presque jamais les besoins de la circulation. Si, par suite de circonstances exceptionnelles, l'émission dépassait ses limites naturelles, les billets surabondants viendraient s'échanger contre du numéraire, devenu par l'élévation momentanée du change étranger, un objet d'exportation avantageux. Les banques privilégiées ont grand soin de se prémunir contre cette éventualité qui, en les forçant à entretenir des encaisses métalliques considérables, diminuent leurs bénéfices.

Ce n'est point là qu'est pour elles le principal danger. Ces banques sont presque toujours en relations suivies avec le trésor public. Elles escomptent les bons de la dette flottante, les obligations des receveurs des contributions, prennent en dépôt les fonds de l'État, et servent ainsi à faciliter et régulariser le mouvement de l'administration financière d'un grand pays. Mais il est difficile aux banques de ne point excéder dans leurs opérations avec l'État les limites de la prudence. Les gouvernements qui leur accordent leurs monopoles, tiennent toujours suspendue au-dessus d'elles la menace du non-renouvellement de leur charte, et se font payer leurs faveurs. Ils exigent que les banques leur prêtent leur capital, qu'elles leur avancent des sommes énormes sur le produit éloigné des impôts ou des emprunts, et ne leur donnent pour garantie que des titres de rentes. Il arrive ainsi que ces banques, si rigoureuses dans leurs escomptes, émettent par le prêt direct au gouvernement une somme de billets supérieure à celle que la circulation peut admettre. L'excédant revient journellement se faire rembourser, et la banque est obligée de réunir à grands frais des métaux précieux achetés à crédit de l'étranger, et de les faire frapper en monnaies pour subvenir aux remboursements. Dans cette situation, il y a surabondance d'instruments de circulation. Il en résulte une hausse de tous les produits, ou autrement dit une baisse des monnaies tant métalliques que de crédit, et une exportation continuelle du numéraire.

Bientôt on a recours à l'émission de petites coupures qui, par suite de leurs inconvénients, reviennent promptement s'échanger contre des espèces. Les banques épuisées sont hors d'état d'en fournir. Elles se font alors autoriser à suspendre leurs payements en numéraire, et leurs billets, de papier de crédit qu'ils étaient deviennent papier-monnaie. Les émissions continuant, le papier subit une dépréciation croissante, jusqu'à la banqueroute définitive. Les banques privilégiées, entraînées à des émissions exagérées par les gouvernements, sont ainsi entre leurs mains, pendant les crises politiques, une presse à papier-monnaie toujours préparée.

Les faits ont tristement prouvé combien il est difficile aux banques à monopole d'éviter ces périls. Sans parler du système de Law, il suffit de rappeler que toutes les banques privilégiées de l'Europe, sans aucune exception, ont subi cette fatale métamorphose.

Ainsi, les banques de Gênes, Rome, Turin, Naples, ont toutes cessé leurs payements métalliques dans le courant du siècle dernier, et inondé la circulation d'un papier avili.

La banque de Stokholm, vers 1750, celle de Copenhague en 1745, la banque de Russie dès sa création en 1768, la caisse d'escompte de Paris en 1787 sont devenues des bureaux d'émission de papier-monnaie.

La banque de Vienne en 1797, après les victoires

de Bonaparte; celle de Berlin, en 1806, ont subi le même sort.

Enfin, la suspension des payements de la banque d'Angleterre en 1797, la reprise des payements en numéraire en 1821, plus funeste encore que la suspension, et source des lois sur les céréales qui ont pendant vingt-cinq ans pesé sur le peuple Anglais, du déclassement des fortunes, de l'accroissement des impôts, la suspension des payements de la banque de France en 1805, viennent couronner ce tableau. Ces mesures désastreuses ont toujours eu pour causes premières les emprunts forcés faits aux banques par les gouvernements.

Quels que soient les progrès de ces derniers en moralité et en lumières, quelques enseignements que nous ait légués le passé, il faut avouer que de tels exemples ne sont pas de nature à inspirer pour l'avenir beaucoup de confiance dans la stabilité des banques privilégiées. Dans les périodes de paix générale et de calme intérieur, leur solidité paraît inébranlable ; mais au milieu des orages politiques, elles sont entraînées à des émissions exagérées, et conduisent à l'établissement du papier-monnaie par une pente tellement insensible, qu'elles ont déjà subi cette funeste transformation lorsqu'on s'en croit encore bien éloigné. N'a-t-on pas vu le Parlement d'Angleterre décréter de bonne foi, en 1810, que les billets de banque non remboursables et perdant 15 p. 100 n'étaient pas dépréciés, et la nation anglaise convaincue qu'ils ne constituaient pas un papier-monnaie ?

II

Les banques d'émission libres sont établies soit par un seul particulier, soit par plusieurs qui se réunissent en société et mettent en commun un capital pour se livrer aux opérations de banque, et notamment émettre des billets payables à vue et au porteur. Leur organisation est, sur une moins vaste échelle, la même que celle des banques privilégiées.

Les banques libres sont, en général, à l'abri des dangers auxquels les banques à monopoles sont exposées par suite de leurs rapports inévitables avec les gouvernements ; mais elles ont à subir des épreuves d'une autre nature.

La coexistence de plusieurs banques privées dans le même lieu amène nécessairement la concurrence entre elles. Elles cherchent à étendre leur clientèle aux dépens l'une de l'autre, et à augmenter autant que possible le chiffre de leurs billets en circulation, principale source de leurs bénéfices. Elles commencent par se montrer moins difficiles sur le choix du papier escompté, acceptent des effets à longue échéance, ou dont les tireurs et les endosseurs ne présentent qu'une solvabilité douteuse. Bientôt elles admettent les renouvellements, le papier de circulation.

Déjà l'institution se trouve par là dénaturée. Le véritable escompte, en effet, diffère essentiellement du prêt; le premier ne fait que fournir au commerce les monnaies dont il a besoin, contre la remise d'un gage constatant un acte de crédit, une opération commerciale déjà commencée. Une banque d'émission, en donnant ses billets contre un pareil gage, substitue seulement son crédit à celui d'un particulier solvable, mais moins généralement connu. Le payement définitif de l'effet escompté est assuré par l'existence des marchandises, des valeurs réelles contre la livraison desquelles cet effet a été créé. Ainsi, l'émission de billets de banque par l'escompte n'est que la mobilisation, la monétisation de marchandises existant entre les mains du souscripteur de l'engagement escompté.

Mais quand la banque livre ses billets contre du papier non commercial, des effets de circulation, elle fait un prêt direct qui n'est garanti que par une obligation personnelle, au lieu de l'être par une opération productive commencée : l'émission ne se mesure plus sur les besoins réels du commerce et sur les valeurs positives qui existent entre ses mains, mais sur les espérances illimitées des spéculateurs.

Les banques libres vont plus loin encore ; elles ouvrent à leurs clients des crédits en compte courant sur lesquels elles leur font des avances en billets; elles prêtent de même leur capital métallique, si elles en possèdent un; on les a vues enfin spéculer pour leur propre compte sur les produits commerciaux, et se livrer à l'agiotage sur les fonds publics et les actions des compagnies de finance et d'industrie.

Ainsi abandonnées aux seules inspirations de l'intérêt personnel, les banques s'efforceront de faire pénétrer les petites coupures dans la circulation, si les lois n'y apportent pas d'obstacle. Nous avons déjà constaté qu'en l'absence de toute force coercitive, de toute influence prédominante, les petites coupures ne peuvent soutenir la concurrence contre le numéraire, qui convient beaucoup mieux aux transactions d'un faible chiffre et d'une grande fréquence. En Irlande, en Écosse, aux États-Unis, où le système de la liberté et de la concurrence absolue a été admis sans restriction, les banques sont parvenues à exercer sur les populations cette contrainte morale sans laquelle les petites coupures ne pouvaient être introduites et maintenues dans la circulation. En ouvrant des crédits à une foule de gens qui n'auraient pu en obtenir des capitalistes particuliers, elles les ont placés dans leur dépendance absolue; elles leur ont fait admettre leurs coupures qui se sont ainsi répandues dans le public, et par tous les moyens, elles ont manifesté combien le remboursement de ces billets leur était désagréable. Leurs clients, craignant un retrait de crédit, se sont bien gardés de les présenter à l'échange, et ont employé leur influence sur les salariés auxquels ils donnaient du travail pour leur imposer la même réserve. Enfin, les banques ont fait émettre par des succursales éloignées leurs billets remboursables seulement à l'établissement central, et rendu par là l'engagement de les convertir en argent tout à fait illusoire.

Grâce à ces moyens employés avec persévérance, les banques ont fini par remplir les derniers canaux de la circulation de misérables chiffons de papier. En Amérique, leurs manœuvres ont encore été favorisées par les anciennes habitudes d'un peuple dès longtemps familiarisé avec le papier-monnaie.

C'est ainsi que les banques sont parvenues, dans ce dernier pays, à rompre doublement l'équilibre entre les métaux et le papier, par l'émission exagérée de billets d'un chiffre élevé, et par l'abaissement illimité du chiffre des coupures. Elles se sont affranchies par le fait, du moins pour un temps, de l'obligation de payer leurs billets à présentation, sans suspension déclarée. En se rattachant les intérêts de tous les commerçants et industrieux sans capitaux et sans crédit personnel, des gens à projets et à affaires embarrassées, elles sont devenues une puissance redoutable, étreignant par mille liens le pays qu'elles exploitaient, et comptant avec le pouvoir politique.

Quelles ont été, aux États-Unis, les conséquences de cette destruction de l'équilibre naturel des deux instruments des échanges? A mesure que les canaux de la circulation se remplissaient de papier, une certaine quantité de numéraire devenait superflue et s'exportait lentement. La somme totale des monnaies de crédit augmentant toujours, leur valeur baissait, entraînant celle de la faible quantité de numéraire qui restait dans le pays, et le prix nominal de toutes choses s'élevait, circonstance que le public prenait pour une augmentation réelle de la richesse générale. De là et des facilités offertes aux hommes hardis, résultaient un jeu constant à la hausse sur toutes les valeurs, un esprit général de prodigalité et la création d'une grande quantité d'entreprises privées et publiques, mal conçues pour la plupart. Encouragés par l'élévation constante des prix, les négociants faisaient d'énormes importations qui, pendant quelque temps, étaient soldées au moyen des exportations de coton, de farines et d'autres matières. Cet état de choses se soutenait quelques années, grâce à l'étendue et à la fécondité d'un territoire vierge, au rapide accroissement et aux habitudes laborieuses de la population. Mais ces causes de prospérité ne pouvaient marcher aussi vite que l'action incessante des banques. L'élévation mensongère des prix continuant toujours, les importations s'accroissaient tellement qu'il devenait impossible de les compenser par la valeur des exportations. Le prix des lettres de change sur l'Europe atteignait à un taux si élevé qu'il devenait plus avantageux de faire des envois d'argent que d'acheter des remises. Les banques qui avaient monopolisé le commerce des lettres de change hâtaient encore par là la crise dès longtemps préparée. Le numéraire leur était demandé de toutes parts pour l'exportation, quand il n'existait plus ni dans leurs caisses ni dans le pays. Alors éclataient ces effroyables crises dont le retour périodique épouvantait le monde commercial, et infligeait à l'Europe surprise les plus douloureux contre-coups. Les banques suspendaient leurs remboursements métalliques sur toute l'étendue de l'Union, et en présence de leur formidable coalition, les pouvoirs publics se trouvaient dans l'impuissance de les contraindre au respect de leurs engagements.

Dès 1814, les banques avaient eu recours à cette désastreuse extrémité, et on les vit en 1833 amener par leurs émissions exagérées un immense désastre. Leurs partisans firent croire longtemps que la première suspension devait être imputée aux effets de la guerre avec l'Angleterre. Ils attribuèrent la crise de 1833 au retrait intempestif des fonds du trésor fédéral déposés à la banque des États-Unis, opéré par le président Jackson. Mais les suspensions de 1837 et de 1857, survenues au sein de la paix et d'une apparente prospérité ont prouvé que ces excuses n'étaient que spécieuses.

Ainsi, passage des capitaux entre les mains de spéculateurs sans capacité et sans garanties; surexcitation factice de la production, mais accroissement plus rapide encore de la consommation; hausse trompeuse des valeurs; agiotage et démoralisation générale; friponnerie organisée [1] : tels ont été en Amérique les effets de la concurrence illimitée des établissements de crédit, effets que venaient couronner, par intervalles, les suspensions de payements, semant partout la ruine et le désespoir. Les calamités amenées par ces suspensions sont trop connues pour que nous ayons besoin de les décrire. Mais ce qui jette sur ce tableau une couleur encore plus odieuse, c'est que les banques, en état de faillite déclarée, ne cessaient point leurs émissions, et trouvaient encore la source d'énormes bénéfices dans le commun malheur de leurs créanciers et de leurs débiteurs.

En présence de pareils faits, on comprend l'op-

1. Voir dans l'ouvrage de M. Condy-Raguet, de Philadelphie, les incroyables escroqueries des banques sans capital, les spéculations déloyales des banques des provinces du Sud, etc...... Voir aussi l'histoire de la banque de Boston, dite banque de Sutton, *Revue Britannique*, septembre 1836.

position passionnée que les banques ont soulevée de l'autre côté de l'Atlantique. Ces établissements ne tendaient, en effet, à rien moins qu'à s'attribuer la disposition du capital national, et, par là, le pouvoir politique ; à centraliser dans les mains d'un millier de compagnies les branches d'industrie et de commerce les plus lucratives ; enfin, à soumettre un pays affranchi de l'aristocratie de naissance, à une oligarchie de financiers, d'agioteurs et de fripons en grand.

Le développement extraordinaire des banques dans l'Amérique du Nord est un fait anormal et subira, tôt ou tard, une notable réduction. Il n'a pu se produire que grâce à la mise en circulation des petites coupures, seules propres aux transactions d'une société où, sauf de rares exceptions, règne le morcellement des capitaux et des revenus. Or, ces coupures présentent de nombreux inconvénients qui se sont manifestés plus clairement encore aux États-Unis que partout ailleurs. Elles seront donc abandonnées un jour et remplacées par le numéraire, car nous l'avons établi, la monnaie métallique constitue l'instrument de circulation propre à la démocratie. Ce n'était donc pas un instinct trompeur qui avait fait de l'ancien parti démocratique le plus redoutable adversaire des banques aux États-Unis.

La liberté absolue des établissements de crédit

qui a régné en Irlande jusqu'en 1782, époque de la fondation de la banque privilégiée de Dublin, n'a pas produit dans ce pays des conséquences moins funestes que dans la moderne Amérique. La surabondance des monnaies de papier émises par les banques privées tenait le change sur l'Angleterre constamment à 3 p. 100 au-dessus du pair; les banquiers faisaient à l'envi passer à Londres du numéraire, sur lequel ils fournissaient des traites qu'on leur payait à haut prix en billets de banque, s'imaginant faire ainsi un gain réel. « Mais, dit un écri-« vain écossais, cet état de choses eut les consé-« quences les plus funestes; toutes les banques « faillirent à l'exception de deux; le papier disparut « totalement de la circulation; on ne vit plus que « de l'or et le cours du change tomba à 3 p. 100 « au-dessous du pair. Une foule de particuliers fu-« rent ruinés; les fermiers abandonnèrent leurs « terres, et dans les trois provinces méridionales de « l'Irlande, il n'y eut pas un seul individu qui n'en « souffrît d'une manière directe ou indirecte. Il pa-« raît que vers le milieu du siècle dernier, les ban-« quiers de Dublin ne jouissaient pas d'une grande « réputation de probité, car le Parlement se vit « obligé plusieurs fois d'intervenir, et, en 1759, « parut le fameux acte des banquiers qui renfermait « les stipulations les plus rigoureuses, surtout pour « prévenir la fraude à l'occasion des faillites. »

Les mêmes causes ont donc produit partout les mêmes effets. Ruine publique et démoralisation, tels ont été les fruits amers de la concurrence illimitée des établissements de crédit. L'art de faire faillite semble, par une triste coïncidence, se développer là où ce principe funeste a été admis.

Cependant, une seule contrée, par une exception remarquable, paraît avoir trouvé dans la liberté des banques plus d'avantages que d'inconvénients. C'est de l'Écosse que je veux parler. On connaît l'histoire des banques de ce pays, dans le dernier siècle, tracée avec tant de talent par Adam Smith; l'inutilité des tentatives de l'*Ayr-bank* pour soutenir par des émissions exagérées des entreprises mal combinées; la ruine de ses fondateurs, dont la solvabilité seule prévint un désastre général. Il paraît que, depuis lors, les établissements de ce genre ont su apporter plus de sagesse dans leurs opérations, et plusieurs écrivains en ont loué hautement l'organisation et les effets.

Ces banques, sauf trois, constituées en compagnies anonymes, forment des sociétés à fonds unis, dont les actionnaires sont indéfiniment responsables. La gestion en est réglementée de manière à interdire toute spéculation hasardeuse. L'escompte du papier de commerce constitue leur principale opération. Mais ce qui les caractérise, c'est qu'elles reçoivent en dépôt les sommes qu'on leur apporte, quelque minime qu'en soit le chiffre, et en servent l'intérêt à un taux inférieur seulement d'un pour cent à celui de leurs escomptes ; enfin, c'est qu'elles ouvrent des crédits limités à leurs déposants habituels, et à toute autre personne dont la moralité et la capacité leur sont connues, sans exiger d'autre sûreté que l'engagement purement personnel de deux cautions agréées par les directeurs. Elles émettent des coupures extrêmement faibles, et ne conservent, en général, qu'une réserve métallique à peine égale au quart de leur émission. Elles ont des comptes courants établis entre elles, et en opèrent chaque semaine le règlement à Édimbourg. Par là elles se trouvent à même de surveiller réciproquement leur conduite et de concerter leur action.

Les avantages attribués à ces banques sont :

Le placement facile et sûr qu'elles offrent aux petites sommes provenant de l'épargne du pauvre, et aux revenus du riche pour le temps qui s'écoule entre leur perception et leur consommation ;

La facilité qu'elles donnent à tout homme capable et probe, de trouver des capitaux pour commencer une entreprise ;

La publicité des affaires des possesseurs de crédits, que les banques peuvent suivre chaque semaine par un coup d'œil jeté sur la balance de leurs comptes, et qui impose à leurs débiteurs la nécessité de la prudence, de l'ordre et de l'économie ;

L'emploi constant de toutes les sommes qui sont disponibles entre les mains des particuliers, et l'existence d'un moyen de circulation moins dispendieux que le numéraire.

Grâce à l'excellente organisation de ces banques, disent leurs admirateurs, une grande partie du territoire de l'Écosse a été mise en valeur par les épargnes mêmes du paysan; le système des fermes de médiocre étendue s'est développé avec des avantages supérieurs à ceux que présentent les grandes fermes anglaises; les ouvriers probes et habiles ont pu s'élever à la condition d'entrepreneurs d'industrie; enfin, les habitudes de moralité et d'économie se sont répandues dans le pays.

En définitive, tous ces avantages résultent de ce que les banques d'Écosse sont des caisses d'épargne et de prêt ouvertes aux agriculteurs et aux ouvriers. L'émission de la monnaie de papier n'en est qu'une cause très-secondaire; elle n'a d'autre effet utile que de transformer en valeurs productives une partie du numéraire qui, sans elle, aurait été retenu dans le pays par les besoins de la circulation; or, le numéraire ainsi rendu disponible ne peut être évalué, d'après les chiffres connus des billets émis, à plus de deux millions sterling, tandis que les sommes déposées entre les mains des banques et employées fructueusement par elles, s'élèvent à un chiffre vingt fois supérieur. C'est donc bien plutôt comme caisses d'épargne et de prêt que comme banques d'émission que ces établissements sont utiles. Cependant les Écossais considèrent l'émission de la monnaie de papier, et notamment des petites coupures, comme le pivot sur lequel roule tout le système de leurs banques. Sans elle, disent-ils, les bénéfices résultant de la différence entre l'intérêt des dépôts et celui des emplois qui en sont faits, ne suffiraient point pour faire subsister ces établissements. Les populations admettent donc sans difficulté les petites coupures, et y tiennent même avec l'opiniâtreté naturelle à leur caractère, sans doute dans la crainte de perdre les facilités des crédits en compte courant.

Nous ne rechercherons pas en ce moment si la prospérité de l'Écosse tient en réalité à l'établissement des banques, à l'émission des faibles coupures, ou si elle ne doit pas être attribuée aux immenses richesses minérales de son sol et à l'intervention des capitaux de l'opulente Angleterre; si les banques sont, dans ce pays, la cause de la moralité, de l'esprit de prudence et d'économie des classes laborieuses, ou si, au contraire, ces habitudes préexistantes ne sont pas le principe du succès des banques, le frein qui en a prévenu les excès. Quoi qu'il en soit, la solidité des banques d'Écosse n'a été due qu'à un concours de circonstances exceptionnelles, à la modération et aux lumières de leurs administrateurs, qui les ont tenus en garde contre l'abus des émissions. C'est là une base fragile; il suffit, en effet, que quelques banques oublient ces sages principes; pour compromettre toutes les autres, et amener les désordres d'une crise monétaire.

Telle a été l'opinion des hommes d'État de l'Angleterre. En conséquence, sir Robert Peel fit passer au parlement, en 1845, un bill qui appliqua à l'Écosse quelques-unes des dispositions adoptées l'année précédente pour l'Angleterre, notamment la limitation du chiffre total de l'émission, qui ne pourra plus dépasser trois millions sterling, tous les billets excédant cette somme devant être garantis par un dépôt d'espèces d'or et d'argent. Sir Robert Peel déclara de plus qu'il considérait la circulation des petites coupures comme un mal, et ne s'abstint d'en proposer la suppression que pour ne pas heurter de front les préjugés d'un peuple obstiné.

L'opinion de ce grand ministre, l'exemple de l'Amérique et de l'Irlande, nous autorisent donc à dire que la stabilité des banques d'Écosse n'a été qu'une heureuse exception.

Cette appréciation a, du reste, été confirmée par les événements. En effet, l'honneur des banques libres d'Écosse n'est plus immaculé, et l'on a vu, en 1857, l'une des plus importantes, la *Western bank of Scotland* établie à Glascow, tomber en faillite sous le contre-coup de la grande crise américaine, causée elle-même par la témérité des banques libres. La somme des billets émis par la *Western bank* s'élevait à 250,000 livres sterling (7,500,000 francs), et formait environ le dixième de la circulation totale de l'Écosse. On comprend quelle grave perturbation dut jeter dans toutes les transactions le discrédit subit dont fut atteinte cette masse de papier fiduciaire. Aussi la chute de la *Western bank* réagit-elle même sur l'Angleterre, et fut-elle l'une des principales causes de la terrible crise qui désola le commerce et l'industrie britanniques dans les derniers mois de 1857. Les billets au porteur de la *Western bank* furent, il est vrai, remboursés ultérieurement, au prix de la ruine des actionnaires; mais ce remboursement tardif ne pouvait réparer les maux que la suspension avait causés. Un tel exemple n'achève-t-il pas de démontrer que l'habileté, la prudence, l'étendue même des ressources pécuniaires ne suffisent pas pour prévenir les désastreuses conséquences qu'entraînent la liberté et la concurrence des banques d'émission?

III

Le système mixte adopté dans la Grande-Bretagne n'a pu préserver ce pays des funestes effets de la concurrence des banques. Les crises qu'elle a occasionnées n'ont pas amené, comme en Amérique, une suspension générale des payements métalliques, grâce à l'existence d'un gouvernement fort et de puissantes banques privilégiées. Mais elles n'en ont été peut-être que plus terribles.

En 1708, lors du second renouvellement du privilége de la banque d'Angleterre, il fut statué qu'aucune compagnie formée de plus de six associés ne pourrait s'établir en Angleterre ni dans le pays de Galles pour se livrer aux opérations de banque et à l'émission des billets payables au porteur et à vue. On voulait par là diminuer le capital des banques privées, et par suite l'étendue de leurs affaires, pour assurer les bénéfices de la banque privilégiée. Avec le temps, il arriva que le nombre et les opérations des banques particulières augmentèrent, et que leur solvabilité seule resta insuffisante. Elles émirent une quantité exagérée de billets, et ne purent les rembourser quand l'élévation du change étranger détermina une demande générale de métaux précieux. De là résultèrent en 1792 et 1793 la faillite d'un grand nombre de banques privées, la suspension momentanée des payements de plusieurs autres, l'épuisement des réserves métalliques de la banque d'Angleterre, le resserrement général des capitaux et des escomptes, la ruine d'une foule de commerçants et de particuliers, la détresse de presque tous les autres. A peine échappée aux crises occasionnées par la suspension et la reprise des payements en espèce de la banque nationale, crises qui sévirent en 1797, 1814 et 1821, l'Angleterre eut à subir en 1824 et 1825 de nouvelles catastrophes dues en grande partie aux émissions exagérées des banques privées. Les effets qui s'étaient manifestés en 1792 se reproduisirent avec une intensité plus effrayante encore. Le commerce et l'industrie furent bouleversés de fond en comble; beaucoup de fortunes privées détruites ou ébranlées. Les classes inférieures mêmes furent directement atteintes par la faillite des banques qui, profitant de l'autorisation d'émettre des billets au-dessous de 5 livres sterling, dernier reste des mesures occasionnées par la suspension des payements de la banque d'Angleterre en 1797, avaient maintenu dans la circulation un certain nombre de petites coupures.

Le gouvernement s'occupa en 1826 de prévenir le retour de ces désastres. On crut en trouver la cause dans l'insuffisance des garanties offertes par les banques privées ayant moins de sept associés. En conséquence, un acte du parlement autorisa la création, en Angleterre et en Irlande, de banques comptant un nombre illimité d'actionnaires, pourvu que leur siége fût établi hors d'un rayon de soixante-cinq milles à partir de Londres, et de quarante milles autour de Dublin. On espérait que ces banques, dites à fonds unis (*joint stock banks*), offriraient par le nombre de leurs associés une sécurité et une solvabilité supérieures à celles des banques privées, se substitueraient peu à peu à ces dernières, et sauraient se préserver de leurs excès.

Il y eut donc en Angleterre et en Irlande trois sortes de banques : les banques privilégiées de Londres et de Dublin, les banques par actions, et les banques privées. Les actionnaires des deux banques privilégiées, seules investies par des actes du parlement du droit de former une corporation, c'est-à-dire une personne civile, n'étaient tenus que jusqu'à concurrence de leurs mises. Les sociétaires des banques par actions et des banques privées restèrent soumis au principe de la responsabilité illimitée qui était alors la loi commune en Angleterre.

Pour assurer cette responsabilité, l'acte du parlement des troisième et quatrième années de Guillaume IV, ordonnait de transmettre annuellement à l'administration l'état des lieux où les banques étaient établies, ainsi que les noms et la résidence des associés. Les banques d'émission devaient, de plus, fournir un état trimestriel de leurs billets en circulation. Les noms des actionnaires n'étaient cependant pas divulgués par le gouvernement, et les émissions ne recevaient qu'une publicité imparfaite; les administrateurs du timbre faisaient seulement connaître tous les trois mois le chiffre total de l'émission des banques privées et celui des banques par actions, sans indication spéciale à chacun des établissements compris dans ces deux catégories. Du reste, la plus entière latitude fut laissée aux opérations des banques. Les doctrines du laisser faire régnaient alors en souveraines ; on croyait, d'après Adam Smith et ses disciples, que l'obligation de rembourser les billets à présentation, décrétée par la loi, suffisait pour retenir l'émission dans ses bornes naturelles ; on s'abstint donc à cet égard de toute limitation ; seulement on prohiba en 1829 l'émission des billets inférieurs à 5 livres sterling. On espérait que, grâce à ces mesures, l'équilibre entre les billets et les métaux se maintiendrait de lui-même.

Il n'en fut rien cependant ; les banques privées continuèrent à suivre leurs anciens errements ; les banques par actions ne se développèrent que lentement jusqu'à l'année 1836 ; et lorsque, après cette époque, leur nombre se fut rapidement augmenté, quelques-unes d'entre elles imitèrent les excès des banques privées. Tous ces établissements émettaient leurs billets en escomptant à l'envi du papier plus ou moins solide ; ils en faisaient réescompter une partie par la banque d'Angleterre après l'avoir revêtu de leur endossement. Il résultait de là que le même effet de commerce donnait lieu à une double émission. D'un autre côté, les banques ouvraient des crédits au commerce et à l'industrie, et lançaient encore par cette voie leurs propres billets dans la circulation, tandis qu'avec les fonds obtenus de la banque d'Angleterre par le réescompte, elles se livraient en leur nom personnel à des spéculations imprudentes et à des jeux de bourse.

Ces émissions exagérées amenaient bientôt la hausse générale des prix, l'accroissement excessif des importations, et la dégradation des changes étrangers. L'or était demandé à la banque d'Angleterre pour l'exportation. Aussitôt celle-ci restreignait ses dépôts[1] et ses émissions, élevait le chiffre de l'escompte, refusait le papier à longue échéance. Les banques de province, privées de la facilité du réescompte, devaient avoir recours aux mêmes mesures, arrêter leurs crédits, presser leurs débiteurs. De là des crises analogues à celles de 1792 et 1825, dont les retours périodiques sévirent pendant les années 1832, 1835-36 et 1838-39.

La réforme opérée en 1844, dont nous indiquerons bientôt les bases, a pu seule mettre un terme à ce déplorable état de choses.

1. Les billets de dépôt de la banque d'Angleterre étaient des engagements payables à vue ou à quelques jours de vue et transmissibles par endossement, qu'elle délivrait aux personnes qui déposaient des sommes entre ses mains, et le plus souvent aux porteurs d'effets admis à l'escompte, au lieu d'or ou de bank-notes ordinaires. Ces billets de dépôt circulaient dans le haut commerce comme monnaie, et n'étaient qu'une forme particulière de billets de banque. Le bill de 1844 les a supprimés, en sorte que les bank-notes constituent maintenant la seule monnaie de crédit.

IV

L'histoire des banques, dont nous venons de tracer la rapide esquisse, prouve qu'aucun des trois modes d'organisation qui leur ont été appliqués n'assure le maintien de l'équilibre entre les deux instruments de circulation. L'excès des émissions et l'abaissement exagéré des coupures résultent, sous le régime du monopole, des besoins de gouvernements obérés, et sous celui de la liberté, de l'imprévoyante avidité des banques. La combinaison des deux systèmes a fait subir tour à tour à l'Angleterre les inconvénients du premier pendant la guerre, et ceux du second pendant la paix.

Il nous semble presque impossible de prévenir les abus auxquels les banques privilégiées sont exposées par suite de leurs rapports avec les gouvernements, et de la difficulté d'allier le monopole à l'indépendance. Les prohibitions légales sont en général illusoires quand le pouvoir qui doit les faire respecter est le plus intéressé à les enfreindre, et le maître de les abroger. La fermeté des directeurs de banques, la prudence des ministres, la surveillance des assemblées politiques, la publicité des opérations, les lumières générales et l'esprit public peuvent seuls retenir l'État sur la pente glissante de l'abus des émissions. Dans les pays soumis au pouvoir absolu, l'absence de la plupart de ces garanties ne permet guère d'espérer que les banques traversent impunément des circonstances difficiles.

Les excès des banques particulières paraissent au premier abord plus susceptibles d'être arrêtés par des règlements propres à retenir l'émission dans de justes limites et à assurer le remboursement des billets. Éclairés par une expérience chèrement achetée, l'État de New-York et l'Angleterre sont entrés dans cette voie. Il n'est pas sans intérêt de comparer les principes qui ont présidé dans ces deux pays à la réforme des banques.

Les bases adoptées en 1838, par la législature de New-York, sont les suivantes :

Le droit d'émettre à volonté du papier de crédit est enlevé aux banques; seulement, l'administrateur des finances de l'État leur délivre des billets gravés et imprimés par ses ordres et détachés de registres à souche, en échange du dépôt d'une valeur égale en fonds publics opéré entre ses mains par les directeurs. Chaque banque ne peut obtenir ainsi moins de 100,000 dollars (533,000 fr.) de billets à la fois.

Au lieu d'effets publics, les banques sont admises à donner pour sûreté de la moitié seulement des billets obtenus une hypothèque sur des terres situées dans l'État de New-York, libres de toute charge antérieure, et d'une valeur au moins double de la somme garantie. Les arrérages des rentes et les revenus des immeubles ainsi engagés sont payés aux compagnies. Celles-ci revêtent de leur signature les billets qu'elles ont reçus, et les mettent en circulation.

Ces billets sont toujours payables à présentation en monnaie légale des États-Unis, c'est-à-dire en métaux précieux. En cas de refus de payement, ils sont protestés ; la banque est requise de payer, et si elle n'obéit dans le délai de dix jours, l'administration fait vendre aux enchères les fonds publics ou les immeubles engagés, et en applique le prix au payement des billets protestés, qui donnent droit à un intérêt moratoire de 14 pour cent à partir du protêt.

Du reste, la plus entière latitude est laissée aux opérations des banques. Il a paru suffisant de garantir le payement des billets ; on a laissé à la prudence des déposants et des autres créanciers de ces établissements le soin de sauvegarder leurs intérêts.

Sans doute cette loi fut un grand progrès, surtout pour les États-Unis, où le remboursement des billets n'était pour ainsi dire assuré par aucune sanction, où les banques suspendaient leurs payements sans interrompre leurs spéculations, sans que personne osât intenter contre elles d'inutiles poursuites. Cependant elle prête encore à de nombreux reproches.

Elle laisse aux banques la faculté indéfinie d'augmenter la somme de leurs billets en déposant de nouvelles valeurs.

Elle n'interdit pas l'émission des faibles coupures que les banquiers trouvent moyen de maintenir dans la circulation, et dont le taux descend au-dessous de 5 dollars (26 fr. 66 cent.).

Il suffit donc que les banques se fassent illusion sur la possibilité d'émettre de nouveaux billets, pour que la surabondance du papier se manifeste ; le numéraire étant presque complétement chassé du pays par les petites coupures, le gouvernement ne pourra trouver, en cas de suspension générale des payements métalliques, des acquéreurs qui lui payent en or et en argent les fonds ou les immeubles affectés à la garantie des billets. Par conséquent, il ne sera pas moins impuissant que les banques à les rembourser. C'est là un danger dont les événements subséquents devaient surabondamment démontrer la réalité[1].

Les changements opérés en 1844 dans l'organisation des établissements de crédit de l'Angleterre par sir Robert Peel, reposent sur des principes très-différents.

Deux ordres de mesures ont été adoptées : les unes relatives à la banque privilégiée, les autres aux banques particulières.

1. Voir à la Deuxième partie, le chapitre intitulé : *La liberté des banques*.

La banque d'Angleterre est restée investie du privilége d'émettre seule des billets au porteur et à vue dans un rayon de trois milles autour de Londres. Ces billets ont conservé le caractère de moyen légal de payement pour tout le royaume, qui leur a été conféré par un bill de 1833[1].

La somme des billets émis sans contre-valeur en or, ne peut excéder quatorze millions sterling, qui sont garantis : 1° par la dette de l'État envers la banque, s'élevant à onze millions sterling ; 2° par des billets de l'échiquier ou de bons effets de commerce pour les trois autres millions.

Toute émission excédant quatorze millions sterling ne peut avoir lieu qu'en échange du dépôt d'une valeur égale en or. Une autorisation du gouvernement est nécessaire pour toute émission additionnelle faite sans cette garantie métallique, et le profit qui en résulte appartient de droit à l'État.

Afin d'assurer la rigoureuse observation de ces prescriptions, la banque a été divisée en deux départements distincts, celui de l'émission (*issue department*) et celui des opérations de banques ou de l'escompte (*banking department*), qui ont chacun leur comptabilité et leurs employés.

1. Aux termes de ce bill, les billets de la banque d'Angleterre offerts en payement par un débiteur ne peuvent être refusés par son créancier, tant que la banque continue à les rembourser en or. Ils ont donc cours légal.

Le département de l'émission est seul chargé de l'impression, de la délivrance et de la destruction des billets. Il ne peut en remettre au département de l'escompte, sans contre-valeur en or, que pour la somme maximum de quatorze millions sterling ci-dessus fixée. Si ce dernier département veut obtenir un supplément de billets, il est obligé d'en verser l'équivalent au département de l'émission en numéraire ou en lingots. Cette condition satisfaite, une entière liberté lui est laissée pour les opérations d'escompte et de banque. Néanmoins, il est toujours obligé de rembourser en numéraire les billets qui lui sont présentés, et de restituer à première réquisition soit en numéraire, soit en billets, les dépôts qui lui ont été remis. De là résulte pour lui la nécessité de conserver une réserve en billets, et de plus un encaisse métallique, indépendant de celui qu'il a versé au département de l'émission.

Lorsque le département de l'escompte voit sa réserve de numéraire menacée, il faut qu'il recoure au département de l'émission pour se faire restituer une partie de l'or qu'il lui avait versé en échange de la remise des billets ; mais il ne peut obtenir cette restitution qu'en rapportant des billets de banque pour une somme égale, ce qui réduit d'autant la réserve des billets. Réciproquement, si la réserve des billets du département de l'escompte s'abaisse outre mesure, il faut que ce département demande un supplément de billets à celui de l'émission, en lui versant de l'or, ce qui réduit la réserve du numéraire. La situation du département de l'escompte entre ces deux réserves, dont l'une ne peut être alimentée à la source de l'émission sans faire baisser l'autre, ne laisse pas que d'être précaire et difficile. Sans doute le remboursement des billets en or est, au moyen de ces combinaisons, assuré contre toute éventualité. Mais cette coexistence de deux banques en une seule, cette division de l'encaisse entre deux départements distincts, cette nécessité d'une réserve de billets s'ajoutant à une réserve métallique : tout cela constitue un mécanisme très-compliqué, dépourvu de souplesse et d'élasticité. Aussi le législateur de 1844 a-t-il dû prévoir la nécessité de suspendre temporairement les règles inflexibles par lui posées, nécessité qui s'est fait déjà deux fois sentir, en 1847 et en 1857.

Du reste, sir Robert Peel et à sa suite le parlement anglais n'ont pas eu la prétention d'enchaîner pour longtemps l'avenir et de fermer la porte aux améliorations que révélerait l'expérience. En effet, l'article 27 du bill de 1844 a statué qu'à partir du 1er août 1855, il suffirait d'un vote de la Chambre des communes, notifié à la banque d'Angleterre, pour faire tomber au bout de douze mois les priviléges concédés à cet établissement, à la charge, par le gouvernement, de lui rembourser les onze millions sterling montant de la dette de l'État envers la compagnie, et les autres sommes dont celle-ci pourrait être créancière. Ainsi, tandis que d'autres gouvernements n'ont pas hésité à aliéner pour un long délai le monopole de la circulation fiduciaire, le législateur anglais a restreint à la courte période d'une année le privilége légal de la banque d'Angleterre, et en a subordonné la révocation, non pas à une loi exigeant le concours des trois grands pouvoirs publics, mais à une simple décision de la Chambre des communes.

Quant aux banques particulières d'émission tant privées qu'à fonds unis, elles furent l'objet de mesures restrictives que nous exposerons tout à l'heure. Le principe inspirateur de ces mesures fut la proclamation de cette vérité : *Que la nécessité pour les banques de rembourser leurs billets à présentation n'est pas une entrave suffisante aux émissions exagérées*. Cette vérité de fait ressortit avec une écrasante évidence de l'enquête approfondie à laquelle se livra le parlement sur les banques privées. Après avoir cité les réponses et les aveux involontaires des directeurs des banques à la commission d'enquête, sir Robert Peel décrivit ainsi devant le parlement, les mobiles qui déterminent inévitablement la conduite des banques libres livrées à leurs seules inspirations.

« La concurrence entre les banques de province « se fait uniquement d'après ce sentiment très-na-

« turel à l'homme, qui fait dire à un banquier : « Pourquoi restreindrais-je ma circulation, moi « particulièrement, quand mes confrères ne le font « pas? J'en souffrirais ; mes clients iraient ailleurs, « et, en définitive, seul sur la masse, je ne produi- « rais aucun effet. Ainsi, chacun se laisse guider par « son intérêt ; pas un ne veut prendre l'initiative « du sacrifice, et alors vient la crise. L'or est de- « mandé en quantités considérables ; les banquiers « ne pouvant y suffire se mettent en faillite ; les « meilleures maisons, ne pouvant plus tenir leurs « engagements, sont ébranlées ou ruinées ; et ce « n'est qu'après des catastrophes et des maux de « toute espèce, que se rétablit enfin cet équilibre si « nécessaire et si négligé entre l'or et le papier. »

Ainsi, l'étude approfondie des faits donna le plus éclatant démenti aux théories de ces économistes, qui prétendent que l'obligation du remboursement des billets en numéraire est un frein suffisant de la liberté des banques, et ce démenti dut être proclamé du haut de la tribune parlementaire, dans la patrie même de la doctrine de la liberté commerciale. Un tel aveu arraché à un ministre profondément versé dans les études économiques, devrait, ce nous semble, fermer la bouche à ces partisans obstinés du laisser faire en matière de banque, dont l'unique argument est réduit à néant par les résultats de l'enquête solennelle de 1844.

Les mesures adoptées à cette époque furent en harmonie avec le nouveau principe qui venait d'être proclamé.

La création de nouvelles banques particulières d'émission soit privées soit à fonds unis fut absolument interdite pour l'avenir. Celles qui existaient conservèrent le droit d'émettre des billets; mais leurs émissions ne devaient jamais dépasser la moyenne des deux dernières années.

Aucune banque privée (*private bank*) appartenant à moins de six associés, ne put prendre désormais un associé nouveau, sans perdre le droit d'émettre des billets au porteur et à vue.

Si deux banques de circulation venaient à se fusionner, elles ne pouvaient émettre qu'une somme de billets égale à la précédente circulation d'une seule des deux banques fusionnées.

Toute succursale établie par une banque était astreinte à prendre une licence séparée.

En cas de liquidation d'une banque particulière, la banque d'Angleterre peut obtenir un ordre en conseil qui l'autorise à augmenter sa circulation d'une somme égale aux deux tiers des billets que la banque liquidée avait le droit d'émettre. Elle a de plus le droit d'augmenter ou de restreindre à son gré le nombre de ses succursales, pourvu que ses émissions n'excèdent pas les limites légales.

Toutes les banques particulières furent astreintes

à publier la liste de leurs associés et un état de leur situation à la fin de chaque semaine.

Enfin, la prohibition des coupures inférieures à cinq livres st., édictée en 1829, fut maintenue, sauf pour l'Écosse, où les banques conservèrent le droit d'émettre des billets d'une livre.

Telles sont, dans leur ensemble, les principales mesures relatives aux banques d'émission qui ont été adoptées en Angleterre. Elles se ramènent aux principes suivants :

Pour la banque d'Angleterre : Limitation à un chiffre déterminé de la somme des billets qui peut être émise sans être représentée par de l'or ; — division de l'établissement en deux départements distincts, dont l'un est chargé spécialement de l'émission, l'autre des opérations de banque ; — révocabilité annuelle du privilége.

Pour les banques particulières : Abolition du régime de la libre concurrence ; — transformation de celles qui existent en banques privilégiées ; — prohibition de tout accroissement de leur émission, dont le chiffre doit être livré à la publicité ; — réduction progressive de cette émission, au fur et à mesure de l'extinction des banques particulières, qui ne peuvent être remplacées par de nouveaux établissements du même genre.

Le but final de la réforme de 1844, c'est évidemment la destruction des banques particulières et la concentration du monopole de l'émission entre les mains de la Banque d'Angleterre. En effet, les banques privées (*private banks*), formées de moins de sept associés, sont destinées à s'éteindre par suite de la retraite, du décès de ces derniers, ou de toute autre circonstance qui en amènera la liquidation; quoique douées d'une plus grande longévité, les banques à fonds unis (*joint stock banks*) sont aussi exposées, par les vicissitudes du commerce, à des chances d'extinction. Le privilége de l'émission une fois perdu, soit par une suspension de payements, soit par toute autre cause, ne saurait plus être recouvré. La banque d'Angleterre seule peut être autorisée par un ordre du Conseil à ajouter aux quatorze millions sterling qu'elle avait primitivement le droit d'émettre sans contre-valeur métallique, une somme de billets égale aux deux tiers de l'émission légale des banques de province tombées en déchéance. Déjà, depuis 1844, sur trois cents banques environ qui jouissaient du droit d'émission, soixante et une banques particulières et onze banques à fonds unis l'ont perdu ou abandonné, et la banque d'Angleterre a profité pour 650,000 livres sterling du vide créé dans la circulation fiduciaire par la disparition de leurs billets. Ce mouvement est destiné à continuer dans l'avenir, et un moment viendra où, toutes les banques privées étant éteintes, la banque d'Angleterre ne verra plus survivre à côté d'elle qu'un petit nombre de banques par action jouissant encore de la faculté d'émission que le respect des droits acquis leur a seul fait maintenir en 1844.

La réforme opérée par sir Robert Peel n'a d'ailleurs nullement changé la situation de la banque d'Angleterre à l'égard du gouvernement. Créé, aux termes de son acte primitif de constitution, comme un moyen d'alimenter la guerre contre la France, cet établissement reste ce qu'il a toujours été, une machine financière et politique, un département de la trésorerie, bien plus qu'une institution commerciale. Le service de la dette publique, la perception de certains revenus de l'État, les mouvements de fonds et les payements pour son compte, enfin les avances sur billets de l'échiquier : telles sont en réalité ses principales attributions. L'escompte du papier de commerce n'est pour lui qu'un accessoire, et son portefeuille commercial est toujours bien inférieur à la somme de ceux des escompteurs particuliers, qui, même en temps de crise, acceptent les bonnes signatures sensiblement au-dessous du taux fixé par la Banque.

Nous avons exposé les moyens par lesquels les deux pays qui ont eu le plus à souffrir des excès des banques ont essayé d'en prévenir le retour.

L'État de New-York, fidèle au principe de la liberté commerciale, a cru suffisant d'assurer le remboursement des billets par des gages solides, sans restreindre l'émission. L'Angleterre, entrant dans les voies du privilége, a limité le nombre des banques, le chiffre des émissions, imposé le régime de la publicité, sans demander aucune garantie matérielle du remboursement, excepté en ce qui concerne la banque d'Angleterre. Ces deux systèmes, dont nous avons indiqué les lacunes, se compléteraient l'un par l'autre. Restreindre le nombre des banques par la nécessité de l'autorisation, fixer le taux des coupures et la somme de billets que chacune d'elles pourra mettre en circulation, exiger des gages solides pour leur payement, telles sont les mesures dont la réunion offrirait le plus de chances de sécurité.

L'application de ces mesures doit être éclairée par l'étude approfondie de tous les éléments qui concourent à déterminer le rapport naturel et normal entre le numéraire et les monnaies de crédit. Nous avons montré quelle influence exercent sur ce rapport la répartition du sol, des capitaux et des revenus, l'état de l'industrie et du commerce, le système administratif et financier, en un mot l'organisation économique de la société. Mais ce ne sont point là les seuls objets à considérer. En effet, si la constitution économique d'une nation permet que les instruments de circulation fondés sur le crédit atteignent chez elle un certain développement, la nature de ses relations commerciales avec les autres peuples, l'état de sa politique intérieure et extérieure peuvent souvent être des motifs de restreindre ce développement dans de plus étroites limites. C'est ce qui nous reste à établir.

CHAPITRE V

CONSIDÉRATIONS POLITIQUES

Des instruments de circulation considérés dans leurs rapports avec le commerce extérieur et la situation politique des divers États. — Moyens de réduire l'emploi du numéraire. — Caisses rurales d'épargne et de prêt. — Banques de dépôt et chèques; limites de leur action. — Leur influence sur les encaisses des banques d'émission. — Conclusion de la Première partie.

I

Les transactions civiles et commerciales, les accumulations de la prévoyance, de l'épargne et de l'avarice, n'exigent chez un peuple qu'une certaine quantité de monnaies métalliques ou de crédit. Si le chiffre des unes augmente, il faut que celui des autres diminue. L'existence de banques nombreuses, la diffusion dans le public d'une masse considérable de billets, a pour effet inévitable une réduction correspondante dans la somme du numéraire. On sait comment s'opère cette réduction : la surabondance momentanée des instruments de circulation, qui résulte de l'émission des billets, occasionne une élévation des prix par laquelle les importations sont encouragées ; les lettres de change destinées à faire des remises sur les pays importateurs sont recherchées, et leur prix s'élève tellement qu'il devient avantageux d'exporter du numéraire. Cette exportation amène la baisse des prix, la cessation des importations, et le rétablissement du cours normal du change. Tant que les émissions sont progressives et modérées, ce mouvement qui entraîne le numéraire au dehors est lent et insensible ; mais lorsque les émissions sont excessives, il s'accroît rapidement et devient le signal de la crise.

Il y a donc cette différence essentielle entre le numéraire et les billets que ceux-ci ne peuvent servir qu'au lieu de leur création, tandis que le premier, par sa valeur intrinsèque, par sa qualité de marchandise, est un instrument d'échange universel, une monnaie internationale, et sert à solder les importations quand il devient impossible à un pays de les balancer par la valeur des produits qu'il exporte.

Ce dernier cas se présente assez souvent : par exemple, lorsque la disette impose la nécessité de tirer de l'étranger une grande quantité de subsistances ; lorsque certaines branches d'industrie doivent aller chercher au dehors des masses considérables de matières premières, dont le prix se paye comptant, et n'est balancé que par des exportations ultérieures d'objets manufacturés. Dans ces circonstances, une somme importante de numéraire doit être exportée, à défaut de moyens de compensation. Le mouvement du commerce comble ensuite le vide, et rétablit peu à peu l'équilibre entre les valeurs importées et exportées. Il est donc essentiel pour un pays placé dans ces conditions, de disposer d'une quantité considérable de métaux précieux, avec laquelle il puisse au besoin payer les achats qu'il doit opérer sur les marchés étrangers. Or, il est des peuples qui peuvent se procurer au dehors ces métaux nécessaires à leurs besoins périodiques ou imprévus, tandis que d'autres sont réduits à les chercher chez eux-mêmes.

Les nations commerçantes, en effet, sont les unes à l'égard des autres dans des situations très-différentes. Les plus riches, les plus industrieuses sont presque constamment créancières de celles qui leur sont inférieures sous le rapport de l'abondance des capitaux et du développement industriel. Les négociants des premières font à ceux des secondes des avances en marchandises, payables à des termes plus ou moins éloignés, et comme ces opérations se renouvellent sans cesse, il existe toujours un solde au profit de la nation la plus opulente. M. Storch, auquel est due cette remarque, a divisé les nations considérées sous ce point de vue en trois classes : celles qui sont constamment créancières, celles qui sont toujours débitrices, et celles qui se trouvent habituellement au pair.

Les premières, celles qui sont toujours en avances, peuvent facilement solder des importations périodiques ou imprévues, sans toucher à leur propre numéraire. En effet, leurs négociants étant créanciers de ceux des contrées d'où les importations sont appelées, compensent la valeur de celles-ci avec leurs créances. Si ces créances sont insuffisantes, ces mêmes négociants ont la faculté de demander des métaux précieux à leurs correspondants des autres nations, envers lesquels ils sont également en avance, et de solder l'excès des importations avec ce numéraire tiré de l'étranger. Ainsi, en définitive, les importations extraordinaires auront été payées par des créances représentant des exportations antérieures; la somme des avances de la nation envers les peuples étrangers aura seulement été réduite; les opérations subséquentes du commerce la ramèneront peu à peu à son chiffre normal.

Il n'en est pas ainsi des nations qui sont habituellement débitrices ou simplement au pair. Il leur est très-difficile d'obtenir au dehors des crédits supérieurs à ceux qui leur ont été déjà accordés. Les importations extraordinaires qu'elles sont forcées de faire ne peuvent être soldées par des exportations de marchandises, dont la production ne s'est pas accrue chez elles, dont le besoin ne s'est pas subitement augmenté chez les autres peuples ; il faut les acquitter en métaux précieux, qu'on ne saurait, par les mêmes raisons, demander à l'étranger.

Il importe donc à une nation qui n'est pas continuellement en avances envers les autres, de trouver chez elle-même les métaux précieux appelés à servir de moyen de payement pour les importations périodiques ou extraordinaires occasionnées par les besoins de son industrie ou de sa subsistance. Or, si les monnaies de crédit y ont reçu tout le développement que comportent les conditions intérieures de la circulation, le numéraire réduit par là à son minimum, ne présentera plus à l'exportation que des ressources insuffisantes. On sera placé dans cette alternative, ou de s'abstenir de produits étrangers indispensables, ou d'exporter le peu de numéraire qui reste dans le pays, et d'exposer par là tous les établissements de crédit à la suspension des payements métalliques, et peut-être à une ruine complète.

Si donc il est des peuples chez lesquels les monnaies de crédit puissent, sans inconvénient, prendre toute l'extension que comportent les conditions intérieures de la circulation, cette faculté n'appartient qu'à ceux qui n'ont point à redouter des besoins subits ou périodiques de produits étrangers, ou qui, grâce à l'abondance de leurs capitaux et au développement de leur industrie, se trouvent toujours créanciers des autres et dominent par là tous les

6

marchés. Les États-Unis de l'Amérique du Nord, l'empire russe, qui produisent plus de subsistances qu'ils n'en consomment, qui exportent des matières premières et ne tirent du dehors que des objets manufacturés dont la quantité ne subit point de brusques fluctuations, se trouvent dans le premier cas; l'Angleterre est jusqu'à un certain point dans le second.

La situation de la France est bien différente. Dans ses relations avec les pays étrangers, elle est autant débitrice que créancière, et quand même elle se trouverait en avances, son commerce extérieur est encore trop peu développé pour que ces avances lui offrent de grandes ressources. Cependant, plus qu'aucune autre nation, la France éprouve ces besoins subits et impérieux, qui ne peuvent être satisfaits que par des importations payées en numéraire. Son agriculture imparfaite n'offre que des ressources insuffisantes à sa subsistance, et la moindre inclémence du ciel suffit pour transformer cette insuffisance en détresse. Chaque année, deux de ses principales industries, celles des soieries et des lainages, doivent demander à l'étranger, à une époque déterminée, une forte partie des matières premières qu'elles mettent en œuvre, et les solder en métaux précieux que font lentement rentrer des exportations ultérieures. D'un autre côté, ses filateurs sont contraints de s'approvisionner à tout prix des cotons exotiques, tandis que des modifications de tarifs ou des commotions politiques dans les pays d'outre-mer, menacent à chaque instant de fermer ou de réduire le débouché que nos produits trouvent dans ces régions. Ces modifications, ces commotions, atteignant surtout les objets de luxe qui sont notre principal article d'exportation, privent nos négociants de la faculté de payer en retours les matières premières nécessaires à notre industrie, et amènent forcément des exportations de numéraire.

Les conditions spéciales de notre commerce extérieur imposent donc à la France la nécessité de conserver une quantité considérable de métaux précieux, pour les échanger, au besoin, contre des importations de denrées et de matières premières. Cette considération doit retenir chez elle le développement des monnaies de crédit dans des limites plus étroites encore que celles qui pourraient sans danger lui être assignées, si l'on consultait seulement l'état de la circulation intérieure.

Des raisons politiques d'une haute gravité conduisent à la même conséquence.

En effet, la valeur des monnaies de crédit ne repose que sur la confiance générale. Leur remboursement n'est assuré, pour la majeure partie, que par la solidité des effets commerciaux et des créances contre lesquels les banques ont échangé leurs billets et leur capital. Ces gages eux-mêmes sont la représentation d'opérations commerciales non encore réalisées. Or, on sait quelle influence funeste les commotions intérieures, la guerre étrangère ou même la seule crainte de la guerre, exercent sur le mouvement des affaires. Les combinaisons les plus prudentes, les plus habiles, sont déjouées par un événement politique imprévu, et le payement des obligations commerciales, contre lesquelles les banques ont échangé leurs billets, devient incertain. La confiance est ébranlée, l'imagination exagère le péril, et le mal réel s'aggrave par la crainte même qu'il inspire. Aussitôt les banques sont assaillies de demandes de remboursement, chacun préférant le numéraire, valeur certaine et permanente, à des billets sur la conversion desquels il peut exister le moindre doute. Les établissements de crédit les plus solides peuvent être pris au dépourvu, forcés d'interrompre leurs payements métalliques, événement qui, chez un peuple impressionnable, pourra devenir le signal d'un désastre général. Par conséquent, si une nation se trouve exposée à de soudaines alarmes, à des interruptions subites de la production et de la consommation, si une organisation politique mal affermie, le voisinage de puissances hostiles, tiennent suspendue au-dessus d'elle la crainte des troubles civils, ou de guerres extérieures de nature à compromettre son existence, l'emploi des monnaies de crédit ne peut recevoir chez elle une grande extension, le numéraire doit rester le principal instrument des échanges.

Enfin, pour un peuple qui devra peut-être un jour défendre son indépendance, sa nationalité dans une lutte décisive, la valeur des monnaies métalliques est un fonds de réserve qui serait rendu au besoin disponible par la ressource extrême du papier-monnaie. Mais si déjà les billets de crédit ont envahi la circulation, cette voie de salut sera fermée au jour du danger.

Quelle nation est autant que la France exposée à ces chances redoutables? Suspecte à l'Europe continentale par ses principes, peu sympathique à l'Angleterre à raison de ses ntérêts rivaux, elle peut voir se renouer contre elle ces coalitions qui, de Philippe-Auguste à Louis XIV, de Louis XIV à Napoléon, ont tant de fois mis en question son existence. Dans une telle situation, il y aurait une haute imprudence à faire pénétrer le papier de crédit dans tous les canaux qui l'admettent en temps de paix et de prospérité, mais d'où il serait expulsé par la moindre panique. Ce serait pour un avantage incertain et de peu d'importance, compromettre l'avenir, compliquer les difficultés politiques par des crises monétaires, et réduire les ressources que la France doit consacrer à défendre son indépendance, et à soutenir la haute mission à laquelle l'appellent ses antécédents et son génie.

II

Nous nous sommes efforcé de mettre en lumière les rapports nombreux et compliqués qui existent entre le développement des monnaies de crédit et l'ensemble des institutions sociales, de déterminer l'influence que doivent exercer sur ce développement la situation du commerce extérieur et les nécessités de la politique. C'est de ce point de vue élevé que les questions pratiques doivent, ce nous semble, être envisagées par les hommes d'État appelés à fixer les bases de la circulation d'un pays. Les données de l'empirisme et les chiffres de la statistique ne peuvent conduire qu'à des aperçus incomplets ou erronés, s'ils ne sont éclairés par les principes généraux que nous avons essayé de tracer.

Appliquant ces principes à la France, nous croyons avoir suffisamment établi que le numéraire doit rester chez nous le principal instrument des échanges. L'extrême division du sol et des capitaux, la prédominance de l'industrie morcelée et du commerce de détail, la multiplicité et le peu d'importance individuelle des transactions, le régime des impôts, le nombre immense et la faible rémunération des petits fonctionnaires, sont autant de circonstances exclusives d'un grand développement des monnaies de crédit. Enfin, la nécessité d'avoir recours à des importations de matières premières et de subsistances que nous devons payer le plus souvent en métaux précieux, et les éventualités politiques, nous imposent l'obligation d'avoir toujours un large approvisionnement de numéraire.

Est-ce à dire pour cela qu'il n'y ait rien à faire pour favoriser dans notre pays le développement du crédit? Non, sans doute.

Le numéraire existe sous trois états différents : il circule, il dort, il se cache, suivant qu'il sert à effectuer des payements, qu'il attend dans les caisses privées le moment d'être employé, ou qu'il est amassé et conservé par l'épargne ou l'avarice. Il ne remplit, en réalité, l'office d'instrument de circulation qu'au moment même où, transmis d'une main à une autre, il solde une obligation civile ou commerciale. Dans les deux autres cas, il n'est qu'un moyen de conservation de la valeur. Or, le numéraire qui existe ainsi à l'état latent, surtout celui qu'accumulent les thésauriseurs, est une valeur morte et improductive, et n'a pas même d'utilité comme réserve pour l'exportation, parce que c'est précisément dans les moments de gêne et de détresse que ses possesseurs le cachent avec le plus de soin.

Pour rappeler ce numéraire dans la circulation ou le transformer en réserves disponibles, il faut lui offrir des placements tellement faciles et sûrs, et d'une réalisation si prompte, qu'ils équivaillent à de l'argent en caisse. Les bons de la dette flottante, les banques privées de dépôt et d'escompte, présentent, à Paris et dans les principales villes, de telles facilités aux capitaux disponibles du riche. Les caisses d'épargne sont venues ouvrir un réceptacle analogue aux fruits de l'économie du pauvre. C'est par elles qu'en France 400 millions, qui étaient en grande partie conservés en espèces, ont été rendus à la circulation. Malheureusement cette somme a été tout entière absorbée par l'État en dépenses improductives; tandis que l'Écosse a dû au judicieux emploi des épargnes des classes laborieuses son rapide développement agricole et industriel.

Mais les caisses d'épargne ne sont ouvertes chez nous qu'aux populations urbaines, et la France est surtout un pays rural [1]. Nous avons déjà fait remarquer combien doivent être nombreux les millions enfouis dans les coffres de nos agriculteurs. Pour ceux-ci, point d'autre dépositaire que le notaire de campagne, intéressé à la multiplicité des transactions immobilières, d'où dépendent ses bénéfices. De là, les habitudes de thésaurisation, le prodigieux mouvement de la petite propriété foncière, si rui-

1. Les habitants des campagnes figurent parmi les déposants des caisses d'épargne pour moins d'un cinquième.

neux par les frais qu'il occasionne, le morcellement du sol, qui détruit les éléments d'une bonne culture.

Il y a là évidemment une lacune à combler, et des richesses stériles à rendre productives. Ce résultat ne peut être obtenu que par la création de caisses d'épargne rurales, qui appelleront ces sommes oisives en offrant à leurs possesseurs l'appât d'un intérêt assez élevé et l'avantage d'être affranchis des soins et des périls auxquels expose la conservation du numéraire. Mais ce n'est pas aux mains de l'État que ces dépôts devraient être confiés. Déjà l'on s'est justement alarmé de la situation que lui crée l'exigibilité permanente de l'énorme valeur reçue par les caisses urbaines. Il y aurait imprudence à aggraver encore cette éventualité, et, d'ailleurs, les épargnes peuvent être bien plus fructueusement employées par l'agriculture et l'industrie que par le gouvernement.

Il nous semble qu'il serait possible de faire des caisses d'épargne rurales la base d'établissements analogues aux banques d'Écosse. On sait que ces banques ouvrent des crédits en compte courant aux personnes qui ont, pendant un certain temps, opéré régulièrement des dépôts entre leurs mains, et n'exigent d'autres garanties que l'obligation solidaire de deux cautions agréées par les directeurs. C'est à cette heureuse facilité que l'Écosse est en grande partie redevable de sa rapide prospérité. C'est du même bienfait qu'il importerait de doter notre pays.

Sans doute, la création de pareils établissements, dépourvus de la ressource d'émettre du papier de crédit, présente de graves difficultés; mais elles ne sont pas insurmontables. Une administration élective et gratuite, le concours et la surveillance éclairée des receveurs des finances, la solidarité et la garantie mutuelle établies entre les caisses rurales de dépôt et de prêt, pourraient lever, ce nous semble, les principaux obstacles qui s'opposent au succès d'institutions de ce genre opérant à l'aide du seul numéraire.

Mais ce n'est pas seulement dans les campagnes qu'il existe des sommes frappées de stérilité. Nos places de commerce pourraient réaliser de notables économies sur le numéraire qu'emploie leur circulation. Chez nous, chaque négociant a sa caisse propre, opère lui-même ses recettes et ses payements, et doit conserver une provision d'espèces assez considérable pour faire face aux demandes éventuelles; les particuliers aisés gardent de même leurs revenus en argent, depuis le moment où ils les ont reçus jusqu'à celui où ils les dépensent. Or, les sommes ainsi conservées sont bien supérieures à celles qu'exige le solde des transactions journalières. Il y aurait donc avantage à les réunir dans un certain nombre de caisses centrales, qui conserveraient seulement ce que réclament les besoins réels de la circulation, et transformeraient le reste en valeurs productives. Tel est le rôle que remplissent en Angleterre les agents nommés banquiers. Les négociants, les marchands en détail, les particuliers versent en compte courant dans leurs caisses les sommes qu'ils reçoivent, et font tous leurs payements au moyen de mandats (*checks*) qu'ils délivrent sur ces banquiers, qui sont ainsi de véritables caissiers publics. Les personnes qui ont reçu ces mandats, les remettent elles-mêmes à leurs banquiers pour qu'ils en opèrent le recouvrement. Ces agents se réunissent chaque jour dans un établissement central, et annulent par compensation la majeure partie des assignations qu'ils ont les uns sur les autres. Le solde seul se paye en or ou en billets, et grâce à ce moyen, une somme très-faible suffit à une immense circulation.

La banque de France rend des services analogues par le mécanisme des comptes courants et des virements. Ce système a l'avantage de ne point exiger de règlement journalier, et de dispenser complétement de l'emploi des monnaies. Mais il est d'une application moins générale que celui qui est usité en Angleterre. En effet, le bénéfice des comptes courants est réservé aux plus hautes régions de la finance et du négoce ; ce mode de compensation ne s'applique qu'aux opérations que font entre elles un petit nombre de maisons privilégiées. Mais en dehors de ce cercle, il existe une quantité considérable d'opérations qui s'annuleraient réciproquement si les intermédiaires et les circuits se trouvaient supprimés, comme en Angleterre, par le transfert des créances sur un petit nombre de têtes. Les banquiers anglais éteignent donc par des virements de partie indirects un grand nombre de négociations qui échapperaient au système restreint de comptes courants qui est usité à la banque de France.

Depuis quelques années, il s'est fondé à Paris de grands établissements de crédit qui s'efforcent de faire pénétrer dans les mœurs le système des comptes courants et des mandats, dont on a francisé, sous la forme du mot *chèque*, le nom anglais. Le développement de ces institutions est hautement désirable, car elles procurent au commerce une notable économie sur ses frais de caisse, offrent aux particuliers sécurité et bénéfice, et ajoutent au capital productif les soldes laissés entre leurs mains, qui sont consacrés par elles à l'escompte ou à des avances sur valeurs solides. Malheureusement Paris est à peu près seul appelé à jouir de ce bienfait, et nos grands centres de population et d'industrie y sont encore étrangers. Espérons qu'il n'en sera pas toujours ainsi, et qu'un réseau de succursales établies sur les points convenables généralisera un système dont les avantages ne sont pas encore assez compris parmi nous.

Cependant, nous ne croyons pas que le système

des dépôts en comptes courants et des compensations puisse recevoir en France la même extension qu'en Angleterre. Il existe entre les deux pays des différences essentielles qui ne le permettent point. A mesure que l'on opère sur des sommes plus faibles, les frais occasionnés par les dépôts en compte courant deviennent plus considérables, et il arrive un point où ces frais l'emportent sur les bénéfices provenant de l'emploi des soldes. En Angleterre, l'extrême concentration des fortunes et des affaires, l'importance des sommes versées chez les banquiers rendent ce service facile et lucratif. Mais en France, l'exiguïté générale des revenus, la prédominance du commerce de détail et de l'industrie morcelée en élèveraient les frais dans la plupart des localités à un point tel que des banquiers n'y trouveraient pas assez d'avantages. Les mêmes causes restreignent la possibilité des compensations et des virements de parties.

Ces réserves faites, nous n'en considérons pas moins le développement des institutions qui ont pour objet de concentrer et d'utiliser le numéraire oisif, comme le but le plus utile auquel puissent tendre les efforts du gouvernement et des hommes versés dans la théorie et la pratique des institutions financières. Cette voie est plus rationnelle que l'extension excessive de la circulation fiduciaire. Il est certain que toute épargne sur le numéraire inactif ou même circulant est un bénéfice pour la nation. Mais deux moyens amènent à ce résultat : l'un consiste à substituer le papier au numéraire, l'autre à faire du numéraire le meilleur emploi possible, à obtenir du minimum de monnaie le plus grand effet utile. Le premier est plein d'incertitudes et de dangers; le second offre la sécurité propre à une circulation métallique, et réduit autant qu'il est possible les chances défavorables qui accompagnent toujours dans une certaine mesure l'usage du crédit. C'est donc à ce dernier système que la prudence nous conseille de nous attacher.

Mais l'application de ce système exige comme un corollaire indispensable la consolidation et l'élargissement des bases métalliques sur lesquelles repose notre circulation fiduciaire, c'est-à-dire l'extension et la mobilisation du capital de la banque de France, et la formation d'une forte réserve lui appartenant en propre et toujours disponible. En effet, les établissements qui concentrent et utilisent les fonds inactifs, tels que les banques de dépôt en compte courant, les caisses d'épargne, raréfient inévitablement le numéraire et en réduisent la masse flottante où le commerce peut puiser. Lorsque chacun possède un large fonds de caisse, il suffit, pour subvenir aux besoins imprévus, de réduire ou d'absorber momentanément ces fonds de caisse, dont la masse réunie constitue pour la société une force en réserve considérable. Mais quand ces fonds de caisse sont rassemblés entre les mains de quelques établissements qui les utilisent à l'escompte et ne conservent qu'un faible solde d'espèces, toute demande extraordinaire de numéraire pour l'exportation ou pour des payements importants à l'intérieur, doit à l'instant rejaillir sur l'encaisse de la banque d'émission, seule masse considérable d'espèces qui reste dans le pays. Les banques de dépôt elles-mêmes accélèrent ce mouvement, car, étant chargées de dépôts toujours exigibles, représentés par un portefeuille à terme, elles ne peuvent, aux moments de crise, subvenir aux demandes subites de remboursements qu'en réescomptant leurs portefeuilles aux banques d'émission, qui leur délivrent des espèces ou des billets. Ces billets reviennent promptement s'échanger aux guichets de ces dernières banques, si le numéraire est très-demandé pour l'exportation.

Ainsi, la concentration des fonds flottants dans les banques de dépôt et de comptes courants a pour conséquence inévitable une plus grande sensibilité de la circulation et une réaction plus rapide et plus vive des besoins de numéraire sur l'encaisse des banques d'émission. Il faut donc de toute nécessité que ces encaisses soient augmentés, et que les espèces disponibles qui ont cessé d'exister dans les coffres des particuliers se retrouvent au moins en partie dans les caves de la banque. Or, cet accroissement d'encaisse ne peut être obtenu que par la disponibilité du capital de cette banque. Sans doute l'élévation des réserves métalliques soustrait à la circulation et aux emplois productifs des valeurs considérables. Mais le numéraire inactif n'est vraiment inutile qu'autant qu'il n'est pas disponible, et tel n'est pas le cas des réserves des banques. Tandis que les accumulations des thésauriseurs privés se resserrent d'autant plus que les besoins généraux sont plus urgents, celles d'une banque bien administrée, semblables à ces réservoirs qui alimentent les canaux pendant les mois de sécheresse, s'épanchent dans la circulation au moment opportun, et comblent les vides temporaires que créent l'inclémence des saisons ou les crises du commerce et de la politique.

Ainsi fécondée par l'emploi du numéraire oisif que recèlent ses cités et ses campagnes, garantie par une prudente réserve des dangers de la monnaie fiduciaire, appuyée sur les larges encaisses de sa banque centrale, la France atteindrait avec sûreté au plus haut degré de développement industriel et commercial, et jouirait des avantages du crédit sans avoir à en redouter les abus.

DEUXIÈME PARTIE

CHAPITRE VI

LA CIRCULATION EN FRANCE, DE 1815 A 1857

La banque de France simple banque de Paris. — Sa circulation restreinte dans les régions du haut commerce. — Inconvénients et avantages de cette situation; absence de crises commerciales; fixité de l'escompte. — Période de 1836 à 1846 marquée par le développement des comptoirs de la banque de France, des banques départementales, et par la formation des premières caisses de dépôt. — Crise de 1846-47. — Révolution de 1848; suspension des payements métalliques; réunion des banques départementales à la banque de France. — Situation singulière de la circulation de 1848 à 1852. — Renouvellement du privilége de la banque. — Développement des avances sur titres, fâcheux effets de cette mesure. — Crise de 1856. — Achats d'or illusoires; erreurs de la banque.

Il n'est pas sans intérêt de jeter un coup d'œil rétrospectif sur l'histoire de la circulation en France depuis 1815, époque où le rétablissement de la paix continentale et maritime a rendu à l'industrie et au commerce leurs conditions normales d'existence et leur essor progressif.

Jusqu'en 1818, année où fut créée la banque de

Bordeaux, au capital de trois millions, la Banque de France resta, comme elle l'avait été sous l'empire, le seul établissement d'émission qui existât dans notre pays. L'année 1820 vit fonder les banques de Nantes et de Rouen, également à un faible capital, et cet état de choses se maintint jusqu'en 1836, époque de laquelle date la fondation de six autres banques provinciales et celle des principaux comptoirs de la Banque de France, qui atteignaient au nombre de treize en 1848. De 1815 à 1836, la Banque de France régna seule en réalité sur la circulation, car les trois banques provinciales alors existantes ne prirent que de faibles développements. Pendant les trois premières années qui suivirent 1815, les opérations de cet établissement furent restreintes par les fatales conséquences de l'invasion, et en 1818 il se laissa entraîner, par le désir d'accroître ses bénéfices, à escompter des masses considérables de papier créé par des spéculateurs qui opéraient en grand sur les emprunts récemment émis. Menacée dans son encaisse par des retraits de numéraire, en présence d'un portefeuille d'une solidité douteuse, la Banque recourut à une brusque restriction de ses escomptes, d'où résulta une crise terrible qui exerça l'action la plus funeste sur le commerce à peine renaissant. Éclairée par cette rude leçon, elle apporta désormais plus de prudence dans ses opérations commerciales, qui conservèrent depuis 1820 une allure sage et régulière.

Jusqu'à la fondation de ses comptoirs, la Banque de France ne fut en réalité que la banque de Paris, car ses billets, remboursables seulement dans cette ville, ne circulaient pas en dehors de sa banlieue, et ne parvenaient qu'accidentellement dans quelques villes de province, où ils ne pouvaient être échangés qu'en perdant un certain agio. Ces billets, dont la plus faible coupure ne descendait pas au-dessous de 500 francs, valeur alors plus considérable qu'aujourd'hui, ne servaient qu'aux transactions du commerce, de la Bourse et de la trésorerie, aux ventes immobilières, et ne pouvaient pénétrer dans la circulation des petits revenus. D'un autre côté, en dehors des banquiers particuliers, il n'existait nulle part, même à Paris, de grand établissement financier offrant un placement en compte courant et servant un intérêt aux capitaux momentanément oisifs, ou se chargeant d'opérer pour le compte des particuliers les recettes et les payements. De cette situation résultaient plusieurs inconvénients, mais aussi certains avantages, qu'il convient d'indiquer sommairement.

Un petit nombre de banquiers, de grands commerçants, d'agents de change et autres officiers publics possédant seuls à Paris des comptes ouverts à la Banque, et la faculté d'opérer leurs payements par mandats de dépôt et virements de parties, la plupart des commerçants secondaires de Paris, tous ceux des provinces et les simples particuliers étaient obligés de conserver des fonds de caisse assez importants, pour faire face à leurs payements et à leurs dépenses journalières. De là résultait l'inactivité d'un capital monétaire assez considérable. Comme il n'existait entre les divers centres commerciaux du territoire aucun moyen simple et économique d'opérer des remises de fonds, le change de place en place était presque toujours assez onéreux, et atteignait quelquefois un taux aussi élevé que celui de Paris sur Hambourg ou sur Londres. Le commerce se voyait contraint de recourir à des transports de numéraire par messageries, transports d'autant plus coûteux que la monnaie d'argent constituait alors chez nous l'instrument presque exclusif des échanges. Ces transports frappaient en outre de stérilité des sommes qui auraient pu être plus utilement employées. On peut encore ajouter à ces inconvénients l'improductivité d'une assez grande quantité de numéraire absorbé par la moyenne et la petite circulation, dans laquelle les billets de banque de 1000 et de 500 fr. ne pouvaient pénétrer, et par la formation des épargnes moyennes, dépourvues d'asiles assurés et de placements temporaires. Nous disons des épargnes moyennes, parce que, depuis 1818, les petites économies trouvaient un débouché de plus en plus large dans les caisses d'épargne, dont la création remonte à cette époque.

En l'absence de documents précis, il est très-difficile d'évaluer en chiffres le montant de ce dommage, relativement à l'état actuel de la circulation. Néanmoins, quand on considère que le développement des opérations de la Banque de France et de ses cinquante comptoirs aujourd'hui existants et l'émission des coupures de 100 fr. n'ont augmenté la circulation fiduciaire de cet établissement que d'environ 600 millions, relativement à 1828, époque où le mouvement commercial était beaucoup moindre, il est difficile d'estimer à plus du tiers de cette somme, soit 200 millions, le numéraire qu'une plus grande extension des émissions aurait rendu disponible dans la période que nous considérons. Que l'on y joigne 50 millions pour les fonds consacrés aux envois de place en place, et l'on arrive au chiffre total de 250 millions pour l'évaluation de la somme de métaux qu'une extension du papier de crédit proportionnellement égale à celle que nous possédons aujourd'hui aurait pu rendre disponible vers la fin de la Restauration. Ce numéraire utilisé à 6 p. 100 aurait produit un intérêt annuel de 15 millions, auxquels il convient d'ajouter un million pour la perte résultant du frai, évaluée à $\frac{1}{250}$ par an sur la monnaie d'argent. Si l'on estime à 4 millions les frais de transport de numéraire et de change, qui sont économisés actuellement par la correspondance des comptoirs de la Banque, on reconnaît que la prédominance de la circulation métallique en France coûtait au pays, relativement à l'état actuel, un sacrifice annuel d'environ 20 millions.

C'était là, sans doute, une perte considérable ; mais elle était compensée par d'assez grands avantages. La faiblesse de l'émission de la banque de France, qui n'excéda pas 214 millions en 1828, l'élévation du chiffre des coupures, qui les retenait dans les canaux auxquels ils sont naturellement le mieux appropriés, garantissaient la banque contre la crainte de demandes considérables de remboursement. D'un autre côté, en l'absence de caisses de dépôt servant un intérêt, tous les fonds inactifs affluaient dans celles de la Banque, qui se trouvait ainsi toujours en possession de masses importantes de numéraire. Cet établissement était ainsi affranchi de la nécessité de défendre son encaisse par des mesures restrictives. Aussi, son taux d'escompte conservait-il une fixité qui nous étonne aujourd'hui. Pendant vingt-sept années consécutives, de 1820 à 1847, il resta immobile à 4 p. 100, malgré la terrible crise commerciale de 1825-26 en Angleterre, la révolution de 1830 et la crise américaine de 1833, et, de plus, la banque ne recourut que rarement à ces restrictions des durées d'échéances qui ont, depuis lors, jeté de si profondes perturbations dans les affaires.

On serait peut-être tenté de croire qu'en l'absence de banques ou de comptoirs d'émission dans les provinces, l'escompte du papier de commerce y devait être difficile et d'un prix élevé. En réalité il n'en fut pas ainsi. Sur tous les points où se produisait de la matière escomptable, de nombreux banquiers privés, opérant avec leurs propres fonds et ceux de quelques commanditaires ou déposants, satisfaisaient à tous les besoins réels, et cela à un intérêt d'autant plus modéré que le cours élevé des fonds publics à partir de 1823, l'exiguïté de la dette flottante maintenue dans d'étroites limites par un gouvernement économe et rigoureusement surveillé, la rareté des valeurs de Bourse, rendaient plus difficiles les placements à court terme et de facile réalisation. La fixité du taux d'escompte de la Banque servait de régulateur pour l'ensemble du commerce, et l'on aurait alors considéré comme d'épouvantables usures les élévations d'intérêt auxquelles cet établissement s'est livré depuis quelques années, avec privilége du gouvernement. A bien considérer les choses, on peut affirmer que l'escompte du bon papier de commerce était moins cher, plus assuré et plus facile pendant les dix premières années de la Restauration et sous la monarchie de 1830, qu'il ne l'a été en moyenne depuis les récents développements imprimés à la circulation de la Banque de France. Un tel résultat n'a rien qui doive surprendre, quand on considère que les escompteurs privés, ne prenant que le papier de commerçants dont la solvabilité leur était parfaitement connue, n'avaient pas à ajouter au prix de l'escompte la prime d'assurance que doivent prélever de vastes établissements, opérant toujours un peu à l'aveugle et réduits, suivant une expression vulgaire mais vraie, à faire payer les bons pour les mauvais. De plus, opérant avec du numéraire à eux appartenant, ils n'avaient pas à se prémunir contre le retrait subit de dépôts ou le remboursement de masses énormes de billets au porteur et à vue, par le resserrement subit de leurs escomptes, la restriction des échéances et la brusque élévation du taux de l'intérêt. Peut-être le papier de commerce mauvais ou douteux trouvait-il plus difficilement à se placer qu'aujourd'hui; mais qui pourrait dire que ce fût là un mal?

D'un autre côté, l'habitude où était chaque négociant de compter exclusivement sur ses ressources personnelles et sur celles de ses banquiers habituels, imposait au commerce avec l'extérieur des allures prudentes et réservées, en même temps que l'abondance du numéraire, résultant des nécessités d'une circulation presque purement métallique, rendait faciles et inoffensives les exportations de métaux précieux qu'exigeait par intervalles un excès d'importation. On comprend, en effet, que lorsque la masse du numéraire existant dans un pays est très-considérable, les sommes qu'il est parfois nécessaire d'en distraire pour les envoyer à l'étranger sont plus faciles à réunir et creusent un déficit beaucoup moins sensible que si le numéraire est déjà réduit au minimum par la diffusion générale du papier. Aussi, ne voyait-on pas alors le commerce d'exportation diriger sur les encaisses de la banque ces charges à fond périodiques, qui mettent parfois cet établissement à deux doigts de la suspension de ses remboursements.

Enfin, si l'absence d'établissements de dépôt recevant les fonds disponibles et en servant intérêt était désavantageuse aux possesseurs de ces fonds, souvent réduits à les conserver inactifs, elle avait aussi pour effet de faire rechercher les placements durables et de pousser les capitaux vers les emplois productifs de l'agriculture, de l'industrie et du commerce. Aussi la période que nous étudions fut-elle féconde en progrès dans ces branches de l'activité nationale. C'est à elle que remontent les premiers perfectionnements agricoles, la création de la plupart de nos grands établissements métallurgiques et manufacturiers, la mise en valeur de nos houillères et de nos mines, la formation des services de transport que comportait l'état de nos moyens de communication et de la science. Jamais peut-être, à aucune époque, l'activité et l'intelligence individuelles ne trouvèrent aussi facilement l'instrument sans lequel elles demeurent stériles, c'est-à-dire le capital; non pas le capital jaloux de se tenir toujours disponible, avide de gains immédiats, ne se posant un moment sur une affaire, comme le frelon sur les fleurs, que pour en pomper rapidement tous les sucs et se jeter sur une autre; mais le capital s'engageant à long terme, s'associant en connaissance de cause au travail, à la probité, à la capacité constatée. C'est grâce à ce régime économique que la France vit croître rapidement sa prospérité intérieure, qu'elle cicatrisa les plaies de deux invasions, qu'elle put payer aux étrangers la rançon de son territoire, aux émigrés celle des confiscations révolutionnaires, accomplir l'expédition d'Espagne et la conquête d'Alger, enfin qu'elle traversa la redoutable épreuve de 1830, sans être réduite à l'humiliante nécessité de suspendre les remboursements métalliques de sa banque centrale[1].

La période décennale de 1836 à 1846 fut signalée par un développement considérable des établissements de crédit. Treize comptoirs de la banque de France furent créés dans les principales villes commerciales, et six banques indépendantes constituées en sociétés anonymes furent autorisées à Lyon, Marseille, le Havre, Lille, Toulouse et Orléans. En même

1. La banque de Bordeaux fut la seule qui suspendit, en 1830, ses remboursements métalliques; mais elle les reprit au bout de quelques mois. Dans l'intervalle, ses billets ne cessèrent pas de circuler, grâce au dévouement et à la confiance des négociants de Bordeaux, qui tinrent à honneur de soutenir leur banque locale.

temps on vit s'établir ou se développer à Paris des caisses de dépôt et d'escompte, recevant à un modique intérêt les fonds des particuliers et les employant à l'escompte du papier de commerce, à des prêts sur consignation de marchandises, et à d'autres opérations productives [1]. Quelques-unes de ces caisses, pour se procurer des fonds et tourner autant que possible le monopole de la banque de France, émettaient des billets payables à quelques jours ou quelques mois de vue et portant intérêt, billets destinés à servir à la fois d'instruments de circulation et de placement pour les capitaux oisifs. Par là une assez grande quantité de numéraire fut rendue disponible pour l'exportation ou pour d'autres emplois. Mais, comme compensation de cet avantage, on vit bientôt se manifester dans les conditions d'existence de la banque de France, et principalement dans les oscillations de son encaisse, des embarras et une sensibilité maladive, qui semblaient dès lors présager l'explosion de crises inconnues sous le régime précédent. Le premier symptôme du mal éclata en 1842, année où, sous l'influence d'un assez vif mouvement du commerce d'importation, la banque de France vit ses réserves presque épuisées, et dut emprunter à la banque d'Angleterre vingt-

1. Parmi ces établissements, il suffit de citer la caisse Laffitte, désignée plus tard par le nom de M. Gouin, son nouveau gérant, les caisses Ganneron, Baudon, Béchet et De Thomas.

cinq millions en lingots, pour faire face au retrait des dépôts et au remboursement de ses billets. Bientôt éclata la redoutable crise de 1846-47, due à la disette des subsistances et aux excès de la spéculation sur les chemins de fer. Assaillie à la fois par les demandes de numéraire destiné à solder les importations de céréales, et par le retrait des fonds déposés en vue des versements à faire aux nouvelles compagnies de chemins de fer, la banque ne dut son salut qu'à un emprunt de vingt-cinq millions en lingots négocié auprès des capitalistes anglais et à l'achat de cinquante millions de ses rentes par l'empereur de Russie. Alors, pour la première fois depuis 1820, elle releva le taux de son escompte à 5 p. 100, et l'on eut le triste spectacle d'un établissement de crédit privilégié, grossissant le chiffre de ses bénéfices au sein d'un désastre général, auquel son imprévoyance et les vices de son organisation avaient puissamment contribué. Ce fut au milieu de cette crise, en avril 1847, que la chambre des députés discuta et vota la loi qui autorisait la banque à émettre des coupures de 200 fr. Dans cette discussion, sur laquelle nous aurons à revenir, quelques-uns des plus graves défauts de l'organisation de la banque furent mis en lumière, mais on n'adopta aucune mesure efficace pour y remédier. Les choses continuèrent sur l'ancien pied jusqu'à la révolution de février 1848, signal d'une épouvantable débâcle financière, industrielle et commerciale. Les conséquences de cette révolution furent bien autrement graves que celles de la révolution de 1830. La banque, qui avait traversé cette première épreuve sans manquer à ses engagements, dut se faire autoriser, par un décret du gouvernement provisoire du 15 mars 1848, à suspendre le remboursement métallique de ses billets, qui reçurent en même temps cours forcé. Les banques de province, réduites à la même perplexité que la banque centrale, furent, par une mesure dictatoriale du 2 mai 1848, réunies à celle-ci, et leurs billets assimilés aux siens. Cette réunion, regrettable à certains points de vue, eut du moins l'avantage de créer l'unité du papier-monnaie, auquel on se trouvait obligé de recourir. Heureusement, le gouvernement provisoire, empruntant au bill anglais de 1844 l'une de ses principales dispositions, fixa à 350 millions le maximum de l'émission de la banque de France, maximum qui fut porté à 450 millions après la réunion des banques de province, et enfin à 525 millions par une loi de décembre 1849. Cette restriction, qui fait honneur à l'intelligence et à la probité de ses auteurs, auxquels il eût été facile de transformer les presses de la banque en planche aux assignats, cette restriction prévint la dépréciation des billets et tous les malheurs qu'elle eût entraînés.

L'étendue des désastres financiers de 1848 trouve

sans doute en grande partie son explication dans la gravité et la durée de la crise politique et sociale, bien autrement terrible que celle de 1830. Cependant, il est permis de croire que le développement des établissements de crédit, alors très-supérieur à ce qu'il était à l'époque de la précédente révolution, n'y fut pas étranger. Tous ces établissements se trouvaient, par la nature de leurs opérations, dans une situation analogue à celle du gouvernement lui-même, placé en présence d'une dette flottante énorme et immédiatement exigible, tandis qu'il ne possédait pour y faire face que des ressources éloignées et incertaines. La banque de France et les banques de province, n'ayant que des capitaux propres beaucoup trop faibles, et d'ailleurs complétement immobilisés en rentes sur l'État, se voyaient avec effroi sous le coup d'un double passif, formé de leurs billets et des dépôts remboursables à première réquisition, quand leur actif ne se composait que d'un faible encaisse, entièrement dû aux déposants, et d'un portefeuille rendu en grande partie irrecouvrable aux échéances par la subite suspension du commerce. C'était elles pourtant dont la situation était encore la moins mauvaise; car les effets de commerce dont elles étaient détentrices offraient le gage le plus assuré, pourvu qu'il leur fût laissé un certain délai pour le recouvrer, et, d'un autre côté, elles pouvaient être temporairement dispensées de rembourser leurs billets à vue par un acte gouvernemental, et par la nécessité pour le public de conserver un instrument quelconque de circulation, que la disparition subite du numéraire rendait plus indispensable aux besoins quotidiens. Mais les nombreuses caisses de dépôt et d'escompte, assaillies par les réclamations de leurs déposants, forcées de payer les billets à quelques jours de vue qu'elles avaient mis en circulation, se trouvèrent dans une perplexité d'autant plus grande, que leur actif ne consistait pas exclusivement, comme celui des banques, en papier de commerce garanti par trois signatures. On s'aperçut, en effet, alors que la plupart de ces établissements avaient engagé dans des placements hypothécaires et des crédits à découvert une grande partie des fonds dont ils disposaient, soit qu'ils eussent cédé à l'appât d'un taux élevé d'intérêt et de commission, soit, ce qui est plus probable, que la rareté du bon papier de commerce ne leur eût pas permis de trouver dans le seul escompte un champ suffisant d'exploitation. Presque toutes ces caisses tombèrent en état de suspension de payement et se liquidèrent dans des conditions désastreuses.

Si les moyennes épargnes et les fonds de caisse, au lieu de se concentrer dans ces établissements sous la forme menaçante de dépôts toujours exigibles, étaient restés entre les mains de leurs propriétaires; si les industriels et les commerçants qui avaient cherché un secours précaire dans l'emprunt de ces dépôts s'étaient contentés de leurs propres ressources, sans doute une certaine somme de numéraire serait restée inactive; mais combien de faillites et de ruines n'eussent pas été évitées! N'est-il pas probable, d'ailleurs, que les mêmes fonds qui cherchaient un placement temporaire dans les caisses de dépôt se seraient engagés en partie dans des entreprises productives, par des commandites ou des prêts à long terme, infiniment moins dangereux que des crédits à découvert? Par là, l'industrie et le commerce auraient trouvé des ressources moins étendues peut-être, mais plus sûres et plus durables.

Que si, au contraire, en 1848, la France avait été, suivant le vœu de certains économistes, livrée depuis longtemps au régime de la liberté absolue et de la concurrence des banques; si toutes les épargnes du pays avaient été appelées dans les caisses de ces établissements sous la forme de dépôts toujours exigibles; si de chétives coupures avaient envahi tous les canaux de la circulation et fait disparaître le numéraire; qui ne voit que la crise, déjà si grave, aurait été bien plus terrible encore, et se serait transformée en un cataclysme complet?

Dès lors n'est-on pas fondé à dire que la redoutable expérience de 1848 a complétement justifié l'opinion de ceux qui, peu d'années avant cette date, soutenaient que les conditions économiques et politiques propres à la France ne comportaient pas un développement des institutions de crédit aussi étendu que celui auquel ces institutions avaient pu atteindre dans d'autres contrées?

Les quatre années qui suivirent 1848 virent se réaliser dans la situation de la Banque un phénomène financier remarquable, et qui jette un grand jour sur les conditions de fonctionnement de cette institution : nous voulons parler de l'énorme abaissement du portefeuille des effets escomptés, contrastant avec un développement considérable des billets au porteur en circulation, et avec un accroissement démesuré de l'encaisse métallique. Au mois de mai 1850, le portefeuille de la Banque, y compris celui des succursales, était tombé au chiffre minime de 104,991,000 francs, tandis que la circulation avait dépassé 481 millions, et l'encaisse métallique 472 millions. La circulation et l'encaisse continuèrent à se développer en 1851 et 1852, bien que le portefeuille restât presque stationnaire. Au mois de mai 1852, cette situation se résumait dans les chiffres suivants : circulation, 636,302,725; encaisse, 598,035,792; portefeuille, 130,109,702. Cet énorme encaisse ne pouvait s'expliquer par l'élévation des sommes déposées à la Banque; en effet, les comptes courants des particuliers et du Trésor ne dépassaient pas réunis 260 millions. Il restait donc 338 millions dont la représentation ne pouvait se trouver que dans une somme égale de billets au porteur, retenus par les besoins de la circulation, pour laquelle ils remplaçaient le numéraire et une certaine somme d'effets de commerce. Voici l'explication de cette situation. A la suite de la formidable crise de 1848, la consommation intérieure de la France s'étant beaucoup réduite, l'industrie et le commerce durent chercher à tout prix à l'extérieur un débouché pour des produits devenus invendables sur le marché intérieur. Il en résulta un grand développement d'exportations, qui dans ce cas étaient un symptôme non de prospérité, mais de détresse. Les importations subirent, au contraire, par la même cause, une notable réduction. L'excès des exportations ne put donc être balancé que par de larges importations de métaux précieux appelés de l'étranger, qui créèrent une surabondance momentanée de numéraire. Cependant, en l'absence générale de confiance, le commerce n'opérait plus guère qu'au comptant, et ne créait qu'une très-faible quantité d'effets susceptibles d'acquitter des engagements par leur transmission entre négociants, et d'être remis à l'escompte. Il résulta de là que de nouveaux effets ne venaient pas remplacer dans le portefeuille de la banque ceux qu'elle encaissait chaque jour, et qu'une plus grande somme de billets de banque était nécessaire pour tenir lieu dans les transactions commerciales, accomplies alors au comptant, des lettres de change et billets à ordre qui remplissaient autrefois, par des endossements successifs, le rôle d'instruments de circulation. Comme les billets de banque n'avaient heureusement subi aucun discrédit, et qu'ils offraient plus de commodité que le numéraire pour les transactions du haut négoce, celui-ci payait à la banque les effets qu'elle avait à recouvrer sur lui, au moyen du numéraire qu'il avait reçu lui-même des détaillants, et conservait les billets de banque pour ses propres besoins. Ainsi s'étaient accrues dans une énorme proportion la somme des billets de banque retenus par le public pour les besoins de la circulation, et celle du numéraire versé par le commerce dans les caisses de la banque.

Malgré cet accroissement de sa circulation et de son encaisse métallique, les bénéfices de la banque étaient très-faibles, et ses dividendes n'excédaient guère 100 fr. par action. C'est que, contrairement à un préjugé fort répandu, les billets émis par un établissement de cette nature et retenus dans la circulation ne lui rapportent absolument rien, quand ils sont représentés par du numéraire rentré dans ses caisses. Une banque pourrait avoir un milliard de billets en circulation et un milliard d'espèces dans ses caves, sans réaliser aucun produit. Elle ne fait de bénéfices que sur la partie de ses émissions qui est représentée par des effets de commerce dans son portefeuille, ou par des avances à l'État et aux particuliers, produisant des escomptes et des intérêts. Au contraire, une banque qui n'aurait qu'une très-faible émission, mais qui aurait reçu de larges dépôts gratuits en numéraire et aurait escompté une masse considérable de papier de commerce au moyen de ces dépôts, ferait d'amples bénéfices et aurait rendu des services importants à l'industrie et au commerce, sans avoir créé une grande masse de monnaie fiduciaire. On voit par là que l'intérêt bien entendu d'une banque consiste bien moins à lancer dans la circulation des masses de billets, qui sont souvent pour elle un danger, qu'à appeler à elle de nombreux dépôts et à leur donner un emploi productif. Il est vrai que les dépôts, remboursables à première réquisition, sont sous ce rapport presque aussi dangereux que les billets au porteur. Mais c'est un danger que l'on pourrait conjurer par l'attribution d'un intérêt aux dépôts et par la fixation de délais de remboursement proportionnés à l'élévation de cet intérêt.

Or, de 1849 à 1852, la banque ne possédait comme contre-valeur productive de ses billets qu'un maigre portefeuille de 100 à 120 millions, un prêt d'une centaine de millions à l'État, et des avances sur effets publics oscillant entre 10 et 30 millions.

Elle avait tout intérêt à sortir de cette situation. Aussi, dès qu'elle vit la confiance renaître, le papier commercial devenir plus abondant, sous l'influence des événements de décembre 1851, accepta-t-elle avec empressement les conditions que le prince président mit en 1852 au renouvellement de son privilége pour douze années. Ces conditions consistaient dans la prorogation des délais de remboursement du prêt de 75 millions fait au trésor en 1848, dans l'obligation de faire des avances sur les titres de chemins de fer, et la promesse d'abaisser à 3 p. 100 le taux de l'escompte. Malgré les excellentes intentions qui les inspirèrent, c'étaient là des mesures regrettables et grosses de difficultés futures. En effet, les avances à long terme aux gouvernements ont l'inconvénient de grossir le chiffre de l'émission des banques et d'immobiliser leurs ressources, inconvénient qui, nul ou peu sensible tant qu'une crise politique tarit pour elles les sources ordinaires de leurs opérations, ne tarde pas à devenir une cause d'embarras lorsque la reprise du mouvement commercial leur rouvre par l'escompte le débouché normal de leur papier. Les avances sur valeurs de bourse ne substituent pas, comme l'escompte des effets de commerce, un instrument de circulation à un autre, ce qui constitue une précieuse garantie contre l'excès des émissions. Elle font entrer dans le fonds monétaire la valeurs de titres représentatifs d'un capital immobilisé, titres dont la réalisation est toujours moins assurée que celle de bon papier commercial à courte échéance. C'est une opération contraire par sa nature aux véritables conditions d'existence et de sécurité d'une banque de circulation. Quant à l'abaissement de l'escompte à 3 p. 100, s'il eût été le résultat naturel de la surabondance des capitaux et de la concurrence entre la banque et les escompteurs privés, il aurait produit des résultats favorables, sans nuire à la solidité du marché. Mais, obtenu artificiellement et sous l'influence d'une pression politique, si légère qu'elle fût, cet abaissement devait être plus nuisible qu'utile.

En effet, il faisait appel aux excès du commerce et de la spéculation, à la création du papier de circulation, aux entreprises des banquiers étrangers, toujours aux aguets pour se procurer, au moyen de traites de complaisance, tirées sur leurs correspondants des places où l'intérêt est au plus bas prix, du numéraire qu'ils utilisent à un taux plus élevé. Enfin, cette dépression factice de l'escompte devait avoir pour effet de décourager les banquiers et capitalistes qui escomptaient avec leurs propres capitaux, de les réduire au simple rôle de donneurs d'aval venant faire réescompter à la banque, et de détourner leurs fonds vers d'autres emplois moins utiles, tels que les stériles spéculations de l'agiotage.

Sous l'influence de ces excitations données au

commerce et à la spéculation, le portefeuille s'éleva rapidement à 235 millions et le total des avances sur valeurs d'État et de chemins de fer à 130 millions, bien que la banque, alarmée de la rapidité du mouvement, eût, dès le commencement de 1853, relevé son escompte à 4 et 5 p. 100. Il semble que cet établissement aurait dû consacrer à ces emplois productifs l'excédant de numéraire accumulé dans ses caisses, sans forcer l'émission de ses billets. Mais les banques ne procèdent jamais ainsi. Elles tiennent beaucoup aux espèces entassées dans leurs caves soit comme dépôts, soit comme contre-valeur de leurs billets, et elles se flattent de pouvoir les conserver, en satisfaisant aux besoins du commerce et des emprunteurs par le développement de leur circulation. C'est là une erreur grave et souvent funeste, car en multipliant outre mesure la monnaie fiduciaire, les banques s'exposent à des demandes de remboursement dont elles ne peuvent calculer l'étendue avec autant de précision qu'elles en mettraient à limiter leur dessaisissement volontaire d'encaisses métalliques surabondants. La Banque de France céda à cette illusion; elle porta son émission à 670 millions (mai 1853); mais elle ne put l'y maintenir longtemps, car l'année suivante, à pareille époque, cette émission était retombée à 590 millions, tandis que l'encaisse était descendu de 512 à 412 millions. En même temps le portefeuille s'était élevé de 235 à 335 millions. Ce qui prouve que cet abaissement de l'encaisse provenait exclusivement du remboursement des billets dont l'émission avait été forcée, c'est que les comptes courants, pendant la même période, bien loin de se réduire, avaient éprouvé une augmentation de 55 millions (270 millions en mai 1854 contre 215 millions en mai 1853). Ce n'était donc pas au retrait des fonds déposés, mais uniquement au retour des billets surabondants que devait être attribué l'abaissement de l'encaisse métallique. Cet encaisse ainsi que le portefeuille restèrent à peu près stationnaires jusqu'au milieu de 1855; mais la Banque fit de larges avances sur effets publics et valeurs de chemins de fer, et parvint à relever par là le chiffre de sa circulation à 642 millions. Aussitôt l'encaisse commença à diminuer rapidement, et il était tombé au 10 mai 1856 à 287 millions, bien que les dépôts en compte courant se fussent encore élevés de 16 millions (286 millions en 1856 contre 270 en 1855). En même temps le portefeuille avait éprouvé une augmentation de 112 millions. Tout cela s'était opéré au grand bénéfice de la Banque, qui était arrivée à remplacer son énorme encaisse improductif de 1852 par un portefeuille commercial de 422 millions et par une somme d'avances sur valeurs de 162 millions.

Mais la situation était déjà pleine de périls, et un œil exercé pouvait dès lors prévoir une crise prochaine. La banque en eut quelque pressentiment; mais au lieu de restreindre ses escomptes et ses avances, de diminuer l'émission de ses billets, elle se borna à élever, en octobre 1855, son escompte à 5 et 6 pour cent; moyen insuffisant, et qui n'avait d'autre effet que de grossir le chiffre de ses bénéfices. Aussi, dès les premiers mois de 1856, la situation était devenue menaçante au plus haut degré, et la fin de cette année fut signalée par une crise violente, dans laquelle la banque réduisit le commerce et l'industrie aux abois, par de brusques restrictions d'échéances frappant surtout le papier de l'intérieur. Au commencement de 1857, le portefeuille s'élevait à 532 millions; les avances sur rentes et chemins de fer avaient, il est vrai, subi une réduction considérable; mais cette réduction n'avait pu empêcher l'encaisse de tomber à 233 millions, par suite de la présentation à remboursement de l'excès de billets lancés dans la circulation et du retrait d'une partie des sommes déposées en compte courant. La circulation, en effet, qui avait été élevée à 642 millions en mai 1855, maintenue à 627 millions en 1856, était tombée à 583 millions en mai 1857, tandis que les comptes courants, qui s'élevaient à 286 millions en mai 1856, étaient descendus à 228 millions en 1857. Cependant l'imminence d'une crise commerciale formidable dans l'Amérique du Nord était déjà connue de la haute banque et du commerce d'exportation. Contre tous ces dangers, la banque de France aurait pu trouver, comme en 1846, une précieuse ressource dans l'aliénation de ses rentes sur l'État, faite à l'avance et par portions successives, pour ne pas écraser d'un seul coup le marché des fonds publics, sauf à les racheter plus tard et probablement avec bénéfice. Mais, soit qu'elle craignît de perdre un ou plusieurs semestres d'intérêts ou de subir des reports onéreux, soit que le gouvernement exerçât sur elle une pression prohibitive, dans la crainte de voir baisser le cours des fonds publics, cette utile mesure ne fut pas adoptée.

La banque crut y suppléer par des achats d'or à primes continues pendant les années 1855, 56 et 57, dans des conditions qui ont été l'objet de justes critiques. Cet établissement payait en ses propres billets les espèces ou les lingots que lui fournissaient quelques maisons de banque ou de change, sans s'apercevoir que les billets qu'elle émettait par cette voie revenaient immédiatement s'échanger à ses guichets contre le métal qu'ils avaient servi à payer, en sorte que c'était toujours le même or qui sortait de sa caisse et y rentrait, au plus grand bénéfice des banquiers et marchands de métaux par l'entremise desquels s'accomplissait cette étrange opération. Aux observations que souleva dès cette époque le caractère illusoire de ces achats de métaux, il fut répondu « que les maisons avec lesquelles la « banque traitait étaient trop respectables pour re« prendre d'une main l'or qu'elles venaient de livrer « de l'autre. » Comme si, en supposant que ces maisons s'arrêtassent devant un pareil scrupule, le public, auquel elles remettaient les billets de banque reçus par elles en payement, devait lui aussi s'abstenir de les présenter à l'échange. Pour que des achats d'or eussent un caractère sérieux et utile, il aurait fallu que la banque ne donnât en payement des lingots que des effets de commerce à la plus longue échéance possible, tirés de son portefeuille et non réescomptables par elle, ou bien ses propres engagements payables à long terme. Mais la banque de France avait alors pour principe de « ne pas « réescompter son portefeuille et de ne pas engager « sa signature. » Enfin, à défaut de l'aliénation de ses rentes et d'achats d'or contre engagements à long terme, la banque avait un moyen de préserver son encaisse : c'était de se refuser à l'escompte du papier tiré de l'étranger, en vue d'exportations de numéraire, et de n'admettre que les effets créés par l'industrie et le commerce intérieur, qui ne pouvaient servir de base à des entreprises dirigées contre l'encaisse métallique. Mais la banque prit justement des mesures inverses. Elle restreignit un moment jusqu'à quarante-cinq jours l'échéance du papier payable en province, tandis qu'elle admettait au délai de soixante jours le papier sur Paris, comprenant précisément les traites tirées par les grands banquiers étrangers sur leurs correspondants de Paris, dans le but de se procurer du numéraire. Ainsi, tandis qu'elle imposait de cruelles souffrances à l'industrie, au petit commerce, elle laissait la porte ouverte aux grandes opérations de banque et de change, spécialement dirigées contre son encaisse. Cette anomalie s'explique par un autre principe qui régnait alors à la banque, savoir : « qu'il y avait certaines signa-« tures qui ne devaient jamais être refusées. » Or, ces signatures, dignes certainement de cet honneur par leur extrême solidité, étaient pourtant celles qui, vouées spécialement aux grandes opérations financières internationales, pouvaient exposer la réserve métallique aux plus graves chances d'épuisement.

Ce n'est que fort récemment que la banque a renoncé à quelques-uns de ces axiomes, qui reposaient sur de vieilles habitudes, mais que ne justifiait aucune raison solide. Ils régnaient encore souverainement en 1857, au moment où d'importantes modifications allaient être apportées aux conditions d'existence de ce grand établissement. Ce sont ces modifications et leurs conséquences pratiques qu'il nous reste à examiner.

CHAPITRE VII

LA LOI DU 9 JUIN 1857

État de l'opinion relativement à la banque de France en 1856-57. — Pensée qui inspira le projet devenu la loi du 9 juin 1857. — Rapport de M. Devinck au nom de la commission du Corps législatif. — Discours de M. Kœnigswarter. — Vote et promulgation de la loi. — Effets produits par son application depuis 1857. — Raisons invoquées par la banque de France en faveur de l'élévation de l'escompte. — Objections de ses adversaires. — Diverses solutions proposées.

Les fréquentes élévations de l'escompte auxquelles la banque avait cru devoir recourir en 1855 et 1856, bien que contenues encore par l'infranchissable limite de la loi de 1807, les réductions d'échéances, les restrictions apportées à l'admission des bordereaux et aux avances sur valeurs de bourse, avaient dès lors jeté une certaine émotion dans le public commercial et financier. Une opinion déjà fort répandue attribuait ces difficultés à l'insuffisance des ressources propres à la banque, et pour le public encore peu versé dans ces questions, cette insuffisance s'identifiait avec une trop faible élévation de son capital. On ne se rendait pas en général un compte exact de la distinction qui, dans le système adopté pour l'organisation de ce grand établissement de crédit, existait entre son capital et son encaisse métallique, et beaucoup de gens croyaient que l'accroissement du premier entraînait nécessairement une élévation correspondante du second. En fait, le public se trompait; mais en principe il avait raison, car le capital d'une banque devrait être, au moins pour la plus forte partie, engagé dans ses opérations, et constituer pour elle une réserve toujours disponible.

De son côté, le gouvernement accueillait avec faveur l'idée d'une augmentation du capital de la Banque, mais dans un sens tout différent. Imbu de la doctrine qui considère le capital d'une banque uniquement comme un cautionnement de sa bonne gestion, comme une garantie supplémentaire donnée aux porteurs de ses billets en cas de perte sur les valeurs commerciales en échange desquelles ils sont émis, il voyait dans une élévation du capital de la Banque, outre une satisfaction donnée à l'opinion publique, une précieuse ressource pour le Trésor, alors grevé d'une lourde dette flottante. Il est permis de croire que la Banque ne se souciait que médiocrement d'une augmentation de son capital; mais elle était dominée par une autre pensée qui lui faisait vivement désirer une modification à ses conditions d'existence. Elle croyait que les difficultés qu'elle éprouvait à maintenir son encaisse, tenaient à l'impossibilité pour elle d'élever son escompte au-dessus de 6 p. 100, et de suivre les mouvements de la banque d'Angleterre. D'un autre côté, elle attachait une grande importance à obtenir longtemps à l'avance le renouvellement de son privilége, qui n'avait plus que dix années à courir. Une entente s'établit entre l'intérêt gouvernemental, toujours prompt à saisir une nouvelle ressource financière, et l'intérêt de la banque, toujours disposée à payer par la remise d'un capital supplémentaire à l'État une prolongation et une extension de son monopole. Il fut donc convenu que la Banque augmenterait son capital de 100 millions par l'émission de nouvelles actions, et que ces 100 millions seraient versés à l'État contre la remise de pareille somme en inscriptions de rentes 3 p. 100 au cours de 75 fr., alors supérieur d'environ 5 fr. à celui de la Bourse. En échange, la Banque obtint la prorogation de son privilége jusqu'en 1897, et le droit d'élever son escompte au-dessus de 6 p. 100, par une dérogation exceptionnelle à la loi de 1807.

Les auteurs de cet arrangement crurent peut-être de bonne foi qu'il donnait satisfaction aux légitimes intérêts du public commercial. Dans son remarquable exposé des motifs, l'honorable M. Vuitry l'a affirmé avec tant d'insistance qu'il y aurait mauvaise grâce à en douter. Cependant la combinaison ne profitait en réalité qu'aux deux hautes parties contractantes, et le public n'en devait retirer aucun avantage. Ce qu'il désirait, en effet, c'était un accroissement permanent des ressources disponibles de la Banque, qui permît à cet établissement de se montrer moins rigoureux dans la défense de son encaisse. Or, une augmentation du capital tout entière immobilisée en rentes, n'ajoutait pas un centime à ces ressources, et laissait la Banque toujours exposée aux mêmes perplexités, en cas de demandes extraordinaires de numéraire. Tout ce que l'on pouvait dire en faveur de la mesure au point de vue de l'intérêt général, c'est qu'elle donnait une sécurité de plus aux porteurs de billets de la Banque, en cas de liquidation et de pertes subies. Mais jamais personne ne s'était avisé de douter de la solvabilité finale de la Banque. Sa prudence bien connue, l'excellence de son portefeuille garanti par trois signatures, l'insignifiance des pertes qu'elle avait éprouvées dans la terrible épreuve de 1848, suffisaient pour la mettre à l'abri d'une pareille injure, même de la part de ses ennemis les plus acharnés.

Le projet de loi présenté par le gouvernement fut, de la part de la commission du Corps législatif, l'objet de critiques très-modérées dans la forme, mais très-graves au fond, et justifiées depuis par les événements. Dans le rapport qu'il présenta au nom de la commission, l'honorable M. Devinck exprima le regret qu'un même projet contînt des dispositions relatives les unes à la concession d'un privilége et les autres à un contrat synallagmatique. Il fit observer qu'une prorogation de trente ans, ajoutée aux dix années que le privilége de la Banque avait encore à courir, portait à quarante ans la durée totale de ce privilége, et que jamais aussi longue échéance n'avait été admise par les gouvernements précédents pour la possibilité de reviser les statuts de la Banque. On a toujours reconnu la nécessité de cette révision dans un délai moins long, disait l'honorable rapporteur, et le projet de loi actuel en est la preuve, puisqu'il modifie en plusieurs points les facultés accordées à la Banque. Pourquoi cette nécessité ne se manifesterait-elle pas avant le long espace de temps accordé par le projet? La commission aurait donc désiré une révision décennale. Désespérant de l'obtenir, elle présenta sur l'article 1er du projet un amendement portant que « le privilége pourrait être « modifié le 31 décembre 1867, s'il en était ainsi « ordonné par une loi votée dans une des deux ses- « sions qui précéderaient cette époque. » Mais ce sage amendement fut rejeté par le conseil d'État. Repoussée sur ce point, la commission proposa un second amendement ainsi conçu :

« Les modifications que le gouvernement recon- « naîtra nécessaire d'apporter dans les statuts et le « mode d'exploitation de la banque, pourront être « faites par une loi dans l'une des deux sessions qui

« précéderont l'expiration de la première moitié de « la nouvelle prorogation accordée par la présente « loi. »

C'était réduire à 25 années au lieu de 40 le délai après lequel les statuts de la banque pourraient être révisés. Mais ce nouvel amendement vint, comme le premier, se briser contre le rejet inflexible du Conseil d'État. Cet empressement du gouvernement français à se dessaisir pour près d'un demi-siècle, malgré les avertissements de la commission, d'un droit aussi important, forme un frappant contraste avec la sage prévoyance dont sir Robert Peel et le Parlement anglais avaient fait preuve, en soumettant le privilége de la banque d'Angleterre à la révocabilité annuelle, prononcée par une simple décision de la Chambre des communes. On peut supposer que cette abdication du gouvernement français n'était pas volontaire, mais qu'elle s'imposait à lui comme une fatale conséquence de la malheureuse connexité établie, dès le principe, entre le renouvellement du privilége de la banque et un prêt consenti par celle-ci. En subissant l'augmentation de son capital et la remise de ce capital à l'État à un taux peu avantageux pour elle, la banque avait acquis le droit de dicter pour ainsi dire ses conditions sur les autres points du traité, et aux concessions qui lui seraient demandées, elle pouvait toujours répondre en jetant ses cent millions dans la balance, comme l'épée de

Brennus. C'est l'explication la plus vraisemblable et la plus honorable que l'on puisse donner du refus péremptoire et systématique opposé par le Conseil d'État à presque tous les autres amendements présentés par la commission dans des vues d'intérêt public.

Les plus importants de ces amendements étaient relatifs à l'accroissement à donner au capital disponible de la Banque. Sur ce point essentiel de la disponibilité du capital, un dissentiment profond éclata entre la commission et l'organe du Conseil d'État. Nous ne saurions mieux faire que de rapporter ici les paroles que M. Devinck opposa à la théorie erronée du capital-garantie développée par M. Vuitry.

« Permettez-nous, pour expliquer notre pensée, « dit M. Devinck, de vous signaler ici la divergence « d'opinions qui nous sépare des honorables rap- « porteurs du Conseil d'État, sur le principe qu'ils ont « développé dans l'exposé des motifs relativement « à l'emploi qu'une institution de crédit comme la « banque de France doit faire de son capital.

« Ce capital ne doit pas être seulement un fonds « de garantie, un cautionnement ; et, en admettant « cette idée pour les besoins du raisonnement, il « faut de suite reconnaître que la garantie sera « d'autant meilleure qu'il sera plus facile de la réa- « liser.

« Le capital actuel de la banque est de « 108,230,750 fr. 14 c.; or, nous voyons dans son « dernier bilan qu'elle a 65 millions en rentes et « 55 millions en bons du Trésor.

« Le projet de loi vous propose de faire l'emploi « en rentes de 100 millions qu'elle demanderait à « ses actionnaires.

« Il résulterait de cet état de choses que, avec un « capital de 200 millions, la banque de France au- « rait plus de 220 millions placés en effets publics. « Nous n'ignorons pas qu'il en est ainsi en Angle- « terre; que la banque de ce pays a remis son capital « entier à l'État; que même elle lui a quelquefois prêté « en outre jusqu'à 350 millions; mais nous croyons « que, dans les moments de crise, une institution de « crédit a besoin d'un capital disponible pour répon- « dre aux besoins de diverse nature qui peuvent se « produire. Si ce capital n'est qu'un fonds de garan- « tie, ou bien s'il est immobilisé d'une façon ou « d'une autre, l'établissement est moins bien placé « pour venir en aide au commerce et à l'industrie.

« Cette vérité n'est-elle pas suffisamment dé- « montrée par ce qui s'est passé en 1846? La ban- « que de France, en rendant disponible une partie « de son capital qui était placé en rentes, et en « recevant en échange une quantité considérable « d'or et d'argent, n'a-t-elle pas fait une opération « utile? »

La commission opposait donc nettement au système de l'immobilisation du capital de la banque en rentes comme simple fonds de garantie, professé par l'organe du Conseil d'État, le principe de la disponibilité constante de ce capital, considéré au contraire comme la réserve régulatrice de la circulation. La conséquence naturelle de ce principe aurait dû être le rejet par la commission de la combinaison proposée par le gouvernement, qui consistait précisément dans l'immobilisation en rentes du nouveau capital demandé à la banque. Mais la commission ne poussa pas jusque-là l'audace de sa logique, sans doute afin de ne pas priver le gouvernement d'une importante ressource financière. Elle se borna à proposer, sur l'article 4 du projet, un amendement portant que, à partir du 1er juillet 1857, il serait fait sur le montant des bénéfices de la banque un prélèvement de 15 p. 100 affecté à l'augmentation du capital social. Le rapporteur déclara que la commission avait désiré par là faire suivre aux ressources de la banque une progression proportionnelle à l'augmentation des affaires, et former un contrepoids à la trop grande élévation du taux de l'escompte, que la banque se trouverait dans la nécessité d'abaisser pour faire l'emploi de ses fonds disponibles. Cette proposition, si elle avait été admise, aurait pu produire à la longue des effets avantageux. En effet, si l'on supposait que les bénéfices de la banque dussent s'élever pendant la première période décennale à une moyenne annuelle de 27 millions, la réserve annuelle aurait atteint 4 millions environ, et au bout de dix ans 40 millions. Un bénéfice moyen annuel de 30 millions pendant la seconde période décennale aurait ajouté à cette réserve 45 autres millions, ce qui l'aurait portée au bout de vingt ans à 85 millions, lesquels se seraient encore grossis annuellement d'environ 5 millions. Certes, de telles ressources maintenues toujours disponibles devaient, même après la première période décennale, offrir à la banque et au commerce un précieux secours. Malheureusement cet amendement de la commission, qui consacrait une partie des bénéfices de la banque au meilleur emploi dont ils fussent susceptibles, même au point de vue de son propre intérêt, cet amendement fut comme les autres repoussé par le Conseil d'État.

Avec une persévérance digne d'un meilleur sort et qui fait honneur à son zèle, sinon à sa clairvoyance et à sa fierté parlementaire, la commission se rallia à un nouvel amendement proposé par M. Chevalier, et qui réduisait au dixième des bénéfices excédant 6 p. 100 du capital nominal de la banque, le prélèvement destiné à l'accroissement des ressources disponibles. Mais ce modeste amendement vint encore se briser contre l'inflexibilité du Conseil d'État.

La commission accepta sans difficulté la concession à la banque du droit de dépasser au besoin 6 p. 100 dans le taux de ses escomptes ; elle simplifia seulement les dispositions du projet, en substituant une élévation pure et simple de l'escompte et de l'intérêt des avances à la faculté d'exiger une commission supplémentaire proposée par le conseil d'État. « Nous avons reconnu, dit le rapporteur, « que cette autorisation était nécessaire, alors que « sur les diverses places de l'Europe l'intérêt de « l'argent montait au-dessus de 6 p. 100. N'est-il « pas évident, en effet, que si ce taux est plus élevé « en Angleterre qu'en France, les capitaux émigre- « ront dans une forte proportion, et que la banque « se trouverait dans la dure nécessité soit de ne plus « admettre que des effets à soixante jours de date, « soit de refuser partie des bordereaux qui lui se- « raient présentés. Il est préférable pour un com- « merçant de payer exceptionnellement un intérêt « plus fort. C'est donc un véritable régulateur qu'il « est question de donner à la banque, avec lequel « elle pourrait se défendre contre les demandes « exagérées de capitaux. Ce sera pour elle encore « un moyen d'engager les commerçants à resserrer « leurs affaires, lorsqu'elle leur verra prendre une « trop grande extension. »

La commission adoptait ainsi pleinement et sans examen cette théorie qui représente les capitaux comme des êtres animés, se portant d'eux-mêmes et invinciblement sur les points où une rémunération plus élevée leur est temporairement offerte. Elle ne songea pas à se demander si ce mouvement des capitaux n'est pas le fait d'agents spéciaux, opérant au moyen d'un papier commercial d'une nature particulière et facile à reconnaître; si dès lors on ne pourrait pas recourir, pour s'y opposer, à des moyens plus directs et plus efficaces qu'une élévation de l'escompte, pesant indistinctement sur tous les négociants et les industriels, même sur ceux qui n'ont nullement en vue des exportations de numéraire. En concédant à la banque une faculté directement contraire à l'esprit de son institution, dérogatoire à l'ensemble de la législation alors en vigueur sur l'intérêt commercial, la commission crut qu'elle mettrait au moins le commerce et l'industrie à l'abri des restrictions d'échéances dont ils avaient tant souffert en 1856. Mais elle ne dut pas conserver à cet égard une longue illusion. En effet, elle essaya de faire prévaloir un amendement proposé par M. Réveil et par M. Germain Thibaut, président de la Chambre de commerce, aux termes duquel la longueur des échéances ne pourrait être réduite au-dessous de soixante jours. Mais cet amendement vint encore se briser contre le rocher sourcilleux du Conseil d'État. La banque entendait donc demeurer en possession de toutes ses anciennes armes, en même temps qu'elle acquérait de plus la faculté illimitée d'élever le taux de son escompte.

Cependant la commission remporta un unique succès dans le cours de la campagne, d'ailleurs si malheureuse, qu'elle avait entreprise pour la défense des intérêts généraux. Elle avait probablement senti la choquante anomalie que présenterait l'accroissement des bénéfices de la banque, résultant d'élévations de l'escompte qui seraient à la fois la cause et le symptôme de cruelles souffrances pour le commerce. En conséquence elle adopta et fit accepter par le Conseil d'État un amendement dont l'initiative appartient à l'honorable M. Lequien, et qui décide que les bénéfices à provenir de l'élévation de l'escompte au-dessus de 6 p. 100 ne pourront être partagés entre les actionnaires, mais devront être ajoutés au capital de la banque. La commission revenait ainsi à son idée favorite de la formation d'une réserve disponible, qu'elle avait inutilement poursuivie par deux précédents amendements. Mais, dans cette circonstance, comme au sujet de la disponibilité du capital de la banque, elle ne faisait qu'une application timide et incomplète des principes parfaitement justes qu'elle avait aperçus. En effet, s'il était contraire à l'équité que la banque tirât un surcroît de bénéfices des élévations d'escompte qu'elle pouvait infliger au commerce en détresse, il ne fallait pas lui laisser ces bénéfices mêmes sous la forme d'un accroissement de capital, qui profite en définitive aux actionnaires; il convenait de chercher au contraire une combinaison qui fît de l'élévation de l'escompte une cause de pertes progressives pour la banque, de manière à prévenir autant que possible cette mesure et à associer la banque aux souffrances du commerce qui la fait vivre. Une telle combinaison était facile à découvrir et à réaliser. Mais la commission ne poussa pas jusque-là ses investigations.

Le projet de loi ne concédait pas à la banque la faculté d'émettre des coupures inférieures à 100 fr. Ce fut sur la demande de la commission que le conseil d'État consentit à y introduire l'autorisation d'émettre des billets de 50 francs, que la banque ne paraît pas avoir réclamée. Quand on considère que les hommes d'État anglais ont jugé qu'il convenait, dans l'intérêt du maintien de la base métallique de la circulation, de ne pas descendre au-dessous de la coupure de cinq livres, ou 125 francs; quand on se rappelle les craintes qu'inspirait en 1847 aux représentants de la banque et aux organes du gouvernement l'admission du billet de 200 francs, et à plus forte raison celle de la coupure de 100 francs, décrétée depuis à peu près sans examen par le gouvernement provisoire; enfin quand on remarque la coïncidence des difficultés monétaires de 1854, 55 et 56 avec la diffusion de cette dernière coupure et l'accroissement de la circulation qui en fut la suite, on est fondé à se demander si la commission fut bien inspirée en cédant aux suggestions des partisans des petites coupures, et en provoquant l'autorisation du billet de 50 francs.

Jalouse d'étendre à tous les points du territoire les avantages du crédit, la commission voulait que la banque fût tenue d'établir, dans le délai de dix ans à partir de la promulgation de la loi, des succursales dans tous les départements. La création d'une succursale aurait été obligatoire, dès que l'utilité en aurait été déclarée par un décret rendu dans la forme des règlements d'administration publique. Le Conseil d'État trouva ces prescriptions trop absolues, et les modifia par la rédaction suivante :

« *Dix ans* après la promulgation de la présente « loi, le gouvernement *pourra* exiger de la banque « de France qu'elle établisse une succursale dans « les départements où il n'en existerait pas. »

Enfin, la commission demandait que le compte courant du Trésor ne fût passible d'intérêts qu'à 3 p. 100 au lieu de 4, taux proposé par le gouvernement, et que les intérêts fussent calculés non-seulement sur le solde débiteur, mais encore sur le solde créditeur. La première de ces propositions fut admise par le Conseil d'État, et la seconde repoussée, sans doute sous l'influence de la banque, qui devait craindre de voir porter atteinte à ses bénéfices et au principe de la gratuité des dépôts, qu'elle a toujours professé.

Ce projet de loi, d'une si haute gravité pour les intérêts financiers, commerciaux et industriels du pays, n'arriva à la discussion publique devant le Corps législatif que dans les dernières heures du dernier jour de la session. Aussi fut-il discuté et voté, pour ainsi dire, au pas de course. L'honorable M. Kœnigswarter prononça seul un discours de quelque étendue, dans lequel il s'éleva contre les avantages énormes concédés à la banque, et contre la précipitation avec laquelle le gouvernement s'empressait d'abdiquer entre les mains de cet établissement, dix ans avant l'expiration de son privilége, une de ses prérogatives les plus précieuses. M. Kœnigswarter révéla cette curieuse particularité, que, jusqu'à la veille de la présentation de son rapport, la commission avait été décidée à proposer le rejet de la loi, et qu'elle n'avait subitement changé d'avis que sur l'adoption d'un amendement de peu d'importance, relatif à la mise en réserve des bénéfices provenant de l'élévation de l'escompte au-dessus de 6 p. 100 [1]. Il caractérisait spirituellement le projet de loi, en décla-

1. Nous reproduisons aux annexes, à la fin du volume, le rapport de M. Devinck, le discours de M. Kœnigswarter et le surplus du compte rendu de la séance du 28 mai 1857, où la loi fut discutée et votée par le Corps législatif.

rant que, s'il ne l'avait vu accompagné d'un exposé des motifs signé par trois honorables membres du conseil d'État, il aurait cru que ce projet avait été rédigé dans une assemblée générale des actionnaires de la Banque, présidée par un de ses régents. Il protesta contre l'aliénation de l'avenir à des conditions que le plus pauvre particulier repousserait avec énergie, et contre l'absence de toute garantie en faveur du commerce et de l'industrie. Une singularité digne de remarque, c'est que ni les partisans ni même les adversaires du projet de loi ne soupçonnèrent l'extrême gravité de la disposition qui autorisait la banque à dépasser le taux de 6 p. 100 dans ses escomptes, ni le redoutable usage qu'elle pourrait faire de cette faculté, que ne limitait aucune clause pénale. L'honorable M. Kœnigswarter partagea cette illusion : « Je crois, dit-il, « que MM. les commissaires du gouvernement re- « connaîtront avec moi que le taux de 6 p. 100 « est un taux anormal qui disparaîtra bientôt, et « que, quant à des taux supérieurs à 6 p. 100, « ils n'existent que dans les nuages, et qu'il pour- « rait se passer encore quarante et un ans sans « qu'il vienne s'ajouter un centime de ce chef-là au « capital de la banque. » Six mois ne s'étaient pas écoulés depuis la promulgation de la loi alors en discussion, que le taux de l'escompte était porté à 10 p. 100, et aujourd'hui, les bénéfices provenant de l'élévation au-dessus de 6 p. 100, excèdent déjà *sept* millions !

Il est deux autres points touchés dans le discours de M. Kœnigswarter, sur lesquels nous ne saurions partager son opinion, bien qu'elle lui soit commune avec un grand nombre de financiers intelligents : nous voulons parler de la solidarité d'intérêts établie entre les gouvernements et les banques privilégiées, et de l'abaissement du chiffre minimum des coupures. M. Kœnigswarter cite sans un mot de blâme et presque comme un exemple à suivre, la situation des banques de Prusse, d'Angleterre et d'Autriche, dont tout le capital et quelque chose au delà ont été absorbés par les gouvernements. Il rappelle que l'empereur Napoléon Ier pensait que la banque avait bien quelques remercîments à adresser, quelques services à rendre au gouvernement qui lui donnait un privilége si énorme, et qu'elle pouvait aussi prêter un peu d'argent à ce même gouvernement, qui était certes le meilleur débiteur qu'elle pût avoir. « Je suis complétement de cet avis, » ajoute-t-il. Professer une telle opinion, c'était adhérer au funeste principe qui a presque partout faussé l'institution des banques de circulation et les a entraînées à leur ruine, celui de leur asservissement aux intérêts des gouvernements. Ce principe admis, il ne restait plus à l'honorable M. Kœnigswarter qu'à soutenir que l'État vendait à la banque le renouvellement de son privilége pour trop longtemps et à trop bon marché ; c'est ce qu'il fit sous une forme spirituelle et mordante. Mais combien son argumentation n'aurait-elle pas été plus vigoureuse si, s'armant de l'aveu de la commission, qui déplorait la confusion établie dans le projet entre le renouvellement du privilége et un traité de subsides, il avait fait ressortir la nécessité d'une parfaite indépendance réciproque de l'État et de la banque, pour permettre au premier, en concédant un privilége gratuit du haut de sa souveraineté, de stipuler impérieusement en faveur des intérêts généraux du public, et à la seconde de réserver toutes ses forces, toutes ses ressources pour les besoins du commerce et de l'industrie, qui la font vivre et alimentent l'État lui-même.

Enfin M. Kœnigswarter exprimait le regret que le projet de loi n'eût pas imposé à la Banque l'obligation d'émettre des coupures de 50 fr., au lieu de lui en accorder simplement la faculté. Il pensait que l'émission de ces coupures procurerait immédiatement un accroissement de l'encaisse métallique, permettant un développement permanent de la circulation. Nous avons indiqué les raisons qui conseillent d'écarter les petites coupures de notre système fiduciaire. L'émission de ces coupures ne peut produire qu'une élévation momentanée de l'encaisse. Cet excédant est bien vite absorbé par les besoins du commerce extérieur, et l'on se retrouve en présence d'une masse de billets considérablement accrue, tandis que les canaux inférieurs de la circulation, envahis par le papier, n'offrent plus, dans les moments de crise, des ressources métalliques suffisantes pour la rapide reconstitution des encaisses épuisés par les exportations de numéraire.

Sauf ces observations, le discours de M. Kœnigswarter était digne d'exercer sur la résolution du Corps législatif une influence qu'il n'obtint malheureusement pas. Après quelques observations du rapporteur de la commission et du président du Conseil d'État, le projet fut voté au milieu de la précipitation d'une séance de clôture. Le Sénat ne trouva aucune raison constitutionnelle de s'opposer à la loi, bien que la dérogation à la loi de 1807 sur le taux de l'intérêt, qu'elle établissait au profit de la seule Banque de France, constituât une violation manifeste du grand principe de l'égalité, qui forme la base de nos institutions. En conséquence, la nouvelle charte de la Banque de France fut promulguée le 9 juin 1857.

Les effets de son application ne tardèrent pas à se faire sentir. Au moment de sa promulgation, l'imminence d'une formidable crise en Amérique était déjà connue de tout le haut commerce, et l'escompte était à 6 p. 100 à Paris, à 6 ½ à Londres. Il eût été sage à la Banque de se prémunir contre de redoutables éventualités, en vendant à l'avance au moins une partie des rentes qu'elle intitule fonds disponible et réserve, sans doute par antiphrase; mais, confiante dans la nouvelle arme qui venait d'être placée dans ses mains, elle ne prit aucune précaution, et au moment où la crise éclata dans toute sa violence, elle ne sut que porter brusquement son escompte à 7, puis à 10 p. 100, bien que le commerce français n'eût commis aucune imprudence, et qu'elle n'eût à se prémunir que contre les spéculations des banquiers, qui cherchaient à faire passer des fonds en Angleterre et en Amérique, pour profiter de l'énorme dépréciation des valeurs et des marchandises dans ces deux pays. Depuis lors, nous avons revu l'escompte à 7 p. 100 en janvier, février et mars 1861, en novembre et décembre 1863, janvier, février, mars et avril 1864; ce taux a été porté à 8 p. 100 en mai de la même année; ramené à 6 p. 100 en juin, juillet et août, il a été relevé à 7 au 1er septembre et à 8 en novembre. Il n'est redescendu au-dessous de 6 p. 100 qu'en janvier 1865. Cependant la France n'était pas le point de départ ni le centre de la crise de 1864; son commerce ne s'était que très-faiblement livré à la spéculation sur marchandises d'importation, et le cours des changes étrangers n'offrait pas, à tout prendre, un caractère défavorable.

En résumé, le caractère dominant de la situation depuis 1857, c'est une extrême variabilité et une élévation fréquente du taux de l'escompte. Les motifs invoqués pour justifier ces mesures sont :

La nécessité pour la banque de défendre son encaisse contre les demandes de numéraire destiné à l'exportation.

L'obligation de suivre les mouvements de l'escompte de la banque d'Angleterre, afin d'éviter que les espèces ne soient transportées de France dans ce pays, au moyen d'opérations de change.

L'opportunité de mettre un frein aux spéculations à crédit sur marchandises d'importation.

On ajoute, en principe, que le numéraire, l'argent est une marchandise comme une autre, qu'il doit, suivant la loi générale qui régit l'offre et la demande, enchérir quand il est rare, baisser de valeur quand il est abondant.

A cela les adversaires du système de la banque répondent : que les craintes continuelles de la banque pour son encaisse n'ont d'autre cause réelle que l'insuffisance et la constitution vicieuse de cet encaisse. Investie d'un monopole qui l'oblige à subvenir aux besoins de numéraire qui peuvent se produire sur un point quelconque du territoire, grevée d'une circulation qui dépasse 750 millions, la banque devrait toujours posséder un encaisse bien supérieur à celui dont elle disposait quand elle n'était guère que la banque de Paris, et que sa circulation n'excédait pas 350 millions. Or, en fait, les encaisses de Paris et de toutes les succursales réunies sont, depuis dix ans, à peine égaux en moyenne à cequ'était le seul encaisse de Paris avant 1848. — Le vice radical, c'est donc l'insuffisance permanente de l'encaisse.

Ce vice, ajoute-t-on, tient lui-même à deux causes : l'emploi de la totalité du capital de la banque en rentes indisponibles, l'obstination de cet établissement à ne servir aucun intérêt sur les dépôts qui lui sont confiés. Il résulte de la première de ces mesures que, dans l'encaisse de la banque, il n'y a pas un écu qui lui appartienne. Son encaisse représente à peine les sommes déposées en compte courant et toujours exigibles. En réalité, pas une parcelle de son capital n'est engagée dans ses opérations. Elle fonctionne comme un établissement sans capital. Prétendre, comme on l'a soutenu, que le capital de la banque ne doit être qu'un fonds de garantie, qui ne saurait être mieux employé qu'en rentes sur l'État ou bons du Trésor, c'est une affirmation gratuite et erronée. La banque n'est pas une simple compagnie d'assurances, dont le fonds social ne peut être attaqué qu'en cas de pertes ; elle est un grand établissement financier investi d'un caractère public. Elle remplit, par privilége, une haute fonction sociale, celle de régulateur de la circulation et de réservoir du numéraire. Or, s'il est nécessaire que pour remplir convenablement cette fonction, elle engage tout son capital dans ses opérations, qu'elle le convertisse intégralement en numéraire, dût ce numéraire rester improductif dans ses caisses, comme réserve du commerce et gage de la sécurité générale, la banque doit sans hésiter sacrifier ses semestres de rentes, et convertir son capital en espèces. Quand on considère quelles faibles saignées faites à l'encaisse suffisent pour réduire la banque aux abois, peut-on douter que si elle eût possédé constamment en propre 150 millions de numéraire, prêts à s'épancher pour les besoins urgents du commerce, les mesures extrêmes qu'elle a si souvent et si brusquement adoptées n'eussent pu être presque toujours évitées? Or, cette ressource, qui a empêché la banque de se l'assurer, au moins pour la partie de ses rentes qu'elle intitule fonds disponible et réserves, sinon le désir de grossir ses dividendes? Quant aux rentes représentant les 100 millions dont son capital a été augmenté en 1857, et qui figurent à ses bilans sous le titre de rentes immobilisées, bien qu'aucun article de loi ne leur ait conféré ce caractère, il suffirait qu'elle demandât au gouvernement l'autorisation de les aliéner pour l'obtenir, car, en présence d'une dette publique de 5 milliards, celui-ci ne saurait craindre que 100 millions de titres jetassent une perturbation sur le marché en devenant disponibles.

Puisque la banque s'est volontairement réduite à ne posséder d'autre encaisse que les sommes que le public laisse en dépôt entre ses mains, du moins devrait-elle prendre les mesures propres à grossir autant que possible et à retenir ces dépôts dans ses caisses. Or, de toutes ces mesures la seule efficace, c'est l'attribution d'un intérêt aux dépôts. Quand, de toutes parts, s'élèvent des établissements qui appellent les fonds disponibles par l'appât d'un intérêt souvent élevé, la banque ne peut seule faire exception, sans voir tarir la source unique de son encaisse. C'est là, sans nul doute, la cause principale de la décroissance chronique de cet encaisse, et le mal ne fera que devenir de jour en jour plus sensible. Que la banque serve un intérêt sur les dépôts, qu'au lieu d'élever l'escompte pour réduire son portefeuille, elle élève l'intérêt des dépôts pour grossir son encaisse, et les crises seront promptement conjurées. Or, qui empêche la banque de prendre ces salutaires mesures, sinon la crainte de réduire ses dividendes?

Maintenant, est-il vrai que l'élévation du taux de l'escompte, dont la banque a bien su se passer pendant quarante-un ans, même en présence des crises les plus terribles, et qu'elle n'a adoptée en 1857 que par une servile imitation des pratiques de la banque d'Angleterre, est-il vrai que cette élévation produise les effets qu'on lui attribue et constitue le seul remède possible aux crises financières? On élève l'escompte pour mettre un frein aux spéculations à la hausse sur les marchandises d'importation; mais lorsque la fièvre de la spéculation s'est emparée des esprits, lorsque des négociants espèrent réaliser en une seule opération 15 ou 20 p. 100 de bénéfice, est-ce une augmentation d'un pour cent sur l'escompte de billets à 90 jours, augmentation correspondante au taux de 8 ou 9 p. 100 par an, qui empêchera ces négociants de conclure une telle opération? D'ailleurs, l'élévation de l'escompte n'arrive jamais que lorsque les opérations à la hausse sont depuis longtemps engagées, lorsque la crise commence à se manifester. Elle ne peut donc rien prévenir, rien empêcher. Elle ressemble à la peine, qui poursuit d'un pied boiteux le crime une fois qu'il est commis, et encore n'exerce-t-elle pas, comme la peine, une action préventive d'intimidation.

On prétend que l'élévation de l'escompte est nécessaire pour empêcher le numéraire de se précipiter vers les pays où le taux d'intérêt est plus élevé. Mais d'abord, il n'est pas vrai qu'une différence même sensible du taux de l'intérêt suffise pour déterminer l'émigration des capitaux. N'a-t-on pas vu l'escompte atteindre dans l'Amérique du Nord au taux fabuleux de 36 p. 100 en 1836, 1837 et 1839, tandis qu'en France il restait fixé à 4 p. 100 et qu'en Angleterre il variait de 4 à 6 p. 100? Des différences semblables ne se sont-elles pas reproduites de 1853 à 1860, sans que tout le numéraire de l'Europe ait reflué aux États-Unis? Si l'on veut comparer des pays plus voisins, n'a-t-on pas vu des différences de 1 ½ p. 100 se maintenir entre le taux d'escompte des banques de France et d'Angleterre, notamment en 1845, sans inconvénient pour les encaisses de l'une et de l'autre. Enfin, au milieu de la terrible crise de 1857, la banque nationale de Belgique n'a-t-elle pas maintenu le taux de son escompte à 5 p. 100, quand les banques de France et d'Angleterre le portaient à 10 p. 100? Il n'est donc pas vrai que le numéraire se comporte comme un liquide, qui s'élève fatalement au même niveau dans tous les lieux qui communiquent entre eux. Il y a des raisons qui le retiennent dans chaque pays, comme il y en a qui fixent les hommes dans leur patrie, quelque rudes et ingrats qu'en soient le sol et le climat. Ces raisons sont les risques et la difficulté du transport, l'impossibilité de surveiller des emplois de capitaux lointains et temporaires, enfin la gravité des chances de perte qui accompagnent presque toujours les placements commerciaux à gros intérêt. Ce n'est donc pas une rigoureuse nécessité de suivre pas à pas, dans un pays, les élévations d'escompte qui peuvent avoir été décrétées, à tort ou à raison, par les banques d'un pays voisin.

Par les mêmes raisons, c'est se flatter d'un chimérique espoir que d'attribuer à une élévation temporaire d'escompte de 2 ou 3 p. 100 le pouvoir d'appeler les capitaux de l'étranger. Les capitaux ne se déplacent pas pour si peu.

En réalité, l'élévation de l'escompte n'a qu'un effet : c'est de forcer tous ceux qui en ont la possibilité, à employer d'autres ressources moins onéreuses, de diminuer ainsi le portefeuille des banques, partant leur circulation et leur passif immédiatement exigible. Mais, envisagé comme moyen restrictif de la spéculation et protecteur de l'encaisse, il ne remplit que très-imparfaitement cet objet, et il va même souvent contre le but qu'on se propose. De plus, il fait peser lourdement la peine des fautes commerciales sur ceux qui en sont innocents, et ne frappe pas sensiblement les vrais coupables. En effet, les spéculateurs imprudents et acculés à la ruine ne reculent jamais devant une élévation du taux de l'escompte, et acceptent toutes les conditions, quelque dures qu'elles soient. Donc cette élévation n'est pas un moyen d'écarter leur papier. D'un autre côté, s'il existe des besoins absolus de numéraire pour solder des importations de marchandises nécessaires, toutes les élévations d'escompte possibles n'empêcheront pas les exportations de métaux précieux. Que si l'on veut se défendre contre les demandes de numéraire venant de l'étranger, on sait que ces demandes ne peuvent se présenter que sous la forme de traites tirées par des banquiers ou négociants parfaitement connus, et dont le caractère saute aux yeux de tout escompteur habile. Or, pourquoi opposer à ce genre de papier l'obstacle indirect d'une élévation de l'escompte, quand il suffirait de l'écarter par un refus net et catégorique des bordereaux? Pourquoi faire peser sur tout le commerce intérieur, sur les fabricants, les agriculteurs mêmes, une mesure qui n'est en réalité dirigée que contre deux classes de spéculateurs : les importateurs de marchandises exotiques et les banquiers qui prêtent leur signature et leur domicile aux exportateurs d'argent? Ne vaut-il pas mieux poursuivre le résultat désiré, savoir l'épuration du portefeuille et le maintien de l'encaisse, par le moyen le plus direct, qui consiste dans le triage rigoureux des bordereaux, sans élévation de l'escompte? C'est ainsi que procéda la banque de Belgique en 1857, et qu'elle parvint à traverser la plus terrible crise sans élévation de l'escompte au-dessus de 5 p. 100, et sans restriction d'échéances.

L'élévation de l'escompte va de plus contre son but, parce qu'elle pousse inévitablement les capitalistes et banquiers dont les dépôts forment l'unique encaisse de la banque, à retirer ces dépôts pour les utiliser en escomptant directement le meilleur papier de commerce. Tandis que d'une main la banque ferme son portefeuille, de l'autre elle stimule les déposants à lui réclamer leurs fonds qu'elle ne peut leur refuser. L'attribution d'un intérêt élevé aux dépôts apparaît ici comme une évidente nécessité et le seul remède à ce danger.

Quant à l'argument de principe qui justifie la

hausse de l'escompte comme une application naturelle de la loi de l'offre et de la demande, suivant laquelle le loyer du capital doit enchérir quand le capital est rare, et baisser lorsqu'il est abondant, cet argument est plus spécieux que solide. En effet, si l'élévation de l'escompte n'était que la conséquence d'une raréfaction générale du capital monétaire, cette raréfaction devrait se manifester par une baisse des prix de toutes choses, par une hausse de l'intérêt dans toutes les transactions, hausse au moins égale à l'aggravation du taux de l'escompte. Or, en fait, les choses ne se passent pas ainsi. Lorsque les banques de circulation élèvent leur escompte de 3 ou 4 p. 100 au-dessus de l'intérêt ordinaire, le taux de capitalisation de la rente et des autres valeurs négociables de premier ordre subit à peine une détérioration correspondante à $\frac{1}{4}$ ou $\frac{1}{2}$ p. 100. Les ventes immobilières s'opèrent sur le même pied que précédemment, et les marchandises usuelles, sauf celles qui sont l'objet de spéculations effrénées, n'éprouvent qu'une dépréciation à peine sensible. Et pourtant, s'il est des valeurs qui doivent être moins que toutes les autres affectées par la raréfaction du signe monétaire, s'il est des gages dont la solidité et la certitude de réalisation doive préserver l'emprunteur qui les donne de toute surélévation anormale du taux de l'intérêt, n'est-ce pas le bon papier de commerce tel que celui qui est escompté par les banques?

Comme il représente des engagements fixes, il n'est pas susceptible de dépréciation; le payement en numéraire à très-court terme en est assuré, et les chances de perte sont pour ainsi dire nulles, car on sait que les banques escomptant à trois signatures n'ont presque jamais d'effets impayés ou en souffrance. De toutes les valeurs susceptibles d'être échangées contre de l'argent ou de devenir le gage d'une avance, les bons effets de commerce sont donc celles qui devraient le moins souffrir d'une rareté de numéraire. Or, en fait, ce sont eux qui en sont le plus cruellement affectés par les violentes élévations d'escompte que décrètent les banques de circulation. Ne faut-il pas conclure de ces considérations, que la hausse de l'escompte n'est nullement l'expression légitime et naturelle d'une rareté générale de l'argent, mais qu'elle est seulement la conséquence de l'organisation vicieuse des banques, de leur inaptitude à remplir la grande fonction sociale dont elles se sont emparées, une mesure arbitraire dictée par l'insuffisance de leurs encaisses?

Il faut l'avouer, ces arguments ont une grande force, et n'ont pas été sérieusement réfutés. Dans le volumineux traité récemment publié par M. Wolowski sur la question des banques, nous avons vainement cherché une justification rationnelle et théorique des énormes élévations d'escompte que les banques d'Angleterre et de France ont infligées à l'industrie et au commerce pendant les dernières années. Ce savant écrivain s'est borné à invoquer l'expérience, l'opinion de quelques économistes anglais justement renommés pour leur aptitude à colliger et rapprocher les faits, mais moins habiles peut-être à en pénétrer les raisons cachées et à en découvrir les lois supérieures. Il aurait pourtant été digne d'un esprit aussi distingué, de rechercher s'il est naturel et légitime que des établissements destinés à régulariser le mouvement commercial d'un grand pays, tiennent constamment leur capital en dehors de leurs opérations, et le réduisent à l'état d'un simple fonds de garantie. M. Wolowski aurait dû nous expliquer pourquoi sur les grandes places de commerce telles que Hambourg, où il n'existe pas de banques de circulation, et où règne la liberté de l'escompte à l'aide du seul numéraire, le taux de l'escompte est toujours plus bas et soumis à de moins brusques fluctuations que dans les États dotés de banques à monopole, dont le but avoué est pourtant d'amener la baisse de l'intérêt commercial. Il aurait rendu un véritable service à la science en découvrant les raisons pour lesquelles, alors que les consolidés anglais et les bons de l'échiquier continuent de se capitaliser au-dessous de 4 p. 100, les rentes et les bons du Trésor français au-dessous de 5 p. 100, on voit le papier de commerce à trois signatures, valeur aussi sûre et plus fixe, frappé d'un escompte de 8, 9 et 10 p. 100. Peut-être si au lieu d'accepter les prétendus enseignements d'une expérience fort récente, et les assertions de quelques écrivains d'outre-Manche, plus statisticiens que logiciens, il eût appliqué à ces problèmes toutes les forces investigatrices de son esprit, en aurait-il découvert une solution claire et précise. Mais alors aussi l'optimisme qui imprime un peu trop à son livre le caractère d'une apologie du *statu quo*, eût été probablement ébranlé, et cet éminent économiste aurait été amené à reconnaître que la France et l'Angleterre ne sont pas encore arrivées à réaliser les meilleures des banques possibles.

Bien que sur plusieurs points, notamment sur la question de la liberté des banques d'émission, nous soyons en communauté de sentiments avec M. Wolowski, nous ne saurions néanmoins partager son appréciation optimiste de la situation. L'extrême variabilité et la fréquente élévation du taux de l'escompte, constituent un mal sérieux et un grave obstacle au développement industriel et commercial. La différence d'intérêts, souvent énorme, qu'ont à supporter les meilleurs gages commerciaux, en comparaison des valeurs de bourse ou des placements immobiliers, nous paraît une anomalie impossible à justifier ; enfin, le privilége accordé aux banques de grossir démesurément leurs bénéfices par l'élévation de l'escompte, quand autour d'elles tout est souffrance, appauvrissement et ruine, ce privilége révolte la conscience publique et choque le bon sens. L'existence d'une maladie organique, d'un vice secret dans le système de la circulation est donc manifeste. Mais quelle est la nature de cette maladie? En quoi consiste le remède? C'est ici que l'obscurité s'épaissit et que les dissentiments éclatent.

Suivant les uns, tout le mal vient du monopole des banques de circulation, et le remède consisterait dans la liberté et la multiplicité de ces banques, qui établirait entre elles une salutaire concurrence.

D'autres, contraires au monopole d'une banque unique, pensent que les choses iraient mieux si ce monopole était divisé soit entre deux ou trois banques opérant concurremment sur toute la surface du territoire, soit entre plusieurs banques provinciales possédant chacune un rayon d'action déterminé.

Enfin il est quelques économistes qui, en admettant le principe d'une banque unique et privilégiée, pensent qu'il y a lieu de modifier l'organisation actuelle de cette banque. Malheureusement leurs vues sur cette réorganisation manquent d'unité et de précision.

Nous allons examiner rapidement ces diverses opinions, et nous terminerons en indiquant les réformes qui nous semblent utiles et praticables.

CHAPITRE VIII

DE LA LIBERTÉ DES BANQUES

La libre émission présentée par une certaine école comme la panacée de tous les maux. — Difficulté pratique d'assurer, dans ce système, la convertibilité constante des billets. — Possibilité d'émissions surabondantes et d'escomptes exagérés. — Les banques de l'Écosse et de la Nouvelle-Angleterre utiles comme banques de dépôt plutôt que d'émission. — Faillites des banques américaines. — Causes réelles de la prospérité de l'Écosse et de l'Amérique. — Erreurs des partisans des banques libres sur les conditions d'existence du crédit commercial et sur les causes des crises.

Tous les maîtres de la science économique ont signalé les dangers des banques de circulation, les précautions à prendre contre leurs excès, les limites assez étroites de leur utilité. Adam Smith comparait les banques à un chemin qui, au lieu de reposer sur la terre ferme, serait tracé à travers les airs, et ne rendrait disponible une partie du sol qu'en exposant les voyageurs au sort d'Icare. J. B. Say a écrit un chapitre spécial sur les abus des banques de circulation[1]. Rossi proclamait en 1840, devant la Chambre des pairs « que la libre concurrence en matière « de banque est un danger que ne peuvent tolérer

1. C'est le XIXe du *Cours complet d'économie politique.*

« les lois d'un peuple civilisé. Autant vaudrait, « ajoutait-il, permettre au premier venu d'établir « au milieu de nos cités des débits de poison, des « fabriques de poudre à canon. La libre concurrence « en matière de banque n'est pas le perfectionne- « ment, la maturité du crédit; elle en est l'enfance, « ou, si l'on veut, la décrépitude. » Ces écrivains éminents ont d'ailleurs démontré que tout l'avantage des banques se réduisait à l'épargne d'une quantité de numéraire égale à l'excédant de leur circulation sur leurs encaisses, et que cette quantité de numéraire n'était qu'une très-faible fraction du capital productif d'un grand État. Seul parmi les économistes d'ordre supérieur, Ricardo s'est exagéré l'importance des banques, et a rêvé une circulation reposant uniquement sur le papier. Mais cette doctrine ne trouva point d'approbateurs parmi ses illustres émules.

Cependant une école s'est formée plus récemment qui, ramenant tout à la célèbre formule des physiocrates, s'est prononcée pour la liberté absolue des banques, et préconise ce système avec ardeur, comme une panacée propre à guérir tous les maux de la société, à décupler la production et la richesse, à doter les classes laborieuses d'un bien-être inconnu jusqu'ici. Suivant ces partisans de la libre émission, si, dans notre vieille Europe, et surtout en France, la pauvreté est encore trop générale, l'accroissement de la richesse trop peu rapide ; si les améliorations sont lentes et difficiles, c'est à l'absence de la liberté des banques qu'il faut s'en prendre. Les craintes qu'inspire la perspective d'une émission exagérée du papier de circulation, sont vaines et chimériques, parce que sous le régime des banques libres il ne peut pas y avoir surabondance de papier, l'émission étant contenue dans ses limites naturelles par l'obligation du remboursement en numéraire, et par la concurrence des divers établissements de crédit. Bien plus, les crises financières et commerciales, devenues depuis quelque temps si fréquentes, et dont la plupart des anciens économistes croyaient trouver l'une des principales causes dans les émissions déréglées des banques, ou dans les imprudents encouragements donnés par elles aux témérités du commerce et de l'industrie, ces crises, suivant la nouvelle école, n'ont d'autre raison que l'absence de la liberté des banques. A l'appui de cette thèse, on invoque sans cesse l'exemple de l'Écosse et de l'Amérique du Nord, et l'on démontre, à grands renforts de chiffres, la prétendue innocuité des banques de l'ancienne Union américaine. Les maîtres de la science économique sont amèrement critiqués pour leur soi-disant timidité en matière de crédit, et peu s'en faut qu'ils ne soient, à cette occasion, aussi maltraités que des protectionnistes.

Cette école est parvenue à jeter, par ses assertions

tranchantes, un tel trouble dans l'esprit public; elle se pare avec tant d'insistance du grand mot de liberté, qu'il importe de discuter à fond sa doctrine et de soumettre à un rigoureux contrôle les faits et les chiffres qu'elle invoque. Et d'abord, est-il vrai que, sous le régime de la liberté, les émissions surabondantes de billets soient impossibles? Il en est ainsi, dit-on, parce que, les billets étant toujours convertibles en numéraire, du moment où ils sont lancés en trop grand nombre dans la circulation, ils reviennent au remboursement, et les banques, éclairées par leur propre intérêt, s'empressent de restreindre leurs émissions. Cette assertion repose sur deux hypothèses, dont les faits démontrent la complète inexactitude. La première de ces hypothèses, c'est qu'il est facile d'assurer le remboursement effectif des billets en numéraire; la seconde, c'est que les billets viennent à remboursement aussitôt que les émissions commencent à être surabondantes. L'histoire des banques américaines, que nous avons résumée dans la première partie de ce travail, établit péremptoirement l'extrême difficulté de garantir par des dispositions légales la constante convertibilité des billets contre espèces. Malgré les dispositions rigoureuses édictées, en 1838, sur les banques par le peuple de l'État de New-York réuni en convention spéciale, malgré les sérieuses garanties exigées de ces établissements, malgré l'adoption de mesures semblables par la plupart des États de l'Amérique du Nord, on a encore vu la suspension des payements métalliques éclater en 1857 et se répandre comme une traînée de poudre sur toute la surface de l'Union, tandis que les gouvernements étaient impuissants à faire exécuter par les banques la loi de leur institution, et à réaliser les garanties déposées par elles dans les caisses publiques.

D'un autre côté, s'il est incontestable qu'une quantité surabondante de billets ne peut être maintenue d'une manière permanente dans la circulation, tant qu'existe la faculté de les convertir en numéraire, l'expérience démontre qu'il est possible aux banques d'émettre et de faire rester entre les mains du public, pendant un certain temps, quelques mois par exemple, des masses de papier supérieures aux besoins réels. Il faut un délai quelquefois assez long, pour que les effets de cette surémission se manifestent. Il est constaté que la période pendant laquelle les banques s'y livrent est toujours accompagnée d'une apparente prospérité commerciale, d'un grand mouvement d'affaires, qui utilise et retient temporairement les billets émis en trop. Encouragés par le bas prix et par la facilité de l'escompte, les industriels, les négociants augmentent leur production et leurs approvisionnements. Il y a hausse générale sur les valeurs et les marchandises, hausse qui n'est qu'un symptôme de l'avilissement du signe monétaire, avilissement auquel participent également le numéraire métallique et le papier. Cette hausse et les espérances qu'elle fait naître amènent des importations considérables de marchandises étrangères, qui ne sont point contre-balancées par des exportations correspondantes. Le change sur l'étranger s'élève, et il faut recourir à des exportations de métaux précieux pour solder les valeurs importées. C'est alors seulement que les conséquences des émissions excessives se manifestent, et que le numéraire est demandé aux banques, tant par la présentation de leurs billets au remboursement que par le retrait des comptes courants. Les banques défendent leur encaisse par l'élévation de l'escompte, par le refus des bordereaux, par la restriction de leurs avances, et l'on se trouve en pleine crise. Les gens à courte vue s'épuisent à rechercher les causes immédiates de cette crise, sans les découvrir. C'est que ces causes sont antérieures, c'est qu'elles remontent à des émissions exagérées, à des abaissements et à des facilités d'escompte qui datent de plusieurs mois, d'une année et même davantage. On voit ainsi, dans certaines maladies du corps humain, la fièvre n'éclater qu'un certain temps après que les germes du mal ont été contractés. Elle est alors le symptôme du mal plutôt que le mal même, et constitue le plus souvent un effort de la nature pour rétablir dans l'organisme l'équilibre altéré.

Les partisans des banques libres méconnaissent donc à la fois la difficulté pratique d'assurer le remboursement des billets, et cette élasticité de la circulation qui lui permet d'absorber et de retenir pendant quelque temps un certain excès de monnaie fiduciaire, sauf à la rejeter plus tard par l'effet d'une crise commerciale. Il est encore un autre danger sur lequel ils s'aveuglent pour la plupart. Nous voulons parler de la propriété que possèdent les banques de pouvoir provoquer des crises commerciales, sans s'être livrées à aucune émission surabondante de billets, et seulement par l'emploi abusif du numéraire entré dans leurs caisses comme dépôt ou à tout autre titre. Supposons qu'une banque ait émis dans un pays donné 500 millions en ses billets, somme que la circulation de ce pays peut normalement supporter et retenir; qu'en échange de cette émission, la banque n'ait reçu qu'un portefeuille de 200 millions en effets de commerce ou autres valeurs productives. Les 300 millions de billets restants seront nécessairement représentés dans ses caisses par une somme égale en espèces métalliques, provenant de l'encaissement antérieur d'effets commerciaux escomptés et échus, ou de toute autre source. Supposons en outre que le public et l'État aient remis à la banque 300 autres millions en dépôt. Voilà donc un établissement qui se trouvera pourvu d'un encaisse de 600 millions, en présence d'une circulation de 500 millions seulement, mais qui n'aura d'autre élément de revenu qu'un maigre portefeuille de 200 millions. Dans cette situation, la banque ne manquera pas d'abaisser son taux d'escompte, de se montrer facile, engageante même pour les emprunteurs. Elle grossira ainsi rapidement le chiffre de son portefeuille et de ses avances, et elle pourra le faire sans émettre un seul nouveau billet, en se bornant à livrer aux emprunteurs et aux présentateurs de bordereaux d'escompte, le numéraire métallique de son encaisse. Quand elle se sera ainsi allégée de 400 millions d'écus, elle aura porté son portefeuille et ses avances productives à 600 millions au lieu de 200, tout en maintenant sa circulation à 500 millions, et il lui restera encore 200 millions de numéraire en caisse, somme plus que suffisante pour la garantie des billets, d'après la règle empirique aussi accréditée qu'absurde, qu'il suffit de conserver un encaisse égal au tiers de la somme des billets en émission. La banque ne manquera pas de vanter les services rendus par elle au commerce et à l'industrie; elle se félicitera de son excellente situation, et des larges dividendes qu'elle sert à ses actionnaires. Et pourtant, au milieu de ces congratulations, on sera en réalité à la veille d'une crise, que la banque aura elle-même préparée, fomentée de longue main, tout en admirant et célébrant sa propre prudence et la modération de ses émissions. En effet, les 400 millions d'écus jetés par la banque dans la circulation, ont produit exactement les mêmes effets qu'une émission de billets surabondante, savoir un léger avilissement du signe monétaire et une hausse générale des prix. Les importations ont été encouragées, le change sur l'étranger s'est élevé, et bientôt les exportations de numéraire donnent le signal de la débâcle. Alors la banque élève et resserre l'escompte, exécute ses débiteurs, fait rentrer par tous les moyens le numéraire, dont elle s'était si complaisamment dessaisie, le tout au prix de la ruine d'un grand nombre d'industriels et de commerçants, et de la souffrance de tous les autres. On voit donc que la crise se sera préparée et accomplie, sans aucune émission surabondante de billets, et par le seul abus des dépôts et du numéraire représentatif d'une partie de la circulation. Que si, au lieu d'une seule banque, il y en avait eu dix, vingt ou cent, entre lesquelles la même circulation, les mêmes encaisses et les mêmes dépôts se seraient partagés, une conduite semblable de leur part aurait amené des résultats identiques. Il est même probable que ces résultats auraient été plus graves et plus rapides, parce que des banques multiples, livrées au régime de la concurrence, sont forcées, pour maintenir et développer leur clientèle, de se montrer encore plus faciles et plus hardies dans leurs opérations qu'une banque unique et privilégiée.

Ainsi, les banques peuvent tour à tour stimuler ou ralentir le mouvement commercial et industriel, provoquer des crises financières, soit par l'émission exagérée de leurs billets, soit par l'emploi inconsidéré des ressources métalliques mises à leur disposition. C'est cette puissance redoutable qui est complétement méconnue par les partisans de la liberté des banques. Un seul d'entre eux, M. G. du Puynode, avoue que les banques, par les facilités exagérées de l'escompte, par les encouragements donnés à la spéculation, en temps de prospérité, favorisent la surexcitation commerciale, l'*over trading*, pour employer l'expression anglaise, qui est la cause première et le prodrome ordinaire des crises. Mais cet aveu, arraché par l'évidence, ne l'empêche pas d'adopter toutes les théories de l'école américaine, et d'entonner l'hymne de la liberté absolue en matière de banques.

En même temps qu'elle méconnaît les périls des banques, l'école que nous apprécions se fait une illusion complète sur la nature des services rendus par ces établissements, et sur les causes réelles de la prospérité des pays où ils se sont le plus largement développés. Son erreur constante est de confondre les effets résultant du dépôt et du prêt sagement organisés, avec ceux de l'émission du papier de circulation. Nous l'avons déjà fait remarquer à l'occasion des banques d'Écosse, et nous ne saurions trop le répéter : si ces banques ont été utiles au commerce et à l'industrie, c'est bien plutôt par l'emploi judicieux de leur propre capital et de leurs dépôts en escomptes et en ouvertures de crédit, que par l'émission de leurs billets ; c'est par l'utilisation du numéraire inactif appelé en compte courant dans leurs caisses, bien plus que par la création du papier fiduciaire. Quelques chiffres le démontrent avec évidence. Les banques d'Écosse opèrent avec des capitaux propres dont l'ensemble représente 11,700,000 livres sterling ; elles font valoir des dépôts excédant 40 millions de livres ; en tout, plus de 50 millions sterling de valeurs productives. Or, leur circulation totale n'excède pas 3,500,000 livres, bien que le chiffre de leur coupure minimum descende à une livre. Si l'on déduit du total de cette circulation environ 1,500,000 livres pour les encaisses qu'elles sont obligées de conserver, en vue du remboursement, on trouve que leurs émissions n'épargnent au pays qu'environ 2 millions sterling de numéraire, somme insignifiante en comparaison de l'énormité de leurs capitaux et de leurs dépôts. Ces émissions seraient supprimées ou réduites, que ces banques n'en rendraient pas moins de services et ne réaliseraient pas de moindres bénéfices. La suppression des billets à vue réduirait à peine leurs ressources, tout en diminuant dans une forte proportion leurs frais et leurs risques.

La même observation s'applique aux banques des six États de l'Amérique du Nord, groupés sous le nom de Nouvelle-Angleterre. La somme de leurs capitaux et de leurs dépôts réunis dépasse de beaucoup celle de leurs émissions, et c'est surtout par l'emploi des deux premiers éléments qu'elles ont été utiles au pays où elles fonctionnent. Leurs billets au porteur ont toujours été pour elles une source d'inquiétudes, de périls, et souvent de désastres. De là sont provenues les suspensions générales des payements métalliques, et la plupart des faillites particulières de ces établissements de crédit.

Les partisans de la liberté des banques, M. Carey à leur tête, ne pouvant nier la fréquence de ces faillites aux États-Unis, se sont efforcés de démontrer par des chiffres que les conséquences en ont été peu désastreuses, et que l'éventualité de semblables chutes ne faisait courir au public que des chances de perte insignifiantes. M. Carey a employé pour cela un singulier artifice d'arithmétique. Il suppute la somme des transactions accomplies au moyen des billets de banque pendant une longue période ; puis, évaluant l'importance du déficit des faillites, il le compare à la masse totale des transactions effectuées, et il arrive ainsi à une moyenne annuelle très-faible de perte, et partant de risque. A ce compte, on démontrerait qu'un négociant qui, pendant vingt ans, aurait fait avec une autre maison des opérations d'une importance moyenne de 100,000 fr., renouvelées quatre fois par an, et qui perdrait la totalité de ses 100,000 fr. dans la faillite de son correspondant, survenue la vingt-unième année, n'aurait éprouvé qu'un dommage insignifiant, égal au quatre-vingtième de ses opérations totales, et n'aurait couru sur chacune d'elles qu'un risque de 1,25 p. 100. Mais si, négligeant ce fantastique calcul, on compare le nombre des banques et des faillites survenues dans un temps donné, on arrive à une tout autre appréciation. Or, d'après M. Carey lui-même, en vingt-cinq ans, sur quatre-vingt-dix-sept banques qui ont existé dans les six États de Massachussets, Rhode-Island, Maine, New-Hampshire, Vermont et Connecticut, composant la Nouvelle-Angleterre, seize ont fait faillite. Il s'agit là de l'élite, de la fleur des banques aux États-Unis, considérées pendant la période la plus brillante de leur existence. En dehors de ces six États, c'est bien autre chose.

Dans l'État de New-York, de 1811 à 1830, en dix-neuf ans, sur un nombre moyen de vingt-six banques, on compte onze faillites ;

Dans le New-Jersey, sur douze banques, dix faillites;

En Pensylvanie, sur vingt banques en moyenne, dix-neuf faillites.

Ainsi, sur cinquante-huit banques, quarante ont fait faillite dans une période de vingt ans.

Ces trois États sont pourtant, après les six de la Nouvelle-Angleterre, ceux où les banques offrent le plus de sécurité. Que serait-ce si nous passions dans les États du Sud et de l'Ouest! Là, sur un nombre de quatre-vingt-sept banques, il y a eu cent soixante-sept faillites en vingt-cinq ans, c'est-à-dire près de sept faillites par années. En d'autres termes, chaque banque fait faillite en moyenne tous les douze ans.

Tels sont les chiffres avoués par M. Carey, et encore ne fait-il entrer dans sa statistique ni la suspension générale des payements en 1833, ni la crise de 1837, où, sur neuf cents banques, quatre cent cinquante suspendirent leurs remboursements métalliques ou tombèrent en faillite, ni celle de 1842, non plus que la célèbre débâcle de 1857, où toutes les banques sans exception cessèrent d'échanger leurs billets contre du numéraire. Ce qu'il y a de plus triste, c'est que les pertes résultant des faillites des banques tombaient surtout sur les classes ouvrières, sur les petits porteurs, par suite de l'extrême division des coupures et de l'ignorance où se trouvait cette classe du public sur la situation réelle des diverses banques. Les grands négociants, les riches capitalistes, mieux renseignés, pouvaient se garantir à temps en rejetant dans la circulation les billets des établissements suspects. En présence de ces désastres et de ces scandaleux abus, on comprend l'hostilité des classes inférieures contre les banques aux États-Unis; on comprend que le peuple de l'État de New-York, indigné de leur insolence et de leur mauvaise foi, se soit réuni spontanément en convention nationale, en 1838, pour leur imposer, par un acte de souveraineté, des mesures préventives et répressives, qui ont été imitées dans la plupart des autres États de l'Union. Ce que l'on comprend moins, c'est que M. Carey et les écrivains qui se sont faits ses échos parmi nous, attribuent à ces mesures restrictives les désastres subséquents, qu'elles furent impuissantes à prévenir, mais dont elles atténuèrent du moins les funestes conséquences. La véritable conclusion à tirer de ces désastres, c'est que toutes les garanties, tous les cautionnements demandés aux banques, ne sauraient contrebalancer la puissance malfaisante qui paraît inhérente au principe de la liberté absolue et de la concurrence illimitée de ces établissements.

Serait-il vrai que le règne de ce principe eut au moins pour effet d'assurer l'abaissement et la régularité du taux de l'escompte ? Ici encore l'expérience donne un éclatant démenti aux partisans du *free banking*. Il n'est aucun pays où l'escompte ait subi des élévations et des oscillations aussi formidables qu'aux États-Unis. Alors que les fonds publics et les autres valeurs de placement s'y capitalisaient aux environs de 5 p. 100 [1], on y a vu souvent

1. Notamment pendant les années 1833, 34, 36, 37, 38, 39; 1840, 42, 46, 47, 48, 49; 1851, 53, 54, 55, 57.

l'escompte s'élever à 12, 15 et 18 p. 100, pendant des années entières, et atteindre même aux taux monstrueux de 24, 27, 34 et 36 p. 100[1]. Enfin, chose incroyable, c'était parfois lorsqu'elles étaient elles-mêmes en pleine suspension de payements métalliques, que les banques imposaient au commerce ces effroyables exactions, qui ne pouvaient plus avoir pour cause la nécessité de défendre leurs encaisses.

Voilà pourtant le régime que l'on nous préconise comme l'idéal du crédit, dans des livres, des brochures, des revues et des journaux, et même du haut des chaires officielles ! Régime où les prix de toutes choses peuvent être à chaque instant affectés par une surabondance ou une rareté factice du signe monétaire; où le cours normal des changes est incessamment altéré par la fluctuation des encaisses et des émissions; où la monnaie, au lieu d'offrir les caractères de l'unité, de la sécurité et de la constance, devient un Protée aux milles formes, exigeant une étude constante sur la solvabilité de ses créateurs, et susceptible de s'évanouir du jour au lendemain dans la caisse du petit marchand, dans la bourse de l'ouvrier ! Voilà jusqu'à quelles aberrations le fanatisme d'une étroite formule, des quatre mots sacramentels de Quesnay, peut entraîner des hommes intelligents et éclairés.

1. Années 1834, 36, 37, 39; 1857.

Le principal motif de cet engouement pour la liberté des banques, c'est que l'on a cru voir dans cette liberté le principe de la prospérité et du rapide développement des contrées où il a reçu la plus large application. C'est là une erreur radicale. On a pris pour la cause ce qui n'est qu'un des effets d'une raison bien plus puissante et plus générale. Cette raison, c'est la merveilleuse richesse naturelle du sol ou du sous-sol des régions dont les progrès ont été si brillants et si rapides. La vraie cause de la prospérité de l'Écosse, ce sont les immenses dépôts de houille et de minerais de fer que recèle son étroit territoire, à proximité de ports et de fleuves qui leur ouvrent de faciles débouchés; c'est la découverte des méthodes nouvelles de fabrication du fer au combustible minéral, qui a permis d'utiliser ces prodigieuses richesses naturelles, auparavant inconnues ou stériles; l'invention de la machine à vapeur, des chemins de fer, des navires en tôle, qui a imprimé à l'exploitation de ces richesses un immense essor. Par là, Glascow, petite ville de dix-huit mille habitants en 1780, s'est transformée en une cité de quatre cent quarante mille âmes; Greenock, village de pêcheurs, est devenu le plus grand chantier de constructions navales du monde. Ajoutez à cela l'ouverture des colonies anglaises aux navires et aux produits de l'Écosse, résultant de l'acte d'union, l'afflux des capitaux accumulés de l'opulente Angleterre, le concours de la banque et de la bourse de Londres; enfin, l'énergie et les habitudes de travail et d'économie d'une population formée à la rude école d'une pauvreté antérieure. Voilà les causes de la rapide prospérité industrielle de l'Écosse. De cette prospérité est résulté son développement agricole, car la multiplication et l'accumulation des populations industrielles, accroissant la demande des produits ruraux et la masse des engrais, entraîne toujours un progrès corrélatif dans l'agriculture. Les banques ont profité de cette prospérité due à des causes étrangères, et qui se serait produite aussi bien en leur absence; elles l'ont servie dans une certaine mesure; mais toutes les banques du monde n'auraient pas créé l'Écosse moderne sans les bassins houillers et ferrifères de Glascow, du Clackmannshire, de Blairengone et de Johnstone, sans les beaux cours d'eau de la Clyde et de la Tee, sans les puissantes chutes d'eau des monts Grampians, et sans les ports nombreux et excellents qui découpent les côtes calédoniennes.

De même, aux États-Unis, les sources réelles du rapide développement de la population et de la richesse, que sont-elles, sinon la vaste étendue et la fertilité d'un territoire vierge, enrichi par soixante siècles de végétation spontanée; la magnificence de ses forêts et de ses prairies, l'immensité et la profondeur de ses fleuves; ses prodigieuses mines de houille[1], de fer, de plomb, de cuivre et d'or; la salubrité du climat, la faiblesse et la rareté des populations sauvages aborigènes; la vigueur et l'énergie des immigrants de race européenne, stimulées par les résultats que l'exploitation d'un si splendide territoire assure au travail intelligent, et secondées par les avances en instruments, machines, vêtements, de l'opulente Angleterre et des premiers États fondés depuis déjà trois siècles sur les bords de l'Atlantique. Ajoutez à tout cela les merveilleuses inventions fondées sur l'emploi de la vapeur: les steamers qui ont permis de remonter le Mississipi et ses affluents, autrefois inabordables, les chemins de fer annulant les distances et construits sur des terrains gratuits, avec des matériaux et des bois partout à pied d'œuvre; et vous ne serez plus surpris des rapides progrès de la colonisation aux États-Unis. En présence de ces inépuisables éléments de richesse prodigués par la nature, de ces prodiges du génie

1. On sait que les États-Unis possèdent les neuf onzièmes de la superficie houillère totale connue dans le monde entier. Si le seul bassin anglais du pays de Galles est aussi vaste que tous les terrains houillers de la France réunis, le seul bassin houiller des Alléghanys est aussi étendu que toute l'Angleterre. De plus, les couches d'anthracite et de houille grasse s'y présentent avec une régularité ailleurs inconnue. Cependant la richesse forestière est encore si grande, que des fleuves sur les bords desquels débouchent des galeries taillées en plein charbon, sont desservis par des bateaux à vapeur qui ne brûlent que du bois, comme plus économique.

de l'invention mécanique, les banques américaines, en faillite presque permanente, font bien triste figure et n'apparaissent plus que comme un détail insignifiant, comme un rouage secondaire, qui a été peut-être plus nuisible qu'utile au progrès. Cette appréciation est, aux États-Unis mêmes, celle d'hommes très-compétents, et on peut voir les raisons solides sur lesquelles elle s'appuie dans l'excellent traité de M. Condy-Raguet, de Philadelphie. Mais qu'on l'adopte ou qu'on la rejette, il n'en est pas moins certain que l'Amérique du Nord, si richement dotée par la nature, aurait atteint au même développement, même en l'absence des banques de circulation, tandis que si elle n'avait eu qu'un sol stérile, des torrents sans eau, des mines pauvres ou nulles, dix mille banques n'auraient pu déterminer chez elle le moindre progrès.

Dans ses appréciations, l'école de la liberté des banques a donc pris un accident pour le principal, un effet secondaire pour une cause primordiale. Elle a, en cela, cédé à une disposition trop générale parmi les adeptes de l'économie politique, disposition qui consiste à accorder une attention exclusive aux forces abstraites qui concourent à la production de la richesse, et à négliger l'étude des conditions naturelles dans lesquelles ces forces sont appelées à s'exercer, des éléments matériels dont elles disposent. Pour un trop grand nombre d'économistes, le champ de la production est un échiquier idéal, sur lequel le travail et le capital, comme deux entités scolastiques, s'escriment de leur mieux, se querellent ou se boudent, jusqu'au moment où un autre personnage idéal, appelé crédit, vient les mettre d'accord et les pousser à la besogne ; mais, dans la nature, le champ de la production n'est point cet échiquier idéal où tous les résultats sont censés dépendre de l'accord plus ou moins parfait et de l'énergie plus ou moins intelligente des acteurs abstraits qu'on y fait manœuvrer. C'est sur des territoires plus ou moins riches et étendus, sous des climats plus ou moins favorables, dans des situations géographiques plus ou moins avantageuses, que le capital, le travail et le crédit ont à développer leur puissance productive. La densité de la population, l'antiquité de la civilisation, le mode et l'étendue de l'appropriation du sol sont encore, les avantages naturels étant supposés égaux, des causes qui exercent une puissante influence sur le rôle que sont appelés à jouer les divers éléments de la production. Or, le crédit ne consistant, en définitive, que dans des avances faites au travail en vue d'un emploi reproductif, il est évident qu'il pourra être d'autant plus développé que les conditions naturelles du champ de la production offriront au travail et au capital la perspective d'une rémunération plus large, plus prompte et plus assurée. Si ce champ est très-riche, très-vaste, ouvert au premier occupant, s'il récompense amplement les efforts consacrés à sa mise en valeur, le crédit pourra être large et facile. Si les résultats à obtenir des entreprises sont très-prompts, il pourra, sans inconvénients, affecter la forme commerciale du billet à ordre et de la lettre de change, la seule qui offre une base assurée à la création de banques d'émission. Que si, au contraire, le champ de la production est restreint, peu fécond, ou bien si ses portions les plus fertiles sont depuis longtemps occupées et appropriées; s'il ne reste plus à exploiter que des régions ingrates, hérissées de chances défavorables; si une compétition effrénée a réduit partout les chances de bénéfices au minimum; si les entreprises nouvelles ne peuvent devenir fructueuses qu'avec d'énormes déboursés et après des efforts longtemps continués; le crédit doit être forcément restreint, timide, et affecter des formes autres que l'avance commerciale sur effet à ordre, qui ne compte pas d'assez longs délais. Un exemple rendra ces considérations plus sensibles.

Qu'un défricheur américain achète 500 acres de terrain couvert de beaux bois, sur les bords de l'un des affluents du Mississipi, au prix infime d'un dollar l'acre fixé par le Trésor fédéral. Il lui faudra pour les exploiter et les défricher des haches, des scies, des pioches, quelques chevaux, des vivres et un petit capital numéraire pour solder le concours des aides qu'il emploiera. Il ira chez le quincailler de la ville en formation la plus voisine, et demandera une avance d'outils contre son billet à six mois, avec faculté de renouvellement; il sollicitera d'autres marchands une avance de grains, de biscuit et de salaisons, aux mêmes conditions. S'il a payé un à-compte sur son prix d'acquisition, s'il est connu comme un homme robuste et énergique, il obtiendra les avances qu'il a demandées, et ses billets seront présentés par ses fournisseurs à la banque voisine, qui les admettra à l'escompte. Ainsi, ce défricheur aura pu se procurer par le crédit une partie de son capital fixe et son fonds de premier établissement. Mais pourquoi a-t-il obtenu ce crédit? C'est que fournisseurs et banquiers savent qu'en trois mois il aura abattu les magnifiques arbres qui couvrent son lot de terrain; qu'en deux mois ces arbres mis en train flottant sur l'affluent de l'Ohio ou du Missouri qui baigne ce terrain, seront descendus à Saint-Louis, où ils se vendront à un prix décuple des avances nécessaires pour les abattre; qu'ainsi le défricheur a entrepris une opération sûre, fructueuse et rapide, dont les produits lui permettront de rembourser ses billets, et de conserver en sus un large bénéfice. Les choses se passeront suivant ces prévisions. L'année suivante, le défricheur fera un nouvel abattage sur une plus large échelle, en recourant pour partie aux mêmes prêteurs. La troisième année, il ensemencera en maïs le terrain déboisé la première ; il achètera des porcs qu'il fera pulluler et engraissera, pour les envoyer à Cincinnati ; la quatrième année, il sera un homme riche, un grand propriétaire, et il se bâtira une maison confortable à la place de sa cabane de bûches en grume. Ceci n'est point une hypothèse, une fiction, c'est une histoire qui se réalise tous les jours, et dont nous connaissons personnellement plus d'un exemple. Or, un acte de crédit commercial a constitué le point de départ de cette rapide fortune, et d'autres actes semblables en auront sans doute aidé le développement. Mais, qui ne voit que ces actes de crédit n'ont été possibles que parce qu'il y avait, prête à tomber sous la hache du *squatter*, une masse énorme de richesses naturelles, faciles à transporter sur le marché et susceptibles d'une réalisation prompte et avantageuse? Que ces conditions fassent défaut, et le crédit devient impossible ou funeste à qui l'accorde et le reçoit. Supposez, en effet, au lieu du squatter américain que nous venons de mettre en scène, un paysan français, propriétaire de quelques arpents de terre médiocre, mais susceptible d'être transformée en prairies au moyen de travaux d'irrigation, d'amendements et d'engrais abondants. Pourra-t-il, pour effectuer ces travaux et acheter ces engrais, recourir au crédit commercial, créer des billets à trois mois susceptibles d'être escomptés par une banque? Évidemment non, car les travaux à faire exigeront une année, et il faudra encore trois autres années pour que la prairie créée devienne productive. Ce produit lui-même, quelque avantageux qu'il soit, ne consistera qu'en une augmentation de revenu, et non en un capital restituant avec bénéfice les avances faites. Que si néanmoins le paysan, tenté par la perspective d'une amélioration avantageuse, emprunte sur billets, et trouve un prêteur peut-être perfide pour les accepter, il est perdu, car les échéances viendront bien avant qu'il ait pu recueillir aucun résultat de ses avances et de ses efforts. Il sera exproprié, ou son prêteur lui-même sera poursuivi s'il a fait escompter les billets, et le banquier qui aurait eu l'imprudence de remplir son portefeuille de semblable papier, sera mis en faillite, s'il a d'ailleurs des engagements exigibles. Les conditions naturelles du champ d'exploitation permettent donc au *squatter* américain de recourir au crédit commercial; elles l'interdisent au paysan français; une banque peut, dans une certaine mesure, venir en aide au premier, non au second. Celui-ci ne peut recourir qu'au crédit civil, à longue échéance, sous la forme du prêt personnel ou hypothécaire.

Ces considérations mettent en évidence les profondes erreurs des partisans de la liberté illimitée des banques, et la vanité de leurs lamentations sur le faible développement du crédit en France contrastant avec son ampleur dans l'Amérique du Nord. Ils comparent des situations incomparables, des champs de production entièrement dissemblables, des états sociaux tout différents. Que, par un coup de baguette magique, notre territoire se trouve subitement décuplé d'étendue; que des forêts magnifiques ombragent ses vastes plaines et couronnent ses montagnes; que des fleuves de mille lieues, aux eaux profondes, remplacent nos cours d'eau ensablés, tour à tour desséchés ou torrentueux; que nos lambeaux de terrain houiller se développent en immenses bassins, plus grands que des royaumes, offrant un combustible excellent à fleur de sol; que nos mines métalliques, rares et pauvres, se transforment en montagnes de fer, de plomb et de cuivre; les sables de nos landes en vastes placers aurifères : alors on verrait quels merveilleux progrès notre population saurait bientôt réaliser en richesse, en bien-être, en nombre et en vigueur, quel essor prendrait le crédit sous toutes ses formes. Certes, les prodiges de l'Amérique seraient égalés, et cela surtout si l'on avait la sagesse d'écarter le funeste principe de la liberté absolue des banques d'émission. En effet, malgré toutes les richesses naturelles prodiguées à l'Amérique, il est constant que le crédit sous la forme commerciale y a reçu une extension abusive, et y a été appliqué, surtout dans les États nouveaux, à des entreprises qui ne le comportaient point. De là les faillites si fréquentes des banques de ces États, l'absence de sécurité dans la circulation, les crises commerciales, la ruine d'une foule d'entreprises et de particuliers, et en somme un retard plutôt qu'une accélération dans le développement de la richesse et de la civilisation.

Nous venons de prononcer un mot qui joue un grand rôle dans les théories des partisans des banques libres : celui de crises commerciales. Suivant l'opinion de ce groupe d'économistes, ces crises si funestes et devenues si fréquentes n'ont d'autre cause que l'absence de liberté des banques d'émission, le régime de monopole ou de réglementation auquel ces établissements sont soumis. Dans les pays où domine un semblable régime, disent-ils, les crises commerciales sont toujours précédées d'une période de pléthore, d'engorgement des capitaux. On voit le numéraire s'accumuler dans les caisses des banques privilégiées, les comptes courants s'élever ; l'argent ne sait où se placer. Alors naissent de grandes entreprises plus ou moins bien conçues, chemins de fer, canaux, mines et usines, où les capitaux se précipitent, faute d'autres moyens de placement. On les retire des banques qui, effrayées de la rapide disparition de leurs encaisses, restreignent leurs escomptes et leurs avances, et donnent ainsi le signal de la crise. Or, cet engorgement de capitaux n'a d'autre cause première que le régime du monopole, qui les empêche de se consacrer à la formation d'autres banques, où ils trouveraient un utile emploi. Si l'on pouvait librement constituer des banques en nombre illimité, émettant à l'envi des billets au porteur et à vue, il n'y aurait pas d'engorgements de capitaux, pas d'entreprises téméraires et exagérées, et partant point de crises commerciales. Voilà ce que les partisans de la liberté absolue des banques répètent sérieusement, depuis bientôt vingt ans.

Si cette théorie était vraie, les pays qui possèdent la liberté des banques ou qui en approchent le plus, devraient être ceux dans lesquels les crises commerciales seraient le plus rares et le moins graves; au contraire les pays soumis au principe du monopole, ou même qui n'ont point de banques de circulation, devraient être le théâtre des crises les plus fréquentes et les plus terribles. Or, c'est justement le contraire qui a lieu. L'Amérique du Nord, où les banques ont longtemps été absolument libres, l'Angleterre où elles l'étaient au delà d'un rayon de soixante-cinq milles autour de Londres, ont toujours été le point de départ et le siége principal des crises commerciales. C'est là qu'elles ont enfanté le plus de désastres. La France, soumise au monopole, n'a éprouvé que des crises moins nombreuses et moins graves, et a vaillamment résisté au contre-coup d'épreuves qui entraînaient chez ses voisins des milliers de sinistres commerciaux. La Hollande qui, depuis 1814, n'a qu'une banque d'émission privilégiée, et la Belgique, qui n'en avait que trois, réduites à une seule depuis 1848, n'ont jamais été le siége d'aucune crise et ont à peine ressenti les effets des crises américaines, anglaises et françaises. Il en est de même de la Prusse, qui ne possède que la banque royale privilégiée de Berlin. Enfin, Hambourg, qui n'a pas une seule banque de circulation, est la place de l'Europe où les crises commerciales sont le plus rares, où l'escompte se maintient au taux le plus bas. Elle constitue l'opulent réservoir où les banques de Londres et de Paris viennent, aux moments difficiles, chercher éperdues les métaux précieux qui les sauvent de la suspension. Ainsi, les faits concluent directement contre les théoriciens des banques libres.

Qu'il nous soit permis, à cette occasion, d'insister sur l'exemple de Hambourg, comme sur une preuve du peu d'utilité des banques d'émission pour entretenir un grand commerce. Voilà une place qui occupe dans le monde commercial le premier rang après Londres; dont les importations et les exportations annuelles atteignent trois milliards, c'est-à-dire les trois huitièmes de tout le commerce de l'Angleterre, les trois cinquièmes de celui de la France. Dans cette ville, le commerce est non-seulement libre, mais encore souverain, car c'est dans son sein que se recrutent les bourgmestres, le sénat et le conseil des anciens; il est très-éclairé, et passe pour le plus habile et le plus sage de l'Europe. Or, Hambourg ne possède qu'une banque de dépôts et de virements, rétablie sur le modèle exact de celle qui y avait existé depuis 1619 jusqu'en 1813, époque où ses fonds furent saisis par le maréchal Davoust. Il n'y existe pas une seule banque d'émission; non qu'aucune autorité supérieure en ait empêché la création, mais parce que le commerce n'en a pas voulu, jugeant de tels établissements plus onéreux qu'utiles, et leurs services inférieurs à leurs dangers. Peut-être est-ce à cette sage réserve que Hambourg doit sa prospérité non interrompue, le bas prix de son escompte, l'étendue de ses opérations, et la confiance universelle que le papier de ses négociants inspire au monde commercial.

Mais d'autres considérations achèvent de démontrer la vanité de l'explication que les partisans du *free banking* donnent des crises commerciales. Pour soutenir que les crises sont dues à des engorgements de capitaux rendus inactifs par l'impossibilité de constituer librement des banques d'émission, il faudrait établir la réalité de ces engorgements de capitaux et le manque de placements pour eux, autrement que par de tranchantes affirmations. Or, jamais les crises commerciales n'ont été aussi fréquentes que depuis vingt années, et jamais aussi les placements n'ont été aussi abondamment offerts aux capitaux que pendant cette même période. Quand les chemins de fer de l'Europe ont absorbé 20 milliards, les emprunts publics 5 milliards, sans compter une foule d'entreprises de second ordre ; quand chaque année la pompe aspirante des obligations de chemins de fer et des appels de fonds sur actions absorbe près d'un milliard en France seulement, prétendre que les crises commerciales ont pour cause l'engorgement des capitaux et la difficulté de les placer, c'est étrangement méconnaître la réalité de la situation.

Enfin, quand même on admettrait l'exactitude des considérations développées par les défenseurs des banques libres, il faudrait encore reconnaître que le remède proposé par eux contre les crises commerciales ne serait qu'un palliatif temporaire. En effet, la création de banques nouvelles ne pourrait suivre une progression indéfiniment croissante. La raison contraint d'admettre qu'elle trouverait une limite, lorsque tous les besoins seraient surabondamment satisfaits, et que la concurrence aurait fait tomber les bénéfices de ce genre d'entreprises au niveau de l'intérêt ordinaire. Alors, par la force même des choses, il ne se formerait plus de banques nouvelles, et ce débouché se trouverait fermé aux capitaux flottants et inactifs. Ils recommenceraient à s'engorger, à s'accumuler, soit dans les caisses des banques, soit ailleurs ; et si telle est la cause réelle et unique des crises commerciales, ces crises renaîtraient après un petit nombre d'années.

Nous croyons avoir démontré que les causes réelles du rapide développement des pays où a régné la liberté des banques, résident ailleurs que dans cette liberté; que les conditions naturelles du champ de la production et l'état plus ou moins avancé de la civilisation ne comportent pas partout une égale extension du crédit sous la forme commerciale, et par conséquent des banques d'émission, dont ce crédit est la seule base possible; que les crises commerciales et monétaires sont plus graves et plus fréquentes, dans les contrées où les banques sont libres et très-multipliées, que dans celles où ces établissements sont inconnus ou soumis à un régime restrictif; enfin que la liberté des banques, même en admettant la théorie de ses défenseurs, ne serait qu'un palliatif temporaire. De ces considérations, il résulte que les remèdes des crises monétaires, devenues le caractère dominant de notre époque, doivent être cherchés ailleurs que dans la liberté absolue des banques de circulation. Il nous reste à apprécier les autres moyens proposés pour prévenir ces crises ou les atténuer.

CHAPITRE IX

DES BANQUES RÉGIONALES

Programme de la banque de Savoie. — Ses dangers. — De la coexistence de plusieurs banques opérant simultanément sur toute l'étendue du territoire. — Vices de ce système. — Des banques provinciales ou régionales. — Leurs avantages. — Possibilité de concilier leur existence avec celle d'une banque centrale.

Tandis qu'une école purement spéculative préconisait parmi nous la fausse et funeste doctrine de la liberté illimitée des banques de circulation, quelques écrivains anonymes, représentant des intérêts importants et de puissantes influences financières, ont professé avec ardeur, et non sans habileté, un autre système, savoir : le partage du privilége de l'émission entre deux établissements possédant concurremment le droit d'opérer sur toute l'étendue du territoire, soit par l'action de la banque mère, soit par de nombreuses succursales. La banque de Savoie était l'heureuse rivale que l'on entendait susciter à la banque de France, à l'aide d'une habile interprétation du traité d'annexion, et l'on traçait les plus séduisants tableaux de tous les bienfaits que ce nouvel agent de circulation devait répandre, comme une intarissable corne d'abondance, sur le commerce et l'industrie, et principalement sur les classes ouvrières, admises désormais au bénéfice du crédit, sous la forme des petites coupures. Nous n'insisterons pas ici sur les formidables attributions que, dans l'excès de leur zèle, les défenseurs anonymes de la banque de Savoie proposaient de lui maintenir ou de lui accorder en vue de sa nouvelle extension. Il ne s'agissait de rien moins que :

D'escompter les billets à deux signatures;

D'ouvrir des crédits aux sociétés coopératives, encourageant à la mutualité;

De donner des facilités aux compagnies de chemins de fer pour l'exécution à bon marché des réseaux productifs d'un intérêt médiocre;

De faire des avances aux communes et aux associations de corps d'État pour le développement de la salubrité, de l'enseignement professionnel et du crédit agricole.

Nous avons une trop haute idée des connaissances théoriques et de l'habileté pratique des patrons de la banque de Savoie, pour croire qu'ils aient jamais pris au sérieux un semblable programme. Sa réalisation serait en effet, pour une banque de circulation, le grand chemin de la suspension des payements et de la ruine[1]. C'est désormais un principe suffisamment établi, que le seul gage possible des billets de banque, destinés à remplir entre les mains du public l'office de monnaie, ce sont les effets de commerce présentant le plus haut degré de sécurité, et réalisables à courte échéance. Toutes les autres opérations à l'aide desquelles une banque essayerait de lancer ses billets dans la circulation sont entachées d'un double vice : d'abord de ne donner pour représentation à ces billets que des placements à longue échéance, difficilement réalisables, et susceptibles de hausse et de baisse; ensuite d'amener inévitablement une émission excessive, supérieure aux besoins réels de la circulation, et par suite une crise où la banque est exposée à sombrer, entraînant avec elle une foule d'innocentes victimes. On ne saurait trop le redire, la somme de billets que peut admettre la circulation, même en descendant aux plus faibles coupures, est rigoureu-

1. Depuis que ces lignes ont été écrites, M. Isaac Pereire a accepté, dans une publication intitulée *La Banque de France et l'Organisation du Crédit*, la responsabilité des magnifiques promesses énoncées dans la brochure anonyme de *La Réorganisation des banques*. Mais cette circonstance ne saurait en rien modifier nos appréciations, et nous avons cru devoir, en les maintenant sous leur forme primitive, imiter la franchise avec laquelle l'éminent financier a arboré son pavillon. Nous rendons d'ailleurs pleine justice aux parties remarquables que renferme le volume de M. Isaac Pereire, notamment à son analyse comparée du mécanisme de la banque de France et de la banque d'Angleterre.

sement limitée, et c'est se bercer de la plus chimérique et de la plus dangereuse illusion que d'imaginer que l'on puisse trouver dans l'émission du papier, même appuyé sur des gages solides, les sources d'une commandite inépuisable pour des entreprises industrielles ou commerciales, quelque habilement qu'elles soient conçues. Ce fut l'erreur de Law, et c'est encore aujourd'hui celle qui a inspiré tant de projets de mobilisation du sol, de monétisation des obligations de chemins de fer, et autres conceptions analogues, qui ont heureusement échoué devant la fermeté des grands pouvoirs de l'État et le bon sens du public éclairé. Laissons donc de côté ce vain mirage, plus nuisible qu'utile aux causes en faveur desquelles on le fait un instant briller. Supposons une seconde banque de France sagement privée des attributions compromettantes que renferment les statuts primitifs de la banque de Savoie, et organisée avec la même prudence et la même réserve que son aînée. C'est un système qui paraît viable au premier abord, qui a même été réalisé en Belgique de 1832 à 1848, et qui n'est pas indigne d'un examen sérieux.

Tout le mal de la situation, disent les partisans de ce système, provient du monopole unique de la banque de France. C'est l'absence de toute concurrence qui lui permet d'élever outre mesure le taux de son escompte, de conserver son capital immobilisé en rentes, de ne servir aucun intérêt aux sommes laissées en dépôt dans ses caisses. Qu'un autre établissement rival s'élève à côté d'elle, et il faudra aussitôt qu'elle compte avec sa clientèle, qu'elle fasse des efforts sérieux pour la satisfaire et la retenir. Alors, au lieu d'élever ou de resserrer l'escompte au moindre abaissement de l'encaisse, on se procurera du numéraire par l'aliénation des réserves inactives, on appellera les capitaux disponibles par l'appât d'un intérêt; on se montrera plus réservé en temps de prospérité, pour ne pas être le premier à donner le signal de la crise, plus facile et plus dévoué aux intérêts du commerce quand auront éclaté d'inévitables difficultés. L'escompte et la circulation fiduciaire sont de grands services sociaux, que le public est en droit d'obtenir aux meilleures conditions et au plus bas prix possible. Or, l'expérience a démontré que, dans toutes les branches du commerce et de l'industrie, la concurrence est seule capable d'assurer ce résultat. Établissons donc la concurrence en matière de banque; non pas la concurrence effrénée comme en Amérique, mais une concurrence contenue de part et d'autre dans de sages limites par des statuts rigoureux et par une sévère surveillance. Par là nous réunirons les avantages du monopole et de la liberté, tout en conjurant les inconvénients et les dangers de l'un et de l'autre.

Sans doute la concurrence entre deux banques peut produire quelques-uns des heureux effets qu'on en espère. Mais, d'un autre côté, comment prévenir les excès possibles de cette concurrence? Comment la contenir toujours dans de sages limites? Comment garantir les directions de deux établissements rivaux contre les erreurs, les illusions, les témérités qu'entraîne presque inévitablement une ardente compétition? Ce sont là des problèmes qu'il est plus facile de supposer résolus en théorie que de résoudre efficacement dans la pratique. La concurrence sera aussi vive, plus vive peut-être entre deux banques qu'entre dix ou vingt. Or, on a vu où la concurrence a entraîné même les banques de la Nouvelle-Angleterre. Et pourtant, depuis 1838, ces banques étaient sagement organisées et soumises à un sévère contrôle. N'est-il pas à présumer qu'en temps d'abondance et de prospérité, deux banques rivaliseront non de réserve et de prudence en vue des difficultés futures, mais d'audace et de facilité? Qu'aux approches d'une crise, au lieu de chercher à se devancer l'une l'autre dans l'adoption de mesures préventives ou répressives, elles lutteront à qui sera la dernière à les prendre? Il faut bien peu connaître la nature humaine pour ne pas avouer que la seconde hypothèse est bien plus probable que la première. Dès lors, avec deux banques, on éprouvera tout aussi bien qu'avec vingt les inconvénients que nous avons signalés dans le régime de la concurrence et de la liberté : facilité excessive de l'escompte, expansion exagérée de la circulation, suivies de restrictions et de contractions violentes, et peut-être de suspension des payements métalliques; perturbation de tous les rapports commerciaux, détresse et ruine universelles.

Si les banques et ceux qui traitent directement avec elles devaient être seuls à souffrir des excès possibles de leur concurrence, on pourrait peut-être braver la chance de ces maux, dans l'espérance de voir au contraire se réaliser des perspectives plus favorables. Mais les banques exercent bien réellement une sorte de droit régalien, par la création d'une monnaie de papier qui pénètre dans toutes les transactions, même conclues entre particuliers qui n'ont jamais eu affaire à elles. Par leurs fautes, par leur imprudence, elles compromettent la fortune de tous, et surtout le faible avoir du pauvre, qui ne possède aucun moyen de se prémunir contre un semblable danger. C'en est assez pour faire proscrire le principe de la concurrence, même réduit à la dualité, car il n'existe aucun moyen pratique d'en prévenir avec certitude les funestes excès.

Ajoutons que l'expérience d'un pays voisin n'a pas été favorable à ce système. Avant 1850, la Belgique a possédé deux établissements de crédit jouissant simultanément du droit d'émettre des billets au porteur et à vue dans toute l'étendue du royaume : la Banque de Belgique et la Société générale. Or, dès 1838, une crise politique d'une intensité médiocre, due à l'acceptation du traité des 24 articles par le roi de Hollande, suffit à déterminer la suspension des remboursements métalliques du premier de ces établissements, qui ne put les reprendre qu'en 1839. En 1848, bien que la Belgique eût l'heureuse fortune d'échapper à toute commotion intérieure et à toute agression extérieure, la Banque de Belgique et la Société générale se virent contraintes, par le seul contre-coup des événements de Paris, à suspendre simultanément leurs payements, et ne furent sauvées que par la loi du 20 mars 1848, qui donna cours forcé à leurs billets. Il est vrai que ces échecs peuvent être en partie attribués au vice des statuts de ces établissements, qui les autorisaient à cumuler, avec les fonctions de banques d'escompte et d'émission, celles qui caractérisent de nos jours ce que l'on appelle des crédits mobiliers; mais il y a lieu de penser que la concurrence qu'elles se faisaient dans leurs opérations d'escompte et d'émission contribua, pour une large part, à leur commun insuccès. Aussi, lorsque les Chambres et le gouvernement belge réorganisèrent, en 1850, le système de circulation du pays par la création de la Banque nationale, conférèrent-ils à ce seul établissement le droit d'émettre des billets ayant cours dans tout le royaume, droit qui fut retiré, même comme privilége local, aux deux sociétés qui en avaient été précédemment investies.

Le système des banques provinciales, possédant chacune le privilége de l'émission dans une certaine circonscription, se présente avec des chances de succès plus sérieuses et des antécédents plus favorables. Il offre l'inappréciable avantage de ne pas rendre toutes les places commerciales d'un vaste empire solidaires des difficultés qui peuvent éclater sur l'une ou quelques-unes d'entre elles. Il permet à chaque banque de régler ses émissions et son taux d'escompte d'après les forces et les besoins de la circonscription qui lui est attribuée, et d'exercer sur le papier admis à l'escompte une surveillance plus sévère et plus éclairée.

Un établissement unique doit suffire à la tâche surhumaine d'apprécier le caractère et la valeur de tous les effets commerciaux créés dans l'étendue d'un vaste État, d'alimenter l'encaisse d'un nombre considérable de comptoirs, dont chacun est exposé à subir des demandes énormes et imprévues de remboursements métalliques, toute la masse des billets de la banque unique étant exigible à vue aussi bien aux caisses secondaires qu'à la caisse centrale. Si l'encaisse se trouve menacé dans la capitale par le résultat de grandes opérations de change ou de banque, par des entreprises exagérées, par des souscriptions d'emprunts ou autres valeurs étrangères; aussitôt, il faut que le fléau de l'élévation de l'escompte, des restrictions d'échéances, des refus de bordereaux, se répande d'un seul coup sur toute la surface du pays, et atteigne les places les plus sages, les plus réservées, les plus innocentes des fautes commises au centre. C'est là un mal très-grave, auquel il paraît difficile de porter remède autrement que par la décentralisation du crédit. Qu'il nous soit permis de citer un exemple qui rendra plus sensible le vice de la situation actuelle et le bien que l'on peut attendre du système que nous examinons.

Supposons que la Belgique fût réunie à la France; c'est là une hypothèse qui n'a rien de répugnant à la raison, puisqu'elle a été une réalité pendant vingt-deux ans, et qu'avec plus d'audace et de décision, le gouvernement de 1830 aurait pu effectuer de nouveau cette réunion. Sous un tel état de choses, la Belgique aurait été soumise depuis 1848 au monopole unique de la banque de France. Dès lors, en 1857, l'industrie et le commerce belges auraient eu à subir un taux d'escompte de 10 p. 100, des restrictions d'échéances à quarante-cinq jours; en novembre 1864, ils auraient payé l'escompte sur le pied de 8 p. 100. Or, la Belgique étant soustraite, par son indépendance politique, au monopole de la banque de France, sa banque nationale a su traverser la terrible crise de 1857 sans élever son escompte au-dessus de 5 ½ p. 100, et dans la crise présente, elle n'a pas dépassé le taux de 6 p. 100. La banque belge n'est pourtant guère qu'une banque de province, relativement à la banque de France. Supposez qu'une banque indépendante, à peu près équivalente à la banque nationale belge, fût établie à Lille pour desservir le département du Nord et quatre ou cinq départements limitrophes, n'est-il pas probable que cette banque de Lille aurait pu faire ce qu'a fait sa voisine de Belgique, et aurait ainsi assuré à une notable partie de la France le bienfait de l'escompte à bon marché. Peut-être le même résultat eût-il été obtenu à Nantes par une banque de l'Ouest, à Toulouse par une banque du Midi, à Strasbourg par une banque de l'Est. Paris, Marseille et Lyon auraient eu seules à souffrir de la crise actuelle, et encore est-il vraisemblable qu'elle y eût été notablement atténuée.

Le système des banques provinciales a fonctionné en France avec honneur et succès de 1817 à 1848, et n'a été supprimé au mois de mars 1848 que par une mesure dictatoriale du Gouvernement provisoire, qui n'avait été précédée d'aucune sérieuse étude préparatoire. La seule raison que l'on ait invoquée à l'appui de cette mesure, c'est que les billets de banque étant devenus, par le décret du cours forcé, un véritable papier-monnaie, il y avait nécessité d'établir pour ce papier-monnaie un type unique, afin qu'il pût avantageusement circuler dans toute l'étendue du territoire. Cette raison, toute de circonstance, est absolument étrangère à la valeur intrinsèque et à la conduite des établissements qui furent alors supprimés. Elle milite d'ailleurs plutôt en faveur du système des banques locales que contre lui, car elle prouve que ce mode d'organisation du crédit oppose un sérieux obstacle à la transformation de la circulation fiduciaire en papier-monnaie, transformation qui a toujours été l'écueil des banques à monopole unique. On est donc autorisé à dire que les banques provinciales de France ont été exécutées, mais non jugées. Or, si l'on jette un coup d'œil rétrospectif sur leur histoire, on reconnaît que ces établissements ont eu, dès leur origine, le mérite de savoir vivre et prospérer là où la banque de France avait fait d'inutiles tentatives pour établir des comptoirs; qu'ils ont rendu au commerce de très-grands services, sans jamais recourir à des élévations abusives du taux de l'escompte, ni compromettre la sécurité des porteurs de leurs billets; que lorsque, à une époque plus avancée de leur existence, ils se sont trouvés en concurrence avec des comptoirs de la banque de France, ils l'ont toujours emporté sur eux par l'étendue de leurs escomptes et de leur circulation. L'expérience n'est donc pas moins que la théorie favorable au système des banques provinciales.

Ce système a trouvé récemment un défenseur habile et convaincu dans l'honorable M. de Lavergne, et un adversaire décidé dans M. Wolowski, aux yeux duquel le monopole absolu d'une banque centrale paraît constituer l'idéal de l'organisation du crédit. La vivacité avec laquelle le savant professeur s'est élevé contre ce qu'il appelle « le rêve d'un régime impossible de décentralisation, » dénote de sa part une certaine crainte de voir ce prétendu rêve prendre un corps, et menacer sérieusement le privilége unique auquel appartiennent ses préférences. Mais les arguments par lesquels M. Wolowski combat la décentralisation du crédit, ne nous paraissent nullement concluants. « La force des choses, dit-il, ramène tous les intérêts à converger au centre, au « grand marché monétaire de chaque pays : la hiérarchie s'impose de fait, quand elle n'existe pas « de droit. » M. Wolowski ne prend-il pas ici pour une loi nécessaire et permanente un fait accidentel, qui n'est que la conséquence du privilége unique sous lequel nous vivons? Il invoque l'exemple des banques d'Écosse qui, dit-il, ne fonctionnent qu'en soldant leurs comptes réciproques au moyen de mandats sur la banque d'Angleterre, en puisant sans cesse dans ce grand réservoir métallique et en y prenant leur point d'appui. Mais les banques d'Écosse n'ont nullement le caractère de banques à privilége régional. Ce sont des établissements libres, très-nombreux, individuellement peu importants, et dont plusieurs coexistent dans la même ville. L'assimilation est donc de tous points inexacte. Si l'Écosse ne possédait qu'une seule banque à Édimbourg, ou deux ou trois établissements placés chacun dans une ville importante et investis d'un rayon d'action déterminé, il est probable que les choses se passeraient tout autrement. La banque d'Irlande, établie à Dublin, représente bien plus que les banques libres d'Écosse, le type d'une banque provinciale indépendante. Aussi n'est-elle pas, comme celles-ci, obligée de recourir à l'appui de la banque d'Angleterre.

« M. de Lavergne, ajoute M. Wolowski, aura « beau, avec le talent qui le distingue, vouloir tra- « cer des lignes régionales, pour des établissements « armés chacun d'un monopole indépendant, il « n'évitera jamais ce dilemme : ou ces établisse- « ments seraient impuissants, ou bien, au lieu de « diviser les risques, ils les aggraveraient, et se « verraient obligés, en fin de compte, d'établir avec « la banque de France des relations sur un pied « qui ne serait point celui de l'égalité. » Il nous semble que la seconde branche du dilemme rentre dans la première, car les banques régionales ne seraient obligées de recourir à la banque de France qu'autant qu'elles seraient impuissantes par elles-mêmes. Toute la question se réduit donc à les préserver de l'impuissance et de la faiblesse. Or, elles ne seraient atteintes de ces vices qu'autant qu'elles auraient été constituées avec un capital insuffisant, un rayon d'opérations trop étroit, des statuts imparfaits. C'étaient là, nous ne faisons aucune difficulté de le reconnaître, les défauts des anciennes banques départementales de la France, qui n'étaient encore que les embryons et les ébauches de véritables banques régionales. La disproportion entre le capital des banques départementales, ou plutôt urbaines, et l'importance de leurs affaires était le principal objet des critiques élevées contre elles par l'honorable M. Benoist d'Azy, dans son remarquable rapport présenté à la chambre des députés en 1847. Mais M. Benoist d'Azy ne concluait pas aussi formellement à la suppression de ces établissements que M. Wolowski le donne à entendre. « Nous croyons, « disait-il, qu'il faut ou modifier l'organisation des « banques locales, ou préparer leur incorporation « à la banque de France; ce dernier parti nous « paraît le meilleur et le plus conforme aux inté« rêts bien entendus des villes importantes où elles « sont établies. »

L'habile rapporteur n'excluait donc pas de ses prévisions le maintien des banques locales, sauf à en modifier les bases, et il exprimait sur leur absorption un simple préavis destitué d'arguments à l'appui, et qu'un examen plus approfondi l'aurait peut-être amené à abandonner.

Supposez, au lieu de nos anciennes banques urbaines, créées avec un faible capital de 2 ou 3 millions, des banques régionales constituées dans les principales villes de l'Empire, pour desservir une circonscription de cinq à dix départements, et pourvues chacune d'un capital de 20 à 50 millions. Que ces banques aient le droit d'établir des succursales où elles le jugeront convenable dans leurs circonscriptions respectives; qu'au lieu d'être parquées chacune dans une ville, comme l'étaient nos anciennes banques départementales, elles aient la faculté de correspondre entre elles et de délivrer des mandats les unes sur les autres; qu'il leur soit loisible de faire appel aux capitaux flottants, par l'attribution aux dépôts d'un intérêt proportionné au taux de leurs escomptes; que leurs opérations, rigoureusement limitées à l'escompte du bon papier de commerce à trois signatures, soient entourées par les statuts des mêmes précautions que celles de la banque de France; que leurs comités d'escompte ne soient pas exclusivement composés de délégués des actionnaires, mais qu'on y admette dans une certaine mesure des représentants indépendants de l'industrie et du commerce; on verra si de tels établissements ne sauront pas vivre par eux-mêmes et répandre les bienfaits du crédit sur toutes les parties du territoire, plus libéralement qu'une banque unique écrasée sous le poids de son monopole. Des banques régionales, exploitant un champ plus restreint, n'en mettront que mieux en valeur toutes les ressources. Elles établiront des succursales dans une foule de villes d'ordre secondaire que la banque de France est forcée de négliger, et sauront seules faire pénétrer les habitudes commerciales et les facilités de l'escompte à bon marché dans la circulation des produits agricoles qui, chez nous, y est demeurée à peu près étrangère. Réservant surtout leur appui à l'industrie et au commerce locaux, elles pourront, plus aisément que la banque unique, s'affranchir de la solidarité des crises étrangères, et circonscrire au moins le mal, quand il éclatera malgré leurs efforts préventifs. N'est-il pas probable que, sous un tel régime, nous verrions la plupart des banques régionales réaliser, au milieu des difficultés monétaires qui désolent les grands centres de la spéculation et de l'agiotage, les mêmes résultats qu'obtiennent sous nos yeux les banques de Belgique et de Francfort, les banquiers libres de Hambourg, c'est-à-dire le maintien de l'escompte au-dessous de 6 p. 100. Quand bien même ce bienfait ne devrait s'étendre qu'à la moitié du territoire de l'Empire, ne serait-ce pas encore une raison décisive en faveur de l'organisation des banques qui pourrait le lui procurer?

Mais, dira-t-on, la multiplicité des banques n'aura-t-elle pas pour conséquence de faire perdre au papier fiduciaire l'avantage de l'ubiquité de circulation, dont nous a dotés l'unité de la banque de France? Nous ne le croyons pas. Rien n'empêcherait, en effet, les banques régionales de rembourser facultativement le papier les unes des autres, de fournir des délégations sur leurs caisses respectives, et de régler leurs comptes réciproques chaque semaine, comme le font les banques d'Écosse. Les difficultés de circulation des billets, de change et de correspondance, ont été heureusement résolues dans les pays où règne le principe de la multiplicité indéfinie des banques. Elles le seraient, à plus forte raison, sous un régime qui limiterait le nombre de ces établissements et assurerait à chacun d'eux, avec une parfaite solidité, un rayon d'activité assez étendu.

D'ailleurs, l'adoption du système des banques régionales n'est pas inconciliable avec le maintien d'une certaine primauté accordée à la banque de Paris. Doté d'une circonscription plus vaste et plus riche qu'aucune autre, cet établissement continuerait à se décorer du titre de banque de France, et l'on pourrait attribuer à ses billets le privilége du cours légal sur toute la surface du territoire, privilége que possèdent ceux de la banque d'Angleterre. Sans même aller jusque-là, il suffirait de les recevoir comme monnaie dans toutes les caisses publiques, et de statuer qu'ils ne pourraient être refusés en payement par les banques régionales, tant qu'ils continueraient d'être remboursés à vue en numéraire. Par là se trouveraient conciliés les avantages d'une monnaie fiduciaire générale avec ceux de la division et de l'indépendance des établissements de crédit.

Que si, par suite de la haute situation que conserverait la banque de France à raison de son siége, de l'importance de son capital, du caractère de monnaie générale maintenu à ses billets, ce grand établissement acquérait sur les banques régionales une certaine influence ; s'il devenait le centre auquel celles-ci rapporteraient le règlement de leurs comptes, et comme le président d'un syndicat établi entre elles; une telle coordination des établissements de crédit n'offrirait que des avantages sans aucun inconvénient. Elle n'entraînerait pas, comme semble le croire M. Wolowski, un retour au système de l'unité, car chaque banque conserverait, dans le cercle tracé à ses opérations, la plénitude de sa liberté pour la fixation du taux d'escompte et des échéances, de l'intérêt à attribuer aux dépôts, et pour l'acceptation ou le refus des bordereaux.

Nous ne nous faisons aucune illusion sur les difficultés qu'oppose à la réalisation prochaine d'un pareil système le contrat légal qui établit, pour de si longues années, le monopole unique de la banque de France. Cependant, si les inconvénients de cette unité devenaient de plus en plus saillants; si l'élévation et la variabilité du taux de l'escompte suivaient une marche croissante, au point de constituer une calamité et un danger public; si la banque de France en arrivait à se sentir accablée sous le poids des obligations et de la responsabilité qu'elle est seule à supporter; si les études, dont une aussi grave question continuera inévitablement d'être l'objet, et l'expérience des pays voisins démontraient un jour à tous les yeux l'opportunité, la nécessité de la décentralisation du crédit; alors l'obstacle légal cesserait d'être insurmontable, et un accord volontaire intervenu entre les principaux intéressés, sous la pression de la force des choses et de l'opinion publique, permettrait de tenter l'inauguration d'un régime nouveau. Les choses arrivées à ce point, la transition du système de l'unité à celui de la décentralisation serait moins difficile qu'on ne le pense, et pourrait s'accomplir sans froisser aucun des intérêts légitimes que la justice et la reconnaissance pour d'anciens services commandent de respecter. Les principaux comptoirs actuels de la banque de France, émancipés de l'établissement central, deviendraient des banques régionales, à chacune desquelles seraient rattachés les comptoirs secondaires existants dans sa circonscription; le capital de ces nouvelles banques serait formé en partie par un démembrement du capital de la banque de France, en partie par l'émission de nouveaux titres dont la souscription serait réservée pour la plus forte part à ses actionnaires. Ceux-ci trouveraient dans cette combinaison non-seulement une garantie de conservation de leur avoir, mais encore une chance probable de nouveaux bénéfices. La transition s'opérerait ainsi sans perte et sans secousse, par une opération inverse de celle qui a absorbé les anciennes banques locales dans le sein d'une trop vaste centralisation.

CHAPITRE X

RÉFORME DE LA BANQUE DE FRANCE

Examen des changements proposés dans l'organisation de la banque de France. — Mobilisation du capital. — Modification des conseils de régence et d'escompte. — Suppression des avances sur titres. — Abaissement des coupures. — Les trois premiers moyens admissibles, le dernier à rejeter. — Autres mesures à prendre. — Attribution d'un intérêt aux dépôts. — Réduction progressive des bénéfices au delà d'un taux maximum d'escompte. — Taux différentiels d'escompte pour les diverses espèces de papier. — Émancipation des succursales. — Résumé et conclusion.

Il se passera peut-être longtemps encore avant que la nécessité de la décentralisation du crédit soit généralement reconnue, et que les circonstances en permettent la réalisation. Cependant, le monopole de la banque de France continuant de subsister, ne serait-il pas possible d'apporter à l'organisation et à la marche de ce grand établissement, quelques modifications favorables aux intérêts généraux du travail et du commerce? Dans son exposé des motifs de la loi de 1857, M. Vuitry disait : « Nous sommes « loin de penser que, dans l'avenir, la banque ne « pourra pas recevoir encore de nouvelles amélio- « rations ; mais nous croyons que ces améliorations

« sont de celles qui ne se lient pas intimement à « la concession ou au renouvellement du privilége, « et que les besoins du public, l'intérêt de la ban- « que elle-même, l'action du gouvernement amè- « nent naturellement. » Il n'est pas sans intérêt de rechercher quelles seraient les améliorations vraiment utiles et désirables qui peuvent rentrer dans ces sages prévisions de l'éminent organe du Conseil d'État.

Parmi les modifications qui ont été proposées dans ces derniers temps, il en est quatre sur lesquelles l'attention publique s'est principalement arrêtée; ce sont :

1° La disponibilité du capital de la banque;

2° La modification du conseil de régence et du conseil d'escompte;

3° La suppression des avances sur titres;

4° L'extension de la circulation, par l'abaissement du chiffre minimum des coupures.

Examinons ces diverses mesures.

Nous avons déjà exprimé notre opinion sur la mobilisation du capital de la banque, que nous considérons non-seulement comme désirable, mais comme une nécessité absolue de la situation actuelle. Personne n'a oublié l'heureuse révolution que produisit, en 1846, dans la situation de la banque, l'achat par l'empereur de Russie de ses rentes représentant un capital de 50 millions.

La crise calmée presque instantanément, l'escompte promptement ramené à ses conditions normales, telles furent les conséquences de cette opération, qui démontre avec évidence à quel faible déficit dans l'encaisse tiennent le plus souvent les crises en apparence les plus redoutables, et quelle influence décisive exercerait, dans les moments difficiles, une réserve d'une centaine de millions appartenant en propre à la banque et devenant tout à coup disponible. Nous avons précédemment indiqué combien est illogique et périlleuse la situation d'un établissement qui fonctionne comme s'il n'avait pas de capital, et qui présente pour garantie du remboursement à vue d'une masse énorme de billets, un encaisse tout entier d'emprunt, à peine égal à la somme des dépôts en compte courant, exigibles à première réquisition. Nous avons signalé les conditions propres au commerce, à l'industrie et à l'agriculture de la France, qui rendent plus spécialement nécessaire pour elle l'existence d'une puissante réserve métallique toujours disponible. Cette nécessité est encore aggravée de nos jours par le développement des banques de dépôts et d'escompte, que nous avons signalé plus haut, et qui a pour effet de réduire la masse du numéraire flottant, où le commerce pouvait trouver un aliment à ses besoins ; elle l'est encore par l'introduction subite du régime de la liberté commerciale qui, abaissant toutes les barrières, nous expose au contre-coup des crises étrangères, et rend la sagesse et la prudence au dedans, solidaires de la folie et de la témérité du dehors. C'était là ce que sentait vaguement l'opinion publique, lorsque, par un mouvement que signalait M. Vuitry dans son exposé des motifs de 1857, elle se prononçait en faveur d'une augmentation du capital de la banque qui, pour elle, se confondait avec un accroissement permanent et régulier de son encaisse. Malheureusement, l'honorable M. Vuitry s'est complétement mépris sur le sens de cette opinion, lorsqu'il a avancé qu'elle ne réclamait cette augmentation de capital que comme un supplément de garantie, en cas de liquidation des opérations de la banque. Il s'est laissé séduire par une théorie économique fausse et funeste, lorsqu'il a prétendu établir que le capital d'une banque ne doit être qu'un cautionnement éventuel pour les pertes qu'elle pourrait subir, et qu'il convient à ce titre de le distraire complétement de ses opérations pour l'immobiliser en fonds publics. Il a ainsi élevé à la hauteur d'un principe une pratique regrettable, une erreur intéressée des banques et des gouvernements. Sans doute le capital des banques constitue pour le public un cautionnement, une garantie supplémentaire de leur portefeuille ; mais il est encore et il doit être autre chose, savoir : le fonds de réserve de la circulation, le volant régulateur du mouvement commercial, l'écluse de secours qui s'ouvre aux moments de pénurie pour soulager les souffrances et prévenir la détresse. Le vice radical de l'organisation de la banque de France, aussi bien que de la banque d'Angleterre, c'est d'avoir méconnu ce caractère de leur capital, et de l'avoir entièrement soustrait à leurs opérations, pour n'employer que des fonds d'emprunt. L'opinion publique française de 1856, peu au courant des subtilités d'organisation des banques, et se méprenant sur les réalités de fait, était pourtant dans la vérité de droit lorsqu'elle identifiait l'augmentation du capital de la banque avec un accroissement normal et permanent de son encaisse.

Quoi ! dira-t-on sans doute, faut-il que la banque vende ses rentes, et qu'elle conserve la somme énorme de 150 millions en numéraire dormant dans ses caves ? Agir ainsi, ne serait-ce pas soustraire des valeurs importantes à l'activité productive, revenir à l'enfance du crédit, au régime des trésors d'État, tels que ceux qu'accumulaient les rois de l'antiquité et les despotes de l'Asie ? — Cet argument n'a rien de décisif. D'abord, le système des trésors avait de bons côtés. C'est au trésor accumulé par l'avarice de son père, que Frédéric II dut les moyens de soutenir une guerre formidable, et de créer la puissance prussienne. C'est dans le trésor formé par son économie et conservé aux Tuileries, que Napoléon trouva les ressources nécessaires pour cette admirable campagne de 1814, qui aurait peut-être sauvé la France, si son vivant trésor de soldats n'eût été plus épuisé encore que ses finances. Il est donc des circonstances où l'on peut obtenir d'un trésor sagement réservé des résultats que l'on eût vainement poursuivis par tout autre moyen. Aussi, un trésor conservé par la banque n'a rien qui nous effraye. Quand bien même la banque devrait garder 150 millions de numéraire improductif lui appartenant en propre, ce ne serait pas pour elle payer trop cher le droit d'opérer fructueusement avec 7 ou 800 millions de papier, ni pour le public faire un sacrifice trop onéreux à la sécurité de la circulation et à la régularité de l'escompte. Au point de vue de l'intérêt général, 150 millions prélevés opportunément sur les 25 ou 30 milliards de capitaux mobiliers de toute nature que possède la France, ne constituent qu'une perte insensible; mais cette faible perte serait bien plus que compensée par l'élargissement du crédit qu'une telle réserve permettrait à la banque, et surtout par la restriction des oscillations de l'escompte. Qui pourra évaluer toutes les pertes, tous les manques à gagner que l'élévation de l'escompte à 6, 7 et 8 p. 100, le refus des bordereaux, la restriction des échéances causent au commerce et à l'industrie? Or, s'il est possible d'éviter le plus souvent ces pertes par la mise en réserve de 100 ou 150 millions, un tel avantage n'est-il pas hors de toute comparaison avec le préjudice que le prélèvement de cette somme sur le fonds productif pourra causer au travail dans les périodes de prospérité? D'ailleurs, cette réserve monétaire de la banque ne sera pas condamnée à une perpétuelle inactivité. Elle ne dormira dans ses caves que pendant les années de calme et d'abondance. Mais dans les moments difficiles, qui deviennent de plus en plus fréquents, elle devra être restituée à la circulation d'une main libérale. La banque pourra, dès lors, faire aussi souvent que le besoin s'en manifestera ce qu'elle n'a fait qu'une fois dans le cours de son histoire, lorsque la vente de ses rentes à l'empereur de Russie lui rendit, pour un moment, cette réserve métallique à elle propre, qu'elle devrait posséder toujours.

Mais il n'est pas absolument nécessaire que la banque conserve, dans les périodes de calme et d'abondance, la totalité de son capital en numéraire inactif. On a proposé de consacrer tout ou partie de ce capital, lorsqu'il sera dégagé de la rente où il est immobilisé, à l'achat de lettres de change de premier ordre et à courte échéance sur les places les plus solides de l'étranger. Aux approches d'une crise, il suffirait à la banque de suspendre ces achats pour rentrer naturellement, par l'échéance des traites, dans son capital, qu'elle ferait revenir sous forme de numéraire ou de lingots. C'est ainsi que procéda la banque nationale de Belgique en 1856 et

1857. Elle s'était formé en valeurs étrangères une réserve supplémentaire, qu'elle réalisa en temps utile, ainsi qu'une partie de ses fonds publics. Par l'emploi judicieux de ces ressources, elle put maintenir son escompte à 3 ½ p. 100 jusqu'au 13 octobre 1857, et ne dépassa pas 5 ½ en novembre, quand la France et l'Angleterre subissaient des taux de 10 p. 100. La banque pourrait encore, au moyen d'agences établies au dehors, faire des avances modérées et à court terme sur des effets publics étrangers, tels que fonds anglais, rentes hollandaises, belges ou allemandes, avances qu'elle cesserait et dont le montant rentrerait à ses caisses, dès que les symptômes avant-coureurs d'une crise commerciale poindraient à l'horizon financier. De telles combinaisons seraient sans doute moins faciles et plus laborieuses que la pratique actuelle, qui se borne à encaisser tranquillement des semestres de 3 p. 100; mais elles seraient infiniment plus avantageuses pour le maintien de la régularité dans la circulation et de la modération de l'escompte. Elles seraient même plus sûres, en cas de commotions politiques à l'intérieur, que l'immobilisation du capital de la banque tout entier en rentes françaises[1].

1. En ce moment même, le gouvernement prussien se met en mesure de conférer à la banque de Prusse la faculté de faire des avances sur *valeurs étrangères*, au moyen d'agences *établies à l'étranger*, faculté que nous réclamons pour la banque de France.

Si la mobilisation du capital de la banque est commandée par les nouvelles conditions dans lesquelles se meut cet établissement, d'importantes modifications dans son système actuel d'administration ne nous paraissent guère moins désirables. L'administration centrale de la banque est encore régie par la loi des 24 germinal-4 floréal an XI, et par les décrets des 22 avril-2 mai 1806, et du 16 janvier 1808. Quinze régents et trois censeurs, élus au scrutin individuel par l'assemblée générale des actionnaires, composent, avec le gouverneur et deux sous-gouverneurs nommés par le chef de l'État, le conseil général de la banque. Les trois

Voici le texte du projet de loi présenté à cet effet, en février 1865, aux Chambres prussiennes :

« Art. 1er. La banque de Prusse est autorisée à établir des comptoirs, des commandites et des agences sur des places de commerce allemandes non prussiennes, et à faire faire des affaires de banque sur ces places par des mandataires individuels.

« Art. 2. Les dispositions du règlement de la banque du 5 octobre 1846, sur la création de succursales dans l'intérieur de la Prusse, seront applicables également aux succursales établies au dehors, avec cette modification que ces dernières pourront escompter aussi des papiers étrangers au porteur et faire des prêts sur des papiers étrangers au porteur et des marchandises déposées à l'étranger. Les espèces de ces effets étrangers et marchandises étrangères, ainsi que l'élévation des prêts proportionnellement à leurs cours ou valeurs, seront déterminés conformément aux dispositions de l'art. 86 du règlement de la banque.

« Art. 3. Le ministre du commerce, de l'industrie et des travaux publics, chef de la banque prussienne, est chargé de l'exécution de la présente loi. »

(*Moniteur* du 16 février 1865.)

censeurs n'ont pas voix délibérative au conseil, bien qu'ils y assistent. Mais ils exercent une surveillance sur toutes les opérations de la banque ; ils proposent toutes les mesures qu'ils croient utiles, et si leurs propositions ne sont pas adoptées, ils peuvent en requérir la transcription sur le registre des délibérations. Aucune résolution ayant pour objet la création ou l'émission des billets de banque ne peut être exécutée sans leur approbation. Leur refus unanime en suspend l'effet. A côté du conseil général, il existe un conseil d'escompte, composé de douze membres pris parmi les actionnaires exerçant le commerce à Paris. Ces membres sont nommés par les censeurs, sur une liste de candidats présentés par le conseil général en nombre triple des places à remplir. Ils sont alternativement appelés, suivant l'ordre du tableau, à siéger concurremment avec un certain nombre de régents au comité des escomptes, qui est spécialement chargé d'examiner le papier présenté à la banque.

Les régents et les censeurs doivent posséder chacun trente actions de la banque, qui sont inaliénables pendant la durée de leurs fonctions ; les membres du conseil d'escompte, dix actions. Enfin, aux termes de l'art. 13 du décret des 22 avril et 2 mai 1806, le gouverneur doit, avant d'entrer en fonctions, justifier de la propriété de cent actions de la banque, et chacun des sous-gouverneurs de la propriété de cinquante actions. Mais nous croyons que ces dernières dispositions n'ont pas toujours été rigoureusement exécutées, et s'il en était ainsi, nous serions loin de le désapprouver ; car il nous semble que le gouvernement de la banque, représentant les droits de l'État et les intérêts généraux, devrait être entièrement désintéressé dans les opérations de cet établissement.

Le caractère le plus frappant de cette organisation, c'est la domination exclusive de l'intérêt des actionnaires dans tout ce qui touche à la direction du crédit. C'est de l'assemblée des principaux actionnaires qu'émanent les pouvoirs des régents et des censeurs; ceux-ci doivent être pris parmi les plus forts actionnaires. Les membres du conseil d'escompte sont nommés par les censeurs, gros actionnaires, sur la présentation des régents actionnaires, et à la condition d'être aussi actionnaires. Seuls le gouverneur et les deux sous-gouverneurs, tirant leurs pouvoirs de la nomination du prince, sont indépendants des actionnaires, dont ils devraient cependant faire partie aux termes du décret originaire.

Mais, en dehors des actionnaires et de l'État considéré dans ses rapports financiers avec la banque, il existe un troisième intérêt de premier ordre, sur lequel la conduite de ce grand établissement exerce la plus profonde influence : c'est celui de l'industrie et du commerce, qui donnent en réalité à la banque le crédit qu'ils paraissent recevoir d'elle, et qui lui fournissent, par le prélèvement qu'elle fait sur le produit de leur travail sous forme d'escompte, la presque totalité de ses bénéfices. Or, si l'intérêt de l'industrie et du commerce est, sur quelques points, identique à celui de la banque, il en est parfaitement distinct et y est même opposé sur quelques autres. Ainsi, la solidité de la banque et le maintien de son crédit importent également aux actionnaires de celle-ci et à l'ensemble des classes industrielles et commerçantes; mais, pour la fixation des taux d'escompte, pour l'acceptation ou l'élimination des effets présentés, l'accord cesse de régner. L'intérêt des actionnaires commande de retirer de l'escompte les plus gros bénéfices possibles, d'accepter tout le papier qui présente une solidité suffisante. L'intérêt général du travail productif exigerait, au contraire, que les bénéfices de l'escompte fussent restreints dans les plus étroites limites, que le papier admis à l'escompte fût toujours de préférence celui qui représente les opérations normales et régulières de la production intérieure, et qu'un refus inflexible fût opposé à celui qui, destiné à alimenter de grandes spéculations, des opérations à l'étranger, peut amener l'épuisement de l'encaisse et la hausse de l'escompte. De ces deux intérêts opposés, le plus important et le plus respectable, c'est le second. Or, il est permis de se demander s'il est suffisamment représenté dans les conseils de la banque tels qu'ils sont actuellement constitués.

Le puissant organisateur de la banque de France avait parfaitement senti la nécessité d'attribuer à l'industrie manufacturière et au commerce, une certaine part dans la direction de cet établissement. Il crut d'abord y satisfaire en statuant, par l'art. 17 de la loi du 24 germinal an XI, que sept régents sur les quinze et les trois censeurs seraient pris parmi les manufacturiers, fabricants ou commerçants actionnaires de la banque. Cet état de choses fut modifié par la loi des 28 avril et 2 mai 1806, qui, sans rien innover quant aux censeurs, statua par son art. 9 que, sur les quinze régents, cinq au lieu de sept seraient pris parmi les manufacturiers, fabricants ou commerçants propriétaires d'actions, et que trois autres seraient pris parmi les receveurs généraux des contributions. Le conseil supérieur de la banque se trouve donc actuellement composé de :

Un gouverneur et deux sous-gouverneurs, nommés par l'Empereur ;

Trois régents receveurs généraux ;

Sept régents qui pourront être de simples actionnaires ;

Cinq régents manufacturiers, fabricants ou commerçants.

On voit donc que sur dix-huit voix, six représentent plus spécialement l'État, sept les actionnaires, cinq seulement le commerce et l'industrie, et encore à la condition d'être gros actionnaires de la banque.

Mais, dans la pratique, cette représentation du commerce et de l'industrie est encore amoindrie. En effet, les fonctions de régent se sont concentrées entre les mains d'une classe qui, bien que rentrant à la rigueur dans la catégorie des commerçants, n'a néanmoins ni les même besoins, ni les mêmes intérêts, ni les mêmes manières de voir que les manufacturiers et les négociants ordinaires, classe que l'on caractérise en général par le titre de *haute banque*. Les grands banquiers, parmi lesquels se rencontrent d'ailleurs des hommes aussi éminents par leur intelligence que par leurs richesses, se consacrent presque exclusivement aux emprunts d'États, à l'organisation des vastes entreprises de travaux publics, aux grandes opérations de change international et d'arbitrages sur les fonds publics et autres valeurs de bourse. Ils se tiennent en général en dehors de l'industrie manufacturière et du commerce des marchandises usuelles. De là résulte nécessairement chez eux une prédilection marquée pour le papier créé en vue des opérations qui constituent leur spécialité, dit papier de banque, et une moindre estime pour le papier du commerce et de l'industrie ordinaire. De plus, comme tous les principaux banquiers du monde sont en relations continuelles, ont à chaque instant besoin les uns des autres, il est inévitable que leurs signatures ne soient l'objet d'une faveur toute spéciale de la part d'un établissement de crédit dirigé par quelques-uns d'entre eux. Ces signatures justifient sans doute cette faveur par leur solidité et leur honorabilité, et, en principe, on ne saurait blâmer un capitaliste escomptant avec ses propres fonds de préférer remplir son portefeuille de papier de banque, plutôt que de papier industriel et commercial.

Mais pour une banque qui opère avec des billets fiduciaires et un encaisse précaire, la situation n'est pas la même que pour un escompteur privé. Son premier soin doit être d'écarter de son portefeuille le papier qui peut donner lieu à des demandes de numéraire, et d'accueillir de préférence celui qui n'est pas créé en vue d'exportations métalliques. Or, le papier de l'industrie nationale et du commerce intérieur présente, par sa nature même, ce dernier caractère, tandis que le papier de banque revêt au contraire fort souvent le premier. L'un n'a pour objet que de faciliter la production normale et les échanges quotidiens, qui varient assez peu et laissent dans le pays le numéraire dont ils ont momentanément besoin; l'autre est l'instrument des grandes opérations internationales, qui se soldent en métaux précieux dont le retour est lent et incertain. La conservation de l'encaisse et le maintien du bas prix de l'escompte exigent donc que, dans une banque d'émission bien administrée, le papier commercial et industriel soit admis de préférence, et que le papier de banque, quelque solidité qu'il présente d'ailleurs, soit autant que possible écarté. Mais, pour obtenir un tel résultat, il faut que l'administration en soit confiée à des commerçants et à des industriels, et soustraite autant que possible à l'influence des banquiers proprement dits.

Que si, au contraire, cette dernière influence prédomine, on verra le papier de banque admis en grande abondance. Les exportations de numéraire s'ensuivront. Alors il faudra recourir à l'élévation de l'escompte, puis au triage des bordereaux. Dans ce triage, on refusera ou on restreindra d'abord le crédit aux négociants et aux industriels, tout en continuant d'admettre le papier de banque, comme offrant une solidité supérieure ; c'est-à-dire que l'on écartera le papier qui n'offre aucun danger pour l'encaisse, et que l'on recevra celui qui le menace incessamment. Ce ne sera qu'au dernier moment, quand le mal sera consommé, que l'on se décidera à refuser certaines signatures dominatrices, qu'il aurait fallu dès l'abord écarter. Si, de plus, l'intérêt des actionnaires concourt seul avec celui de la haute banque à la direction du crédit, on s'engagera dans la voie que nous venons de retracer, d'autant plus aisément que l'élévation exorbitante de l'escompte, qui en apparaît comme le terme et le remède, ne sera pour les actionnaires qu'une nouvelle source de bénéfices.

Or une banque unique et privilégiée, dispensatrice du crédit et régulatrice de la circulation sur toute la surface d'un vaste empire, ne saurait être considérée comme une société ordinaire, n'ayant d'autre principe de conduite que l'intérêt de ses actionnaires, les idées et les préférences d'une classe particulière de hauts financiers. Elle est avant tout un grand établissement d'utilité sociale, investi d'une sorte de droit régalien qui doit être surtout exercé pour le plus grand avantage de l'industrie, du commerce et du public en général. En comparaison d'un si grand pouvoir et d'une mission si élevée, l'intérêt des actionnaires ne peut occuper qu'un rang secondaire, surtout au point de vue de la quotité des bénéfices, qui seront toujours suffisamment rémunérateurs. Pour rendre la marche de la banque conforme à ces principes et la ramener au véritable esprit de son institution, il n'existe qu'un seul moyen : c'est de faire dans le conseil supérieur une large place aux intérêts généraux, d'en ouvrir l'accès à des représentants éminents du négoce et de l'industrie manufacturière, désignés, comme les membres des tribunaux de commerce, par l'élection de leurs pairs, et soumis à une obligation inverse de celle qui est imposée aujourd'hui à tous les administrateurs de la banque, c'est-à-dire à la condition de n'en point posséder d'actions pendant toute la durée de leur exercice. De plus, il serait bon que les hautes connaissances théoriques fussent représentées dans le conseil supérieur, ne fût-ce qu'à titre consultatif, par un certain nombre d'hommes spéciaux, dont la candidature pourrait être désignée par les corps savants légalement constitués, ou par une commission prise dans le sénat et le corps législatif. Dans tous ces choix, l'influence directe du pouvoir exécutif devrait être autant que possible écartée. Nous avons en effet maintes fois signalé, dans le cours de cet écrit, combien il importe, pour la sécurité et la régularité du crédit, qu'une banque à monopole unique soit indépendante à l'égard du gouvernement, avec lequel elle est souvent appelée à traiter de puissance à puissance, et auquel elle n'apporte un concours vraiment utile qu'autant qu'il est libre et désintéressé.

Si l'organisation de la banque avait été modelée sur ces principes, il est probable que nous n'aurions pas vu, depuis 1852, cet établissement accepter trop facilement la périlleuse mission de faire des avances sur titres, donner à la spéculation des encouragements regrettables par l'abaissement anomal du taux de l'escompte, imposer à l'industrie et au commerce sérieux de cruelles souffrances, par la surélévation de ce taux, par la restriction des échéances; faire peser, en 1856, toutes ses rigueurs sur le papier payable en province, qui aurait dû au contraire être toujours admis; se livrer à des achats d'or à prime aussi coûteux qu'inefficaces; enfin accepter, parce qu'il s'agissait de papier de banque, pour trente-quatre millions d'effets tirés par des banquiers grecs sur leurs correspondants de Paris et de Marseille, en vue d'opérations d'emprunts et d'agiotage, effets connus sous le nom de *valeurs levantines*, et qui, demeurés longtemps en souffrance, ont exposé le capital même de la banque aux plus sérieux dangers qu'il ait jamais courus.

La convenance d'apporter de profondes modifications à l'organisation actuelle de la banque nous paraît donc justifiée par de graves raisons d'intérêt public. Il en est de même du troisième point que nous avons signalé plus haut : l'opportunité de supprimer les avances sur rentes et titres de chemins de fer. Nous ne saurions trop le redire, la seule contre-valeur normale de la monnaie fiduciaire, c'est le bon papier de commerce, qui constitue des créances invariables, à échéance fixe, d'un recouvrement certain et prochain. Une banque qui remet ses billets contre de bons effets commerciaux, ne fait que substituer un instrument de circulation plus parfait et plus général à des valeurs qui étaient déjà elles-mêmes, dans une certaine mesure, un instrument de circulation. Elle a donc la certitude de ne point excéder, par ce mode d'émission, les besoins réels du mouvement commercial. De plus, le papier escompté, s'il a été convenablement choisi, représente toujours des richesses mobilières facilement réalisables, des marchandises prêtes à être livrées à la consommation. Il n'en est plus de même lorsqu'une banque fait des avances sur titres de bourse. Au lieu de remplacer un instrument de circulation commerciale par un autre, elle émet de la monnaie fiduciaire contre des valeurs représentatives de fonds immobilisés, elle fait presque un prêt hypothécaire, opération qui, de l'aveu unanime des hommes compétents, est la plus contraire à l'essence des banques. Toute garantie d'équilibre entre les émissions et les besoins réels de la circulation est perdue, car il n'y a aucun rapport entre ces besoins et ceux que les porteurs de titres peuvent momentanément éprouver. Si, par suite des mouvements de la spéculation à la bourse, de larges avances sont demandées à la banque, elle ne peut y subvenir qu'en entamant son encaisse ou en émettant de nouveaux billets qui, pour peu qu'ils se trouvent en excès, viennent s'échanger contre du numéraire. Les avances sur titres ont donc cet effet inévitable, ou d'amoindrir les réserves métalliques de la banque, ou de grossir le chiffre de sa circulation, et d'aggraver par là les chances de présentation des billets à remboursement. La situation de la banque serait à la fois plus conforme aux principes et plus sûre, si cet établissement renonçait à ces avances.

Pour rendre ceci plus sensible, prenons un des derniers bilans de la banque de France, par exemple celui du 17 novembre 1864, correspondant à une situation difficile et à un taux d'escompte très-élevé. Nous y trouvons un encaisse métallique de 284,275,966 fr., une circulation de billets de 733,661,325 fr., et des avances sur titres divers s'élevant ensemble à 70,604,210 fr. Supposons que, du jour au lendemain, la banque ait pu liquider toutes ces avances; le montant en sera rentré dans ses caisses ou en numéraire ou en billets. Or, dans le premier cas, l'encaisse se trouvera grossi de 70,604,000 fr. et porté à 354,879,000 fr., contre une circulation de 733,661,000 fr., c'est-à-dire à peine double de l'encaisse; dans le second, l'encaisse sera resté stationnaire, mais la circulation aura été réduite de 70,604,000 fr., et ne sera plus que de 663,057,000 fr., somme qui n'a rien d'exagéré en présence d'une réserve métallique supérieure à 284 millions. Que si les avances étaient rentrées partie en numéraire, partie en billets, les chiffres relatifs de l'encaisse et de la circulation seraient différents; mais la situation de la banque serait toujours profondément améliorée. Elle le serait encore bien davantage, si l'on avait pu faire disparaître du bilan l'avance de 60 millions faite à l'État, avance plus contraire encore aux vrais principes en matière de banque que celles faites sur titres, et qu'il est regrettable de voir se perpétuer en temps de paix. Ces 60 millions se trouveraient en plus dans l'encaisse ou en moins dans la circulation, et la situation de la banque serait non-seulement suffisante, mais pleinement prospère et rassurante. Elle comporterait un taux d'escompte à 4 p. 100 au lieu de 7, chiffre correspondant à l'époque prise pour exemple.

On voit, par ces chiffres irréfutables, de quel immense intérêt il est pour le commerce et pour l'industrie, que la banque cesse de faire des avances aux porteurs de titres de bourse et d'être le prêteur permanent de l'État. Il y a là une réforme aussi facile à réaliser que féconde en heureuses conséquences ; aussi espérons nous qu'elle n'aura pas été signalée en vain aux grands pouvoirs publics et à la banque elle-même.

Il ne nous reste plus à apprécier que la dernière des quatre mesures signalées plus haut, sur laquelle l'attention publique a été récemment appelée par plusieurs organes de la presse : l'extension de la circulation de la banque, par le recours aux petites coupures. Nous ne saurions nous associer à la faveur dont cet expédient a été l'objet de la part d'un grand nombre d'hommes éclairés. Si nous n'avons pu approuver, sur d'autres points, l'organisation et la marche de la banque de France, en revanche nous considérons comme un titre d'honneur pour elle, la résistance qu'elle a constamment opposée à l'abaissement exagéré du chiffre minimum de ses billets. Nous avons développé, dans la première partie de cet écrit, les graves raisons économiques et mêmes politiques qui imposent à la France, plus qu'à tout autre pays, le devoir de maintenir sa circulation solidement assise sur une base métallique. Il est donc inutile de les reproduire ici. Bornons-nous à faire observer que si, par l'émission des petites coupures, la banque parvenait à grossir le chiffre de sa circulation de 150 ou 200 millions, le bien-être momentané qui pourrait accompagner cette diffusion de la monnaie fiduciaire serait inévitablement suivi de nouvelles et plus graves difficultés. En effet, cet accroissement de la masse de billets circulants exigerait une augmentation proportionnelle de l'encaisse métallique. Or, lorsque la banque a déjà tant de peine à maintenir sa réserve de numéraire à un niveau convenable, en présence d'une circulation dont la plus faible coupure était naguère de 100 francs, serait-il prudent de la placer en face d'une difficulté plus grande encore? Cette difficulté, résultant de l'élévation du total du papier fiduciaire, serait aggravée par la raréfaction de numéraire, qu'amènerait inévitablement la diffusion des petites coupures dans les derniers canaux de la circulation.

Dans son rapport du 5 avril 1847, l'honorable M. Benoist d'Azy, appréciant la proposition de créer des billets de 100 francs, qui fut alors repoussée, disait : « Admettre des billets de 100 fr. « avec une liberté illimitée et sans autre garantie « que la somme de numéraire à conserver en caisse, « dans la proportion d'un tiers des billets émis, « c'est se jeter dans une voie aventureuse, dans la- « quelle peuvent se trouver de grands dangers, « sans autre garantie qu'une mesure dont l'ineffi- « cacité a été démontrée.....

« Le ministre des finances et les gouverneur et « sous-gouverneurs de la banque s'opposent vive- « ment à cette création des billets de 100 francs. « Ils reconnaissent bien qu'ils seraient d'un emploi « commode et facile ; mais par cela même ils y « voient tous les dangers que nous avons signalés « comme conséquence d'une circulation exagérée. « Ils n'admettent pas une limitation possible, par- « ceque l'exigence du commerce forcerait la main « à la banque, qui aurait peine à se défendre sur le « terrain de restriction qui lui serait tracé. Plus « que toute autre, la circulation des petites coupures « leur paraît propre à faciliter l'exportation du nu- « méraire, dont les petits billets prendraient plus « aisément la place. Sans doute, ce numéraire dé- « placé viendrait à la banque, et il ne peut en res- « sortir que pour les besoins du pays ; mais autre « chose est de voir le numéraire dans tous les ca- « naux de la circulation, d'où aucune grande spé-

« culation ne peut l'extraire en grande masse et « dans un temps très-court, ou de le voir dans les « caisses de la banque, d'où un besoin subit à « l'étranger, une variation dans les changes, peut « toujours l'extraire par un mouvement rapide, qu'il « ne dépend pas d'elle d'arrêter, à moins qu'elle « ne refuse l'escompte ou qu'elle n'en élève le « taux ; ce qui amène une grande perturbation « commerciale. »

Frappé de ces considérations, le législateur de 1847 n'admit que le billet de 200 francs et repoussa celui de 100 francs. Mais en 1852, cette dernière coupure fut autorisée, sous l'influence des partisans de l'extension de la monnaie fiduciaire. Depuis lors, elle figure pour environ 200 millions dans la circulation totale de la banque de France ; mais, depuis lors aussi, nous avons vu l'encaisse en déficit presque permanent, l'escompte à un prix élevé ; et il a fallu, en 1857, autoriser la banque à le porter à volonté au-dessus de 6 p. 100, par une dérogation unique à la législation du pays, qui aurait paru monstrueuse et impossible quelques années auparavant. Sans prétendre que l'émission du billet de 100 francs soit la seule cause de ces graves embarras, n'est-on pas fondé à soutenir qu'elle y a contribué pour une part notable, et que les faits ont ainsi justifié les appréciations prophétiques du rapporteur de 1847 ?

L'article 9 de la loi du 9 juin 1857 a donné à la banque de France la faculté d'abaisser à 50 francs la moindre coupure de ses billets. La banque a hésité pendant cinq ans à user de cette faculté, et c'est seulement en 1864 qu'elle s'est départie de cette sage réserve. L'émission du billet de 50 francs, qui devait, au dire des partisans des petites coupures, exercer la plus heureuse influence, en suppléant à la rareté du numéraire, n'a pourtant pas atténué la crise qui a éclaté peu de mois après cette mesure ; peut-être serait-on fondé à dire qu'elle l'a au contraire aggravée, en grossissant la circulation de la banque en présence d'un encaisse déjà insuffisant. Aussi n'hésitons-nous pas à considérer l'émission des billets de 50 francs comme une mauvaise mesure, surtout si la banque y cherchait un moyen permanent d'accroître la masse de son papier fiduciaire. L'émission du billet de 50 francs ne nous paraît admissible que comme un expédient temporaire, destiné à combler un déficit momentané dans les canaux inférieurs de la circulation, et analogue à la fameuse remise au jour des vieux billets d'une livre, par laquelle la banque d'Angleterre remédia en 1825, à une subite pénurie de numéraire. Lancée pour un moment dans le torrent circulatoire, cette coupure doit en être retirée dès qu'elle commence à revenir dans les caisses de la banque. Pour cela il suffit d'annuler, sans les remplacer, les billets de

50 francs que font rentrer les encaissements et les échanges journaliers. Réduite à ce rôle de ressource éventuelle et temporaire, la coupure de 50 fr. peut être à la rigueur tolérable, et ne pas aggraver sensiblement la situation déjà si tendue de la banque de France. Mais c'est une ressource dangereuse, dans l'emploi de laquelle on ne saurait apporter trop de réserve et de prudence.

Nous n'ignorons pas que les partisans des petites coupures peuvent invoquer l'exemple de la Prusse, où l'on est descendu jusqu'au billet d'un thaler (3 fr. 71 cent.), sans qu'il en soit résulté jusqu'ici de notables inconvénients. Mais il faut remarquer que les points de départ de la France et de la Prusse, dans l'organisation de leurs moyens de circulation, sont entièrement différents. Au moment où l'une et l'autre sont entrées dans les voies du développement industriel et commercial, la France possédait beaucoup de numéraire et la Prusse en était très-pauvre. Pour se procurer en suffisante quantité l'instrument de circulation métallique, celle-ci aurait dû faire de grands sacrifices, exporter beaucoup de produits et ne recevoir en contre-valeur que des espèces, par elles-mêmes improductives. Cela lui était difficile, et peut-être impossible. Elle a donc recouru, faute de mieux, au papier fiduciaire. Quant à la France qui était au contraire très-riche en métaux précieux, il s'agissait de savoir si elle renoncerait à un instrument de circulation plus coûteux, il est vrai, mais plus sûr et dont les frais étaient déjà faits, pour y substituer le papier plus économique, mais aussi plus dangereux. Elle a sagement préféré la conservation du *medium* métallique, et le moment n'est pas venu pour elle d'y renoncer. De plus, la Prusse n'a qu'un commerce extérieur beaucoup moins développé que le nôtre; elle importe moins de matières premières et de substances alimentaires, et se trouve par conséquent beaucoup moins exposée à des demandes subites de numéraire venues de l'extérieur. Elle a eu la sagesse de consacrer exclusivement ses ressources au développement intérieur de son agriculture et de son industrie, et ne s'est pas abandonnée à la périlleuse ambition de commanditer les travaux publics et de soumissionner les emprunts d'États étrangers. Ses finances sont grevées d'une dette moins lourde et administrées avec plus d'économie que les nôtres. Enfin, sa situation politique est depuis longtemps moins agitée et moins menacée que celle de la France. Toutes ces raisons lui ont permis de donner une plus grande extension à sa circulation fiduciaire. Cependant, cette extension est loin d'être sans danger, et l'on peut prédire presque à coup sûr qu'une grave crise politique, une guerre étrangère sérieuse, un déficit important dans les récoltes, suffirait pour déterminer dans ce pays la suspension des payements métalliques et pour le précipiter dans le régime du papier-monnaie. L'exemple de l'Autriche et de la Russie qui, elles aussi, avaient eu recours dans les temps calmes aux petites coupures, et qui aux premières difficultés, ont dû subir toutes les misères qu'entraîne la disparition du numéraire et le règne exclusif d'un papier avili, cet exemple suffit pour démontrer combien la transition des petits billets fiduciaires au papier-monnaie est facile et rapide. Aussi persistons-nous à considérer la proscription du régime des petites coupures en France, comme un acte de sagesse et de patriotisme. Si jamais, ce qu'à Dieu ne plaise, nous devons, dans une épreuve redoutable, recourir à la suprême ressource du papier monnaie, sachons du moins ne pas la rendre trop immédiatement nécessaire et ne pas l'escompter d'avance, en remplissant les derniers canaux de la circulation de misérables chiffons, qui en chasseraient tout le numéraire.

Nous avons exprimé notre opinion motivée sur les principales modifications du régime de la banque auxquelles le sentiment public a paru, dans ces derniers temps, attacher le plus d'importance. La mobilisation du capital de la banque, une réforme de son administration, destinée à réduire l'influence de l'intérêt des actionnaires au profit des intérêts généraux du commerce et de l'industrie, la suppression des avances sur titre et à l'État : telles sont les trois mesures pratiques qui nous paraissent commandées par la nature des choses et par les circonstances; mais nous persistons à écarter comme téméraire et opposée aux vrais intérêts du pays toute nouvelle extension de la circulation par l'abaissement des coupures. A côté de ces trois mesures capitales, il en est quelques autres sur lesquelles l'attention publique a été moins généralement appelée, et qui exerceraient pourtant une heureuse influence sur la marche de notre principale institution de crédit. Ces mesures seraient :

1° L'attribution aux dépôts laissés ou remis à la banque d'un intérêt croissant avec le taux de l'escompte.

2° La réduction des bénéfices de la banque en proportion de l'élévation de l'escompte au-dessus d'un certain taux.

3° L'établissement de taux d'escompte différents pour le papier de l'industrie et du commerce intérieur et pour le papier de banque et de change.

4° Une plus grande indépendance des succursales, à l'égard de l'établissement central.

Expliquons brièvement le but et la portée de ces réformes

Lorsque la banque était le seul établissement qui ouvrît un asile sûr aux capitaux momentanément disponibles, et qui offrît aux gens d'affaires l'avantage de solder leurs transactions par mandats et virements de parties, on comprend qu'elle ne servît aucun intérêt aux soldes de comptes courants et aux dépôts laissés ou mis entre ses mains. La commodité des comptes courants et la sécurité du dépôt suffisaient pour appeler dans ses caisses des sommes considérables qui, si elles étaient versées en numéraire, grossissaient son encaisse, et si elles l'étaient en billets, réduisaient sa circulation. Mais il n'en est plus de même aujourd'hui. Plusieurs grands établissements, revêtus d'un caractère public, se sont fondés pour offrir aux capitaux flottants les mêmes facilités de compte courant et la même sécurité de dépôt que la banque de France, réunies au tout puissant appât d'un intérêt qui s'abaisse ou s'élève suivant le taux de l'escompte. Ce dernier avantage a détourné vers ces établissements une très-grande partie des capitaux qui venaient autrefois chercher asile à la banque de France, dont les dépôts sont bien loin d'avoir suivi une progression correspondante à celle de sa circulation, si même ils ne se sont réduits dans leur chiffre absolu. Cette réduction des dépôts est une des principales causes de la disproportion presque permanente de l'encaisse de la banque relativement à sa circulation. 100 ou 150 millions de dépôts en plus dans les caisses de la banque feraient immédiatement cesser cette disproportion, car ils seraient représentés soit par du numéraire en plus dans ses caves, soit par des billets en moins entre les mains du public. Sans doute le passif de la banque serait grossi du montant de ces dépôts ; mais son encaisse étant augmenté et sa circulation réduite de chiffres équivalents ensemble au total de ces dépôts, sa situation serait en réalité fort améliorée et comporterait un taux d'escompte moins élevé. Or, en présence de la concurrence des autres établissements de crédit, ce résultat ne peut être évidemment obtenu que si la banque de France attribue, elle aussi, un intérêt aux dépôts et aux soldes des comptes courants, intérêt qui pourra être très-faible quand l'encaisse sera abondant, mais qui devra s'élever aussitôt que la réduction de celui-ci rendra imminente la hausse de l'escompte.

Une telle réforme est d'autant plus nécessaire que la banque de France, en haussant le taux de l'escompte pour protéger son encaisse, sans rien faire pour retenir les dépôts, se place en partie dans une situation illogique et contraire à son but, ainsi que nous l'avons déjà fait observer. En effet, l'élévation du taux de l'escompte, forçant les négociants à user de toutes leurs ressources disponibles et offrant aux capitalistes l'occasion de placer fructueusement leurs fonds en bon papier de commerce, convie les uns et les autres à retirer de la banque leurs soldes de comptes courants et leurs dépôts improductifs, pour en faire un utile emploi. Or ce retrait est tout aussi menaçant pour l'encaisse que la présentation des billets à remboursement. Il a même été constaté que, dans la plupart des grandes crises, c'est le retrait des dépôts, bien plus que le remboursement des billets à vue, qui amène l'épuisement de l'encaisse. L'attribution d'un intérêt élevé, retenant les dépôts ou en provoquant de nouveaux, serait donc dans ce cas un remède plus efficace et plus direct que la hausse de l'escompte. Elle aurait de plus l'avantage de faire cesser l'anomalie que présente l'accroissement du bénéfice des banques par l'effet de cette hausse, en présence des souffrances universelles de l'industrie et du commerce. Mais c'est précisément ce dernier avantage qui paraît aux banques à monopole un horrible inconvénient, et qui leur fait trouver mille mauvaises raisons pour proscrire une mesure juste, utile et généralement pratiquée par tous les autres établissements de crédit.

On a récemment proposé en Belgique d'imposer à la banque, toutes les fois qu'elle élèverait son escompte au-dessus d'un certain taux, l'obligation de réescompter des effets tirés de son portefeuille commercial à toute personne qui viendrait lui offrir soit du numéraire, soit ses propres billets, et cela en bonifiant sur le réescompte un intérêt inférieur de 1 pour 100 seulement à celui perçu sur les escomptes. Les effets ainsi réescomptés avec l'endossement de la banque ne seraient plus admissibles dans le portefeuille de celle-ci. Ce système de réescompte constituerait, dit-on, un appel efficace adressé aux capitaux flottants du public pour la reconstitution de l'encaisse et la réduction de la circulation. La banque, en cas d'élévation extraordinaire de l'escompte, deviendrait un simple intermédiaire entre les négociants qui ont besoin de crédit et les détenteurs de capitaux réels, en prélevant seulement 1 pour 100 pour prix de son travail et de sa garantie. Une telle combinaison suppose, comme condition nécessaire de succès, l'attribution aux dépôts détenus par la banque d'un intérêt égal à celui qui serait bonifié sur le réescompte. Sans cette attribution, en effet, les possesseurs de sommes déposées sans intérêt s'empresseraient de les retirer, pour les échanger contre des effets réescomptés à gros intérêt. La banque perdrait donc d'un côté ce qu'elle recevrait de l'autre. Mais l'attribution d'un intérêt aux dépôts rend par elle-même inutiles toutes ces combinaisons compliquées de réescompte. En effet, la solvabilité de la banque et le taux d'intérêt étant, dans les deux cas, les raisons décisives qui retiennent et attirent les capitaux disponibles, il n'y a aucun avantage à offrir à ces capitaux la garantie supplémentaire des signatures commerciales existantes sur les effets réescomptés. La seule combinaison simple et pratique consiste donc à attribuer un intérêt aux dépôts, ou à émettre des obligations de la banque à échéances fixes portant intérêt, ce qui n'est qu'une autre manière de provoquer les dépôts.

Si cette mesure continue à être repoussée, il faudra tôt ou tard en adopter une autre pour mettre un terme à une anomalie qui révolte à bon droit la conscience publique, et contre laquelle le législateur a cherché à se prémunir par des moyens désormais reconnus insuffisants. Le bill de 1844 a statué que, toutes les fois que la banque d'Angleterre excédera, en vertu d'une autorisation spéciale du gouvernement, les limites normales posées à son émission, le bénéfice résultant de l'émission supplémentaire appartiendra tout entier à l'État. La loi du 9 juin 1857, article 8, établit que les bénéfices qui seront résultés pour la banque de l'élévation de l'escompte et de l'intérêt des avances au-dessus de 6 p. 100, seront déduits des sommes annuellement partageables entre les actionnaires et ajoutés au fonds social. On voit que le danger de laisser les banques intéressées à élever indéfiniment le taux de leurs escomptes a été prévu dès l'origine, en Angleterre et en France. Mais les moyens édictés pour le conjurer manquent complétement le but. Le système anglais laisse la banque profiter de la totalité du bénéfice réalisé sur le montant de sa circulation normale par l'élévation de l'escompte; le système français abandonne à la banque tous les bénéfices résultant de l'élévation de l'escompte jusqu'à 6 p. 100. taux déjà très-élevé, et lui laisse encore tous ceux qui proviennent d'une surélévation au-dessus de ce taux, sauf à les capitaliser sous forme d'une réserve, qui devient la propriété des actionnaires. Dans l'un et l'autre cas, les banques sont directement intéressées à la hausse indéfinie de l'escompte.

Or, c'est précisément le contraire que la justice, la morale et l'intérêt public commandent d'établir. Pour obtenir ce résultat, il suffit d'édicter la disposition suivante :

« Les bénéfices qui seront résultés pour la banque de l'élévation de l'escompte au-dessus de 4 p. 100, plus une somme égale au dixième desdits bénéfices, appartiendront à l'État et lui seront payés par la banque, comme prix de son privilége. »

En d'autres termes : Toute élévation de l'escompte au-dessus de 4 p. 100 obligera la banque à tenir compte à l'État d'une redevance égale à 1,10 par chaque unité dont le taux de 4 p. 100 sera excédé.

Par suite de cette mesure aussi simple que juste, les bénéfices de la banque subiraient une réduction proportionnelle à l'élévation de l'escompte au-dessus du taux normal de 4 p. 100. Le tableau suivant fait ressortir quelle serait la nouvelle répartition des produits de l'escompte entre la banque et l'État pour des taux compris entre 4 et 10 p. 100.

TAUX D'ESCOMPTE	PART DE LA BANQUE	PART DE L'ÉTAT
4 p. 100	4.00 p. 100	0.00 p. 100
5 —	3.90 —	1.10 —
6 —	3.80 —	2.20 —
7 —	3.70 —	3.30 —
8 —	3.60 —	4.40 —
9 —	3.50 —	5.50 —
10 —	3.40 —	6.60 —

On pourrait adopter pour le partage des produits de l'escompte entre la banque et l'État un autre point de départ, soit 5 au lieu de 4 p. 100, et une autre base de répartition, par exemple, attribuer à l'État 1,20 au lieu de 1,10 par chaque 1 p. 100 de surélévation de l'escompte[1]. L'important, c'est d'établir un principe qui intéresse directement la banque au maintien d'un taux modéré de l'es-

1. Voici quelle serait, dans cette dernière hypothèse, la répartition des profits de l'escompte entre la banque et l'État, en prenant toujours pour maximum régulateur le taux de 4 p. 100 :

Taux d'escompte.	Part de la banque.	Part de l'État.
5 p. 100	3.80 p. 100	1.20 p. 100
6 —	3.60 —	2.40 —
7 —	3.40 —	3.60 —
8 —	3.20 —	4.80 —
9 —	3.00 —	6.00 —
10 —	2.80 —	7.20 —

compte, qui l'associe dans une certaine mesure aux souffrances que l'élévation exagérée de l'intérêt inflige à l'industrie et au commerce, et mette un terme au douloureux contraste que présente un établissement privilégié s'enrichissant de la détresse générale, qu'il a le pouvoir de préparer par ses fautes et de faire éclater par ses rigueurs.

Ce serait presque faire injure à la perspicacité du lecteur que d'insister plus longtemps sur la convenance d'une mesure contre laquelle il n'y a pas un seul argument sérieux à invoquer. Cette mesure devrait être également appliquée aux banques provinciales, si jamais on se décidait à les rétablir. Sous sa bienfaisante influence, on verrait les banques montrer, dans les périodes d'abondance et de prospérité, une prudence et une réserve qui leur ont quelquefois manqué. Stimulées par le tout-puissant aiguillon de l'intérêt personnel, elles s'attacheraient à réunir leurs ressources en temps utile, à réfréner dès l'origine les excès de la spéculation commerciale, à prévenir les crises, au lieu de les laisser se former pour leur opposer trop tard une répression brutale, mais lucrative. Elles deviendraient véritablement alors les organes supérieurs et les régulateurs du commerce et de l'industrie, et ne sauraient jamais encourir le reproche d'en être les parasites et les tyrans.

Il est inutile d'entrer dans de longs développements sur les deux dernières mesures que nous avons indiquées comme d'utiles correctifs du monopole de la banque unique, et du pouvoir qui lui est attribué d'élever à volonté et sans limite le taux de l'escompte. La plus importante consiste dans l'établissement de taux d'escompte différents pour le papier de l'industrie et du commerce intérieur et pour le papier de banque et de change. Il est évident que le papier de la première catégorie ne fait courir aucun danger à l'encaisse de la banque, et qu'il n'est jamais créé en vue de la spéculation ou de l'exportation du numéraire. Qu'un fabricant de toiles tire des traites sur le marchand de nouveautés qui lui a acheté ses produits et les remette à son escompteur qui les présentera à la banque, qu'un maître de forges agisse de même pour se couvrir de la valeur du fer qu'il a livré à ses correspondants, on cherche en vain quel inconvénient pourrait résulter pour la banque de l'admission de ce papier à bas intérêt. Mais, que des banquiers de Vienne, de Turin ou de Constantinople tirent sur leurs correspondants de Paris au profit d'un troisième banquier qui vient présenter les traites à la banque, pour se procurer de l'argent au moyen duquel on escomptera à haut prix des obligations du gouvernement autrichien, italien ou ottoman; que des spéculateurs en sucre ou en coton fassent venir de l'étranger dix fois plus de marchandises qu'ils n'en peuvent payer, pour les mettre en entrepôt et déterminer une hausse factice; qu'ils fassent faire traite sur eux de l'étranger pour les payer, qu'ils se vendent et se revendent dix fois les uns aux autres la même marchandise, en créant à chaque opération plus ou moins sérieuse des effets que l'on présentera à la banque, pour entretenir le plus longtemps possible un agiotage effréné: le danger de l'admission d'un tel papier à l'escompte est manifeste, et il est légitime de le repousser soit par un refus catégorique, soit par une élévation d'escompte qui découragera les spéculateurs, en absorbant leurs bénéfices. Or, ces diverses natures de papier sont, à bien peu d'exceptions près, très-faciles à distinguer pour un escompteur expérimenté. Pourquoi donc ne pas les frapper de taux d'escomptes différents, de manière à laisser jouir des avantages ordinaires celui qui est le résultat du mouvement naturel et régulier de l'industrie et du commerce, et à ne grever que celui qui représente des spéculations téméraires, des prêts usuraires aux États étrangers, des opérations d'accaparement et d'agiotage sur les marchandises, et qui seul peut compromettre les réserves métalliques?

C'est par les mêmes raisons que nous proposons de laisser une plus grande indépendance aux succursales à l'égard de la banque centrale, surtout en ce qui concerne la fixation du taux de l'escompte. On n'aperçoit pas la nécessité absolue d'un taux d'escompte uniforme pour toute la France, et on se demande pourquoi, lorsque l'encaisse de la banque est menacé à Paris, au Hâvre ou à Marseille, il faut que les filateurs de Reims et de Saint-Quentin, les forgerons et les rubaniers de Saint-Étienne, les drapiers d'Elbeuf et de Louviers, qui ne demandent pas à la banque plus d'espèces qu'à l'ordinaire, soient tout à coup écrasés par des taux d'escompte exorbitants, destinés en réalité à écarter un papier absolument différent du leur. Il serait donc convenable que l'élévation de l'escompte ne s'appliquât qu'aux places où l'encaisse est réellement menacé, où règne une spéculation désordonnée, et que les succursales où les affaires suivent leur cours ordinaire, où l'encaisse se maintient à son niveau régulier, eussent le droit de se soustraire à l'élévation de l'escompte, tant qu'elles resteraient dans ces conditions. Pour peu que l'industrie et le commerce sérieux des localités où sont établies ces succursales fût représenté dans leur administration, celle-ci saurait bien se mettre en garde contre les opérations des arbitragistes, contre le papier de complaisance, et s'assurer ainsi la conservation du bienfait de l'escompte à bon marché. Par là, le système d'une banque unique avec de nombreuses succursales se rapprochera, autant que possible, du régime des banques régionales, dont les avantages ont été exposés plus haut.

Nous avons accompli la tâche que nous nous

étions proposée dans cette seconde partie, celle de reconnaître les caractères et les causes des crises qui, depuis douze ans, sévissent trop fréquemment dans le domaine de la circulation, et de signaler les remèdes pratiques qui pourraient y être apportés. Parmi les causes de la variabilité et de l'élévation de l'escompte, nous avons exclusivement concentré notre attention sur celles qui peuvent être imputées à l'organisation de notre banque d'émission, négligeant, comme n'étant pas de notre domaine, celles qui proviennent de la direction générale imprimée aux capitaux du pays, à la politique extérieure et aux finances publiques. Sans nul doute, les guerres dispendieuses et lointaines, les fréquents emprunts qu'elles ont rendus nécessaires, la consommation improductive d'immenses capitaux qui en a été la suite, les énormes immobilisations qu'ont occasionnées la construction de notre réseau de chemins de fer et la rapide rénovation de nos villes, ont dû exercer une action sensible sur l'abondance des ressources consacrées aux besoins du commerce et de l'industrie, et réagir sur le taux de l'escompte. Néanmoins, ces causes générales ne suffisent pas à expliquer ni à justifier les brusques fluctuations et les élévations excessives de l'escompte qui ont signalé les huit dernières années. En effet, l'action de ces causes générales peut être mesurée assez exactement par la dépréciation des cours de la rente, et par les variations d'intérêt des bons du Trésor depuis 1853. Or, c'est à peine si les écarts *maxima* révélés par ces deux valeurs entre les taux courants du loyer des capitaux se traduisent par une différence de 1 pour 100, lorsque l'on compare la période la plus favorable antérieure à 1853 aux années les plus difficiles que nous ayons eu à traverser depuis cette date. Les écarts de l'escompte, au contraire, ont été de 4, 5 et même 6 pour 100 au-dessus de la moyenne considérée autrefois comme normale. On est donc fondé à n'attribuer aux causes générales de renchérissement des capitaux qu'une très-faible influence sur les mouvements désordonnés de l'escompte, et à chercher surtout la raison de ces mouvements dans quelques vices d'organisation du puissant établissement financier qui est spécialement chargé de les régulariser.

A nos yeux, le vice radical, c'est la centralisation du monopole de l'escompte et de l'émission entre les mains d'une seule institution de crédit opérant sur toute l'étendue du territoire. Le remède à ce mal, c'est la création de banques régionales fortement constituées et dotées de toutes les libertés conciliables avec la sécurité de la circulation.

Si l'on suppose cette solution écartée comme trop radicale, il ne reste plus qu'à corriger les défauts signalés dans l'organisation actuelle de la banque de France.

En première ligne, figure l'immobilisation en rentes sur l'État de la totalité du capital de la banque, immobilisation qui laisse cet établissement dépourvu de fonds de réserve et de roulement, en présence des besoins plus étendus et plus mobiles du commerce. Sur ce point, en dehors des organes de la banque et du gouvernement, il y a presque unanimité. Indiquée par la commission de la Chambre des députés en 1847, réclamée en vain par la commission du Corps législatif de 1857, préconisée par le plus grand nombre des économistes, la mobilisation du capital de la banque, sa transformation en valeurs sur l'étranger facilement réalisables, et au besoin en numéraire, apparaissent comme une nécessité de la situation.

Un mal presque aussi grave, c'est l'extension de la circulation par la voie des avances sur titres de bourse et des prêts à l'État, qui grossissent le passif exigible de la banque et réduisent les ressources qu'elle peut consacrer à sa véritable mission : l'escompte du papier commercial. Les avances sur titres sont, de plus, l'un des moyens qu'emploient les exportateurs de numéraire pour vider les caves de la banque. Il est donc hautement désirable de les voir supprimer.

La banque étant surtout destinée à régulariser la circulation industrielle et commerciale, ne vivant que du tribut qu'elle prélève sur l'activité productive, la plus large place doit être faite dans sa direction aux délégués du commerce et de l'industrie. L'intérêt de ses actionnaires et celui de la haute banque, qui seuls sont représentés aujourd'hui dans ses conseils, n'y doivent, au contraire, jouer qu'un rôle secondaire et subordonné à l'intérêt général du public.

Ces réformes seraient complétées par l'attribution aux dépôts d'un intérêt croissant avec le taux de l'escompte, qui retiendrait dans les caisses de la Banque les sommes que lui enlèvent d'autres établissements. A défaut de cette mesure, il serait juste et nécessaire d'appliquer à la banque, en cas d'élévation de l'escompte au-dessus d'un certain taux maximum, un système de partage avec l'État qui réduisît progressivement ses bénéfices. La banque demeurerait ainsi libre d'élever son escompte ; mais ce serait à ses dépens, sous la menace d'une clause pénale dont elle saurait, selon toute vraisemblance, éviter presque toujours l'application en ne dépassant pas le taux fixé comme maximum.

Enfin, l'établissement de taux différents d'escompte, dont le plus bas serait appliqué au papier de l'industrie et du commerce intérieurs, le plus élevé aux effets tirés de l'étranger et représentant soit des opérations de change et de finances, soit des importations de marchandises ; une certaine indépendance laissée aux succursales pour la fixation du taux de l'escompte : telles sont les mesures qui nous paraissent les plus propres à régulariser les conditions de la circulation et à corriger les défauts inhérents à une centralisation excessive du crédit.

On ne saurait douter que l'adoption de ces mesures, ou du moins des principales d'entre elles, n'exerçât une heureuse influence sur le bas prix et la régularité de l'escompte. De ces réformes, celles auxquelles nous attachons le plus d'importance sont la mobilisation du capital de la banque, et le système de décompte des bénéfices, qui intéresserait cet établissement à n'excéder que le plus rarement possible un certain taux. La suppression des avances sur titres, la réorganisation des conseils de régence et d'escompte, dans le sens de la prédominance de l'industrie et du commerce, concourraient heureusement avec les deux mesures essentielles que nous plaçons en première ligne, à ramener les fluctuations de l'escompte à leur limite normale.

L'adoption de ces réformes rencontrera, selon toute vraisemblance, trois natures d'obstacles ; l'intérêt et les habitudes de la banque de France ; l'influence de la classe puissante que l'on désigne sous le nom de haute banque ; enfin, et par-dessus tout, les idées fausses et les préjugés enracinés qui ont régné, de tout temps et en tous pays dans les régions gouvernementales, sur le rôle d'une banque de circulation privilégiée. Exposons en quelques mots les raisons qui, selon nous, devraient faire tomber ces oppositions, pour le plus grand avantage de ceux-là même qui semblent intéressés à les maintenir.

La banque de France a vu le chiffre de ses bénéfices et de ses opérations suivre une progression rapide depuis 1852 jusqu'à ce jour. Mais il est à remarquer que le développement de l'escompte, qui est l'attribut normal de la Banque et la source la plus sûre de ses profits, semble frappé d'arrêt depuis que la loi de 1857, en décrétant la liberté de l'exhaussement de l'intérêt, a supprimé la limite qui formait le correctif du privilége et la garantie de sécurité pour le commerce. En effet, la masse des escomptes de la Banque, de 1,824,469,500 fr. qu'elle atteignait en 1852, était arrivée, par une progression constante et régulière, à 5,645,739,500 fr. en 1857. A partir de cette date fatale, elle descend à 4,179,371,400 fr. en 1858, chiffre inférieur à celui de 1856, et ne se relève qu'en 1863 à 5,688,234,500 fr. Il est vrai que, pendant la même période, la moyenne du portefeuille, qui avait atteint 497,368,000 fr. en 1857 et était retombée à 371,112,000 en 1858, s'est élevée à 605,403,000 fr. en 1863, ce qui démontre que l'échéance moyenne des effets remis à l'escompte s'est sensiblement allongée, d'où doit résulter pour la banque un surcroît de bénéfices. Néanmoins, malgré cette compensation, il est incontestable que la masse des valeurs commerciales présentées à l'escompte de la banque ne s'accroît plus, depuis 1857, avec la même rapidité que sous le régime antérieur.

L'une des principales causes de ce ralentissement est, selon toute vraisemblance, la crainte qu'inspirent au commerce les brusques élévations de l'escompte. Chacun restreint ses affaires, évite autant que possible de recourir au crédit, ou cherche ailleurs qu'à la banque des ressources moins onéreuses et plus assurées. Des mesures tendant à faire régner le bas prix et la régularité de l'escompte auraient pour effet immanquable de favoriser la création de la matière escomptable et son afflux à la banque, qui retrouverait bientôt, et au delà, dans les produits réguliers de l'escompte à 3 et 4 p. 100, des bénéfices supérieurs aux profits accidentels qu'elle retire maintenant de l'escompte à 6 p. 100 et des avances sur valeurs. Ces mesures sont la mobilisation du capital, qui garantirait le maintien des encaisses, la suppression des avances sur titres, qui réduirait la circulation et rappellerait à la banque une somme importante de numéraire; enfin le décompte pénal des bénéfices que nous avons proposé, et qui, tout en laissant à la banque une liberté de mouvements quelquefois nécessaire, donnerait à l'industrie et au commerce une garantie sérieuse contre les élévations excessives de l'escompte. Or, la mobilisation du capital peut s'accomplir sans perte sensible pour la banque, car en manœuvrant habilement sur le terrain des changes, elle retirera probablement de son capital, par le placement en traites sur l'étranger, un revenu au moins égal à ses semestres de rentes. Les avances sur titres ne produisent qu'un assez faible bénéfice, qui serait promptement compensé par l'accroissement des escomptes. Quant aux profits supplémentaires résultant des fréquentes élévations de l'escompte au-dessus de 4 p. 100, la justice et la prudence conseillent à la banque d'y renoncer au plus tôt, et sans se plaindre. En effet, si les détenteurs et les acquéreurs de ses actions, sur la foi de bénéfices accidentels et anormaux, ont eu la témérité de capitaliser à 3,500 fr. des titres qui ne représentent qu'un actif réel de 1,100 fr., ils ne sauraient invoquer comme un droit acquis l'énorme plus-value de 2,400 fr. qu'il leur a convenu de fixer comme prix du privilége accordé à la banque. Prétendre que tous les grands intérêts du pays doivent être sacrifiés au maintien de cette plus-value, qu'il faut, pour consolider la hausse d'actions sacro-saintes, que le commerce et l'industrie continuent à subir des taux d'intérêt supérieurs au loyer ordinaire de capitaux moins sûrement garantis, ce serait provoquer des récriminations trop justes et des hostilités trop générales pour ne pas être périlleuses. Il serait peut-être imprudent d'appeler, par un défi jeté à l'opinion, un examen rigoureux de la valeur et de l'indissolubilité du contrat intervenu en 1857 entre le gouvernement et la banque de France. Pour avoir trop obstinément résisté aux besoins du temps et aux aspirations générales, on a vu briser des puissances plus grandes et non moins respectables qu'un établissement financier. Mais, nous avons trop de confiance dans le patriotisme et le dévouement de la banque aux intérêts généraux pour supposer que, le jour où une solution favorable des difficultés actuelles viendrait à être découverte et généralement approuvée, elle se retranchât, pour la repousser, derrière la lettre de sa charte et les prétendus droits de ses actionnaires.

La classe des grands banquiers, habituée par une longue possession à gouverner la banque de France, verrait probablement avec un profond déplaisir l'influence des manufacturiers et des négociants se substituer à la sienne dans la direction de cet établissement. Cette substitution n'est pourtant que la conséquence nécessaire de l'immense développement industriel et commercial auquel nous assistons, et qui ne permet plus la continuation des anciennes méthodes pratiquées dans les grandes affaires. Autrefois, le commerce et l'industrie n'ayant encore que des besoins d'escompte peu étendus, les encaisses de la banque de France étant presque toujours surabondants, les grands banquiers pouvaient sans inconvénient faire de cet établissement leur caisse et leur réserve d'argent. Quand une importante opération, telle qu'un emprunt d'État, exigeait de leur part le déploiement de grandes ressources, ils apportaient à la banque leur portefeuille d'effets commerciaux, lui déposaient des titres de rente, et obtenaient ainsi d'elle le numéraire dont ils avaient besoin. Ils allaient plus loin encore. En se donnant réciproquement des garanties et des couvertures, ils faisaient traite les uns sur les autres, et présentaient ces traites à l'escompte aux principales banques de l'Europe, qui n'avaient garde de les refuser, étant toutes placées sous l'influence des créateurs, accepteurs et endosseurs de ces effets, et y trouvant d'ailleurs réunies toutes les garanties de solvabilité. Comme les banques avaient presque toujours un large excédant d'encaisse et un maigre portefeuille commercial, elles ne voyaient que des avantages dans cette manière de procéder, qui leur permettait d'utiliser fructueusement leurs ressources inactives. Les banquiers, de leur côté, s'étaient fait une douce habitude d'opérer avec leur crédit, qui mettait à leur disposition l'argent du public déposé dans les caisses des banques de circulation. Aujourd'hui cette situation est profondément changée. Le papier de l'industrie et du commerce a pris un développement tel, que son escompte suffit à absorber toute la circulation des banques. Cette circulation s'est elle-même accrue, tandis que les encaisses se réduisaient, par suite des nombreux emplois offerts aux capitaux disponibles. Tout le numéraire qui reste entre les mains des banques doit être soigneusement conservé par elles, pour servir de garantie à la masse de leurs billets émis. Il n'est plus suffisant pour subvenir à la fois à cette destination et aux besoins accidentels des banquiers. Il faut donc que ceux-ci opèrent désormais avec leur argent, au lieu d'user uniquement de leur crédit et de l'encaisse des banques publiques. Cela peut leur sembler d'abord pénible, bien qu'un tel changement ne fasse que les ramener à la loi essentielle de leur profession. En effet, comme ils sont des marchands d'argent, il est naturel qu'ils soient bien approvisionnés de leur marchandise. S'il en résulte pour eux d'abord quelques difficultés, ils sauront s'en indemniser, en mettant à plus haut prix leurs services.

D'un autre côté, les changements qui auraient pour effet de réserver au commerce et à l'industrie toutes les ressources des banques de circulation, produiraient des conséquences indirectes très-favorables au développement des opérations des banquiers. En effet, la principale source des bénéfices de ceux-ci, c'est désormais la soumission des emprunts d'État, l'organisation et l'émission des titres des compagnies ayant pour objet les travaux publics, les transports terrestres et maritimes, ou l'exploitation de quelques grandes industries. Ils opèrent surtout comme directeurs et intermédiaires du public, pour le placement des capitaux formés par l'épargne annuelle. Or, l'une des sources les plus fécondes de cette épargne, ce sont les profits industriels et commerciaux. Par conséquent, tout ce qui favorise la marche normale et les progrès de l'industrie et du commerce favorise aussi le développement des capitaux, c'est-à-dire de la matière exploitable sur laquelle la haute banque opère avec le plus de bénéfice. Mais quel plus grand bienfait peut-on assurer à l'industrie et au commerce, que la régularité et le bas prix de l'escompte? Les banquiers savent, mieux que personne, quelle heureuse influence un semblable régime exerce sur le développement général des affaires. Ils devraient donc comprendre que, s'il y a d'abord pour eux quelques désavantages apparents à cesser de dominer les banques de circulation et d'en user comme d'un instrument commode et docile, ces désavantages seront bien plus que compensés par la prospérité générale que produirait une réforme intelligente de ces organes essentiels du crédit.

Ces considérations s'appliquent avec plus de force encore aux gouvernements. Les banques de circulation, à l'époque de leur fondation, ont été surtout envisagées comme de puissantes machines financières propres à procurer des ressources aux États, sous la double forme du prêt de leur capital d'établissement, et de l'avance de leurs billets. Aussi longtemps que les besoins du commerce et de l'industrie ont été peu développés, ce système a pu fonctionner, tant bien que mal, par deux raisons : l'une, c'est que les capitaux du public, moins sollicités par des emplois productifs, s'accumulaient plus abondamment dans les caisses des banques, sous la forme de dépôts gratuits ; l'autre, c'est que l'émission qui s'opérait par le canal de l'escompte commercial, n'était pas suffisante pour saturer complétement de billets le domaine possible de la circulation fiduciaire. Il restait donc une certaine place disponible, que pouvaient occuper les billets émis ar la voie des avances à l'État. Cela est si vrai, que 'émission sous cette dernière forme n'a jamais pu e développer, sans dépréciation des billets, que orsque la défiance qui suit les grandes crises poliiques, en resserrant le crédit commercial, réduisait es besoins de l'escompte, et élargissait ainsi la part i pouvait être attribuée, dans la circulation, aux illets remis à l'État. C'est le phénomène qui s'est roduit après 1830 et 1848, lorsque la Banque a fait e larges avances au Trésor. Ces avances coïnciaient avec une extrême réduction du portefeuille ommercial, et dès que celui-ci a commencé à se elever, il est devenu nécessaire de les restreindre.

Mais aujourd'hui, le moment est arrivé où les anques ne peuvent plus servir deux maîtres. Les besoins de l'escompte sont devenus si grands, qu'ils absorbent à eux seuls toute la somme de monnaie fiduciaire que la circulation peut régulièrement supporter. Il n'est plus possible d'en détourner une partie au profit de l'État, sans empiéter sur la part que le commerce réclame. D'un autre côté, en présence de la réduction des encaisses et des impérieuses exigences d'un commerce extérieur toujours croissant et soumis à des fluctuations étendues, le capital des banques doit entrer lui-même en action, comme réserve de numéraire et de change, et il ne peut le faire qu'autant qu'il sera dégagé de la captivité où l'État avait pu, dans d'autres temps, le retenir, sous la forme de rentes immobilisées. Les financiers de la vieille école gouvernementale n'envisageront probablement qu'avec horreur l'idée de renoncer à cette commode machine à emprunts, qu'ils se plaisaient à voir dans une banque de circulation monopolisée. Cependant, c'est à nos yeux une nécessité qu'il faudra subir dans un prochain avenir, sous peine d'éterniser les embarras et les crises. Bien loin de s'en plaindre, tout politique intelligent doit s'en féliciter. C'est en effet un heureux symptôme que ce rapide développement du commerce et de l'industrie, qui tend à absorber à lui seul toutes les facultés de la circulation fiduciaire. En secondant ce mouvement au lieu de l'entraver, en rendant à l'activité productive la pleine disposition des instruments de crédi qui sont surtout créés pour elle, on activera puissamment l'essor du travail et de la richesse publique. Or, c'est dans l'accroissement de la production, la diffusion de l'aisance, la rapide formation et la facile utilisation des capitaux, que résident les ressources les plus sûres du gouvernement. C'est là qu'il retrouvera au centuple l'équivalent des quelques millions qu'il emprunte péniblement à la circulation fiduciaire, et qu'il puisera des éléments de crédit bien supérieurs au chimérique avantage de maintenir immobilisées des rentes représentant un capital de 150 à 200 millions. Nous croyons donc qu'un financier habile et prévoyant ne devrait pas, s'il en avait le pouvoir, hésiter un seul instant à dégager la Banque de tous les liens dans lesquels l'État la retient enlacée, à lui rendre la libre disposition de son capital, et à lui restituer ses avances, fût-ce au prix d'une aggravation momentanée de la dette flottante.

FIN.

ANNEXES

ANNEXES

I

RAPPORT

PRÉSENTÉ AU CORPS LÉGISLATIF AU NOM DE LA COMMISSION CHARGÉE D'EXAMINER LE PROJET DE LOI AYANT POUR OBJET LA PROROGATION DU PRIVILÉGE DE LA BANQUE DE FRANCE.

Par M. DEVINCK, député

MESSIEURS,

Le projet de loi sur lequel nous venons vous soumettre notre opinion n'a pas seulement pour objet la prorogation du privilége de la banque de France; il renferme, en outre, un contrat qui a pour but de faire verser dans le Trésor une somme de 100 millions en échange de la quantité de rentes nécessaire pour former la contre valeur de ce versement.

C'est avec regret que votre commission a trouvé réunies dans une même loi des dispositions dont les unes concernent la concession d'un privilége, et dont les autres se rattachent à un contrat synallagmatique.

Permettez-nous de faire, dans notre rapport, la distinction que nous venons de vous signaler, et de nous occuper d'abord de ce qui, dans le projet, concerne la prorogation du privilége.

L'origine, l'histoire et l'organisation de la banque de France sont rapportées dans l'exposé des motifs avec une exactitude, une lucidité et une précision qui nous dispenseront de revenir sur cette matière.

L'opinion publique tout entière a depuis longtemps rendu justice à la bonne administration de cette institution de crédit, qui, depuis plus de cinquante ans, fonctionne d'une manière admirable, et que les étrangers indiquent avec raison comme un exemple à imiter pour les grandes places commerciales de l'Europe.

Article premier.

Vous savez, messieurs, que le privilége de la banque de France a été prorogé par la loi du 30 juin 1840 jusqu'au 31 décembre 1867, en réservant au gouvernement la faculté insérée dans le paragraphe suivant :

« Néanmoins, le privilége pourra prendre fin ou être modifié le 31 décembre 1855, s'il en est ainsi ordonné par une loi votée dans l'une des deux sessions qui précéderont cette époque. »

Aucun projet modificatif n'ayant été présenté dans le

temps déterminé, le privilége ne doit prendre fin que le 31 décembre 1867.

Le gouvernement vous propose d'accorder une prorogation de trente années, de manière à faire durer la concession jusqu'en 1897.

Votre commission, en se reportant aux précédents, a reconnu que jusqu'à présent il n'avait pas été fait à la banque de France de concession aussi longue que celle qu'on vous propose, et elle en a trouvé la cause dans la nécessité qui s'est toujours révélée d'apporter aux statuts fondamentaux des modifications importantes dans un délai qui, généralement, n'a pas excédé une période de dix années.

Nous étions alors unanimes pour demander une révision décennale. Lorsque nous avons dû formuler cette opinion d'une manière plus précise, nous avons rencontré des difficultés sérieuses.

Comment, en effet, apporter des modifications à un contrat, sans arriver à la résolution du contrat lui-même, dans le cas où l'une des parties refuserait d'accepter ces modifications?

L'ordre logique du raisonnement nous conduisait donc à abréger la durée de ce privilége, si nous reconnaissions qu'il ne pouvait pas s'écouler quarante années sans qu'il fût nécessaire d'apporter des changements à l'organisation de la banque de France.

Or, le projet même qui vous est soumis constate que la loi de 1840 a besoin aujourd'hui d'être modifiée longtemps avant l'échéance de 1867. Dans l'exposé des motifs, on reconnaît l'insuffisance du capital actuel, et on vous demande l'autorisation de le porter à 200 millions.

C'est l'opinion publique, ajoutent les commissaires du gouvernement, qui réclame cette augmentation.

En effet, elle est justifiée par le mouvement des opérations de ce vaste établissement. Vous verrez dans les tableaux qui vous ont été soumis, que la banque, dont le montant des escomptes en effets de commerce n'était en 1847 que de 1,814,759,000 fr., s'est élevée en 1856 à 4,674,039,000 fr., et si on y comprend l'escompte au public des bons du Trésor, les avances sur effets publics, actions et obligations de chemins de fer et bons de monnaies, on trouve la progression suivante :

En 1847. . . . . 1,853,898,510 fr.
En 1856. . . . . 5,588,439,488 fr.

Ce développement extraordinaire, qui s'est produit depuis dix années, ne sera-t-il pas plus considérable dans les vingt années que nous allons parcourir, alors que la richesse publique se manifeste dans toutes les branches de l'agriculture, du commerce et de l'industrie?

Si l'on reconnaît actuellement la nécessité de l'augmentation du capital, peut-il être prudent de ne pas faire la réserve de pouvoir l'augmenter encore avant l'échéance de quarante années ?

Si le chiffre des opérations de la banque a triplé depuis dix ans, pourquoi ne pas prévoir qu'un semblable effet pourra se produire encore, et comment se pourrait-il que le gouvernement si sage de l'Empereur montrât sur ce point moins de prévoyance que ceux qui l'ont précédé?

Indépendamment de la modification possible dans l'augmentation du capital social, il en est bien d'autres qui peuvent devenir nécessaires. Le projet actuel en est la preuve, puisqu'on propose d'autoriser la banque à faire des avances sur des obligations du crédit foncier, d'élever son escompte au-dessus de 6 p. 100; puisque le conseil d'État, en adoptant quelques-uns de nos amendements, a reconnu qu'il serait utile de lui prescrire, dans un temps donné, l'établissement d'une succursale, au moins dans chaque département, de l'autoriser à faire des coupures en billets de 50 fr., de lui demander de ne payer à l'État que 3 p. 100 du montant de ses avances. N'est-il pas possible que, dans quelques années, le gouvernement juge convenable d'étendre aux obligations des départements ou des grandes villes de France la facilité qu'il accorde pour les titres émis par la Société du crédit foncier? Il peut reconnaître également la convenance de faire adopter telle autre mesure dont il est impossible de calculer maintenant la portée, et pour laquelle il est indispensable d'attendre l'expérience et la pratique.

Tels sont les motifs qui avaient déterminé votre commission à proposer sur l'art. 1er un amendement ainsi conçu :

« Néanmoins, il (le privilége) pourra être modifié le 31 décembre 1867, s'il en est ainsi ordonné par une loi votée dans l'une des deux sessions qui précéderont cette époque. »

Cette disposition additionnelle donnait au gouvernement une faculté semblable à celle insérée dans la loi du 30 juin 1840. C'était à lui seul qu'il devait appartenir d'apprécier la convenance d'en faire usage à l'échéance prévue.

Cet amendement a été rejeté.

La commission, postérieurement à ce rejet, a été saisie, par notre honorable collègue, M. Lequien, d'un amendement ainsi conçu :

« Les modifications que le gouvernement reconnaîtrait nécessaires dans les conditions d'exploitation de la banque de France pourront être faites par une loi, dans l'une des deux sessions qui précéderont l'expiration de la première moitié de la nouvelle prorogation accordée par la présente loi. »

La proposition contenue dans cet amendement rentrait dans les idées de la majorité de la commission, qui voulait réserver à l'État la faculté de modifier les statuts et le mode d'opérations, plutôt que lui donner le pouvoir d'abréger la durée du privilége.

Nous avons donc adopté cet amendement en substituant à ces mots : « les conditions d'exploitation, » les expressions suivantes : « les statuts et le mode d'exploitation. »

Cet amendement a été rejeté par le conseil d'État.

Art. 2 et 3.

Les art. 2 et 3, qui sont relatifs à la division du capital social et à la répartition des 91,250 nouvelles actions, n'ont pas soulevé d'objections.

Il est équitable d'attribuer aux propriétaires des 91,250 actions anciennes les titres nouveaux dont la valeur nominative sera de 1,000 fr., mais dont le prix d'émission est fixé à 1,100 fr., payables en une année et par trimestre.

ART. 4.

Sur l'art. 4, votre commission avait proposé un amendement, qui n'a pas été adopté par le conseil d'État, et auquel elle attachait une grande importance.

Il formait un second paragraphe, et il était ainsi conçu :

« A dater du 1er juillet prochain, il sera fait sur le montant des bénéfices un prélèvement de 15 p. 100 affecté à l'augmentation du capital social. »

Cette disposition avait pour objet d'arriver progressivement à l'augmentation du capital.

Cette augmentation, ne pouvant provenir que des bénéfices, avait sa raison d'être dans l'accroissement probable des affaires qui exigeait naturellement un plus fort capital. Cette augmentation de capital devenait, pour ainsi dire, un contre-poids à la trop grande élévation du taux de l'escompte, que la banque se trouvait dans la nécessité d'abaisser pour faire l'emploi de ses fonds disponibles.

Permettez-nous, pour expliquer notre pensée, de vous signaler ici la divergence d'opinions qui nous sépare des honorables rapporteurs du conseil d'État sur le principe qu'ils ont développé dans l'exposé des motifs, relativement à l'emploi qu'une institution de crédit comme la banque de France doit faire de son capital.

Ce capital ne doit pas être seulement un fond de garantie, un cautionnement ; et, en admettant cette idée pour le besoin du raisonnement, il faut de suite reconnaître que la garantie sera d'autant meilleure qu'il sera plus facile de la réaliser.

Le capital actuel de la banque est de 108,230,750 fr. 14 cent. Or, nous voyons dans son dernier bilan qu'elle a 65 millions en rentes et 55 millions en bons du Trésor.

Le projet de loi vous propose de faire l'emploi en rentes de 100 millions, qu'elle demanderait à ses actionnaires.

Il résulterait de cet état de choses que, avec un capital de 200 millions, la banque de France aurait plus de 200 millions placés en effets publics.

Nous n'ignorons pas qu'il en est ainsi en Angleterre; que la banque de ce pays a remis son capital entier à l'État; que même elle lui a quelquefois prêté en outre jusqu'à 350 millions; mais nous croyons que, dans les moments de crise, une institution de crédit a besoin d'un capital disponible, pour répondre aux besoins de diverse nature qui peuvent se produire. Si ce capital n'est qu'un fonds de garantie, ou bien s'il est immobilisé d'une façon ou d'une autre, l'établissement est moins bien placé pour venir en aide au commerce et à l'industrie.

Cette vérité n'est-elle pas suffisamment démontrée par l'expérience de ce qui s'est passé en 1846? La banque, en rendant disponible une partie de son capital qui était placé en rentes, et en recevant en échange une quantité considérable d'or et d'argent, n'a-t-elle pas fait une opération utile?

C'est une erreur de penser que les avantages de la disponibilité ne sont certains que lorsque les fonds dont on dispose peuvent être échangés contre du numéraire ou des capitaux étrangers.

Le numéraire, comme toute autre marchandise, prend son niveau sur le cours des divers marchés du monde, il en est de même des capitaux, dont l'équilibre s'établit d'après le mouvement des opérations financières qui se réalisent sur les principales places commerciales.

Postérieurement au rejet de notre amendement sur l'art. 4, nous en avons reçu un de notre honorable collègue M. Chevalier, il est ainsi conçu :

« A partir de la promulgation de la présente loi, lorsque les bénéfices dépasseront 6 p. 100, il sera fait sur le surplus un prélèvement de 10 p. 100 pour être affecté à l'augmentation du capital. »

Les termes de cette proposition n'étaient pas, suivant nous, assez précis sur le point de savoir si le prélèvement devait avoir lieu lorsque les bénéfices excéderaient 6 p. 100 du capital nominal de 200 millions, ou du capital à sa valeur vénale, qui représente actuellement 550 millions.

La commission, en adoptant cet amendement, a cru devoir le modifier en disant :

« Lorsque les bénéfices dépasseront 10 p. 100 du capital nominal. » Cet amendement a été rejeté par le conseil d'État.

Art. 7.

L'ancien art. 6 du projet, qui devient l'art. 7 de la loi, donne à la banque la faculté de faire des avances sur les obligations émises par la société du crédit foncier.

Nous devons placer ici un amendement de notre honorable collègue M. de Jouvenel ; il est ainsi conçu :

« La banque de France sera tenue de mettre à la disposition du crédit foncier jusqu'à concurrence de 100 millions, contre dépôt de pareille somme en lettres de gage. »

Les lettres de gage énoncées dans cette proposition sont évidemment les obligations du crédit foncier comprises dans l'art. 6 de la loi.

L'honorable auteur de la proposition voudrait seulement rendre obligatoire pour la banque ce qui dans la loi n'est que facultatif. Il voudrait en outre déterminer le chiffre des avances.

Ces deux idées sont contraires au principe de la liberté d'action qui doit être laissée à une institution de crédit comme la banque de France. L'amendement a été rejeté par la commission.

Art. 8.

L'art. 8 a pour objet de permettre à la banque, si les circonstances l'exigent, d'ajouter un droit de commission aux taux de ses escomptes et des intérêts de ses avances.

La commission a reconnu que cette autorisation était nécessaire, alors que, sur les diverses places de l'Europe, l'intérêt de l'argent montait au-dessus de 6 p. 100. N'est-il pas évident en effet que si ce taux est plus élevé en Angleterre qu'en France, les capitaux émigreront dans une forte proportion, et que la banque se trouverait dans la dure nécessité, soit de ne plus admettre que des effets à soixante jours, soit de refuser partie des bordereaux qui lui seraient présentés? Il est préférable pour un commerçant de payer exceptionnellement un intérêt plus fort. C'est donc un véritable régulateur qu'il est question de donner à la banque, avec lequel elle pourrait se défendre contre les demandes exagérées de capitaux.

Ce sera pour elle encore un moyen d'engager les commerçants à resserrer leurs affaires, lorsqu'elle leur verra prendre une trop grande extension.

Nous avons cependant apporté une modification à cet article. Il nous paraissait difficile de fixer un droit de commission dont l'échelle serait graduée proportionnellement au nombre de jours que les échéances auraient à courir. S'il devait d'ailleurs en être ainsi, ce droit de commission, devenant par le fait un droit annuel, ne serait plus en réalité qu'une élévation du taux de l'escompte. C'est par ce motif que nous avons cru qu'il était plus juste et plus vrai d'autoriser purement et simplement la banque à porter au-dessus de 6 p. 100 le taux de l'escompte.

Notre amendement a été accepté, et le nouvel article 7 est ainsi conçu :

« La banque de France pourra, si les circonstances l'exigent, élever au-dessus de 6 p. 100 le taux de ses escomptes et l'intérêt de ses avances. »

Un de nos honorables collègues, M. Lequien, nous a a proposé d'ajouter à cet article le paragraphe suivant :

« Les bénéfices qui seront résultés pour la banque de l'exercice de cette faculté, seront déduits des sommes annuellement partageables entre les actionnaires, et ajoutés au fonds social. »

La commission a donné son adhésion à cette disposition, qui a pour objet d'apporter un correctif à l'abrogation indirecte de la loi de 1807, en ne permettant pas que le bénéfice provenant d'une augmentation sur le taux de l'escompte soit distribué aux actionnaires.

Nous voulions donner à la banque la faculté d'établir un tarif différentiel d'escompte proportionnellement à la longueur des échéances.

Nous proposions, en outre, de dire que la longueur de ces échéances ne pourrait être réduite au-dessous de quatre-vingt-dix jours.

La première de ces propositions avait pour but de fixer, pour les effets de commerce à courts jours, un taux plus modéré que pour ceux à long terme, afin d'abaisser la moyenne des échéances du portefeuille de la banque et de lui donner ainsi une plus grande somme de titres liquidés ou de fonds disponibles. Cette mesure aurait encore eu pour résultat d'engager les sociétés financières et les banquiers, en procédant de cette façon, à faciliter le mouvement de la circulation.

Dans la discussion devant le Conseil d'État, les avantages d'un tarif différentiel n'ont pas été contestés; mais on a fait observer que la banque avait actuellement le droit de l'établir, qu'il n'était dès lors pas nécessaire de lui donner une faculté qu'elle possédait.

La seconde disposition a été l'objet d'un amendement proposé par notre honorable collègue et vice-président, M. Réveil, et par M. Germain-Thibaut, président de la Chambre de commerce de Paris. Ils nous ont déclaré que les commerçants attachaient la plus grande importance à ne plus être sous le coup de ces décisions imprévues de la banque, prévenant le public qu'elle ne peut plus, à partir de telle époque, accepter les effets qu'à soixante jours de date. Nous regrettons que cette dernière proposition ait été rejetée par le Conseil d'État.

Art. 9.

Le Conseil d'État a accepté un amendement que nous avons introduit sous le numéro 9 et qui est ainsi conçu :

« La banque de France aura la faculté d'abaisser à 50 fr. la moindre coupure de ses billets. »

Il a pour objet de permettre à la modeste épargne de conserver ses économies en un billet tout aussi bien qu'en numéraire, ce qui rendra cette partie du numéraire disponible et le fera parvenir nécessairement dans le réservoir commun de la banque. Or, c'est augmenter indirectement la quantité du numéraire qui est nécessaire pour la circulation, que de le faire arriver dans les caisses d'une institution de crédit, pouvant le porter sur tous les points de la France où se manifestent les besoins. C'est, en outre, mettre dans la circulation tout le numéraire qui serait échangé contre des billets de 50 fr. ; c'est enfin une facilité donnée aux ouvriers et employés qui ont besoin d'envoyer dans leur pays et pour l'entretien de leur famille, une somme de 50 fr., et qui, dans ce moment, sont obligés d'expédier des espèces, ou de prendre un bon sur la poste.

ART. 10.

Suivant un amendement que nous avons proposé, la banque aurait dû, dans un délai de dix ans à partir de la promulgation de la présente loi, avoir une succursale dans chaque département.

Elle était tenue de l'établir, dès que l'utilité en aurait été déclarée par un décret rendu dans la forme des règlements d'administration publique. Le Conseil d'État a modifié cet amendement ainsi :

« Dix ans après la promulgation de la présente loi, le gouvernement pourra exiger de la banque qu'elle établisse une succursale dans les départements où il n'en existerait pas. »

Il est en effet très-important pour activer la circulation des capitaux, aussi bien que celle du numéraire, d'établir des succursales dans les villes commerciales ou industrielles qui n'en possèdent pas encore; c'est un moyen puissant de faire abaisser le taux de l'intérêt et d'attirer dans la caisse de la banque le numéraire, dont il lui est facile alors de faire une distribution plus utile.

Nous avons pensé qu'il était juste de faire à la banque, pour la circulation des billets, l'application de l'art. 6 de la loi des finances que vous venez de voter. Mais dans la discussion qui s'est produite devant nous au Conseil d'État, nous avons reconnu que la taxe annuelle de 12 centimes devant être supportée par le propriétaire du titre, par le bénéficiaire et non par le débiteur, il n'était pas possible de réclamer à la banque le payement de cet impôt.

Art. 11.

C'est une disposition nouvelle introduite dans la loi par votre commission, et qui a pour but d'apporter une modification importante à une des stipulations du traité qui se trouve annexé au projet de loi, et qui est relative aux intérêts du compte-courant du Trésor. Nous avons abaissé de 4 à 3 p. 100 le taux de ces intérêts.

Nous demandions, en outre, qu'ils fussent calculés, non pas seulement sur le solde dont le trésor était débiteur, mais encore sur celui dont il pouvait être créancier. Le Conseil d'État a rejeté cette dernière partie de notre proposition. L'amendement définitif est rédigé comme suit :

« Les intérêts qui seront dus par le trésor, à raison « de son compte-courant, seront réglés sur le taux fixé « par la banque pour l'escompte du papier de commerce, « mais sans qu'ils puissent excéder 3 p. 100. »

Art. 12.

Il est relatif au règlement d'administration à intervenir et n'a pas subi de modifications.

Avant de terminer notre rapport sur la partie qui concerne l'organisation de la banque, nous devons vous parler d'un contre-projet qui a été présenté par l'honorable M. de Kerveguen. Nous n'entrerons pas à ce sujet dans des explications détaillées par le motif que les principales questions qu'il traite sont exposées dans les développements auxquels nous venons de nous livrer, et que l'une d'elles reçoit une solution favorable, en partie du moins, par la création dans un certain délai, de succursales dans les départements.

Telles sont, messieurs, les dispositions qui, dans le projet de loi, concernaient la prorogation du privilége de la banque.

Nous avons avec intention, laissé de côté les articles 5 et 6 qui, dans notre pensée, forment une convention entièrement distincte, dans laquelle sont déterminées les conditions d'un emprunt.

Les deux premiers paragraphes de l'art. 5 avaient donné lieu à diverses observations qui n'ont pas arrêté la majorité.

Nous avons fait sur le troisième paragraphe une modification portant plutôt sur la forme que sur le fond, en demandant que les rentes données à la banque fussent créées et non prises dans celles de la caisse d'amortissement, dont il n'est pas permis de disposer, puisque diverses lois le défendent de la manière la plus expresse.

Suivant le projet, ces rentes devaient être tranférées au prix de 75 fr. Nous avons trouvé que ce taux n'était pas assez élevé; en effet, le cours de la rente 3 p. 100 était, il y a moins d'un an, à 76 fr., il était à 86 après le coup d'état, et ce n'est pas au moment où la France vient de conquérir, par l'énergie et la sagesse de son gouvernement, une grandeur politique qui la place au premier rang; ce n'est pas au moment où la richesse du pays se révèle de toutes parts et se manifeste par un accroissement de revenus publics qui dépasse les prévisions, qu'il était possible d'admettre pour nos rentes 3 p. 100 un taux de 75 fr. qui serait venu, pour ainsi dire, former une limite au cours des effets publics.

Nous avons proposé de prendre, pour base de prix, le cours moyen de la rente durant le dernier trimestre de 1859, en fixant un minimum de 85 fr. Le Conseil d'État a fait une légère modification à la première partie de cet amendement, en proposant de dire que les rentes seraient transférées à la banque de France au cours moyen du mois qui précédera chaque versement; mais en même temps il a maintenu le minimum de 75 fr.

Postérieurement à ce rejet, nous avons adopté un amendement de notre collègue M. Chevalier, proposant d'élever le minimum à 80 fr.

Cet amendement a été rejeté.

Nous venons, Messieurs, de vous rendre compte des travaux de la commission. Si nous les résumons, nous trouvons que des modifications nombreuses sont apportées au projet de loi.

La première ne porte que sur la forme de la rédaction en ce qui touche les rentes à transférer à la banque.

La seconde concerne le prix de ces rentes, qui n'est pas déterminé à l'avance, mais d'après le cours moyen du mois qui précédera le versement, sans que ce prix puisse être au-dessous de 75 fr.

La troisième a pour objet de remplacer la faculté de prendre une commission par l'élévation du taux de l'escompte dans certaines circonstances exceptionnelles.

La quatrième a pour but de faire verser dans le fonds social, et en augmentation de ce fonds, le résultat qui peut provenir d'une surélévation dans le taux de l'escompte.

La cinquième autorise l'émission de billets de banque de 50 fr.

La sixième oblige la banque à établir dans le délai de dix ans, une succursale dans les départements où il n'en existerait pas.

La septième abaisse à 3 p. 100 le taux des intérêts des bons du trésor.

Un amendement auquel la commission attachait la plus grande importance, a été rejeté par le Conseil d'État : c'est celui qui donnait au gouvernement la faculté de modifier la concession après une période de vingt années.

La majorité de la commission n'a pas changé d'opinion sur ce point; elle a conservé la ferme conviction que le gouvernement avait tort de ne pas se réserver ce moyen de prévoyance; mais, en présence des améliorations considérables qui sont introduites dans la concession du privilége de la banque, elle vous propose l'adoption du projet de loi.

II

PROJET DE LOI

PORTANT PROROGATION DU PRIVILÉGE DE LA BANQUE DE FRANCE. NOUVELLE RÉDACTION ADOPTÉE PAR LA COMMISSION ET LE CONSEIL D'ÉTAT, ET DEVENUE LA LOI DU 9 JUIN 1857.

ART. 1er. — Le privilége conféré à la banque par les lois des 24 germinal an XI, 22 avril 1806 et 30 juin 1840, dont la durée expirait le 31 septembre 1867, est prorogé de trente ans et ne prendra fin que le 31 septembre 1897.

ART. 2. — Le capital de la banque, représenté aujourd'hui par 91,250 actions, sera représenté désormais par 182,500 actions d'une valeur nominale de 1000 fr. chacune, non compris le fonds de réserve.

ART. 3. — Les 91,250 actions nouvellement créées seront exclusivement attribuées aux propriétaires des 91,250 actions actuellement existantes, lesquels en devront verser le prix à raison de 1,100 fr. par actions dans les caisses de la banque, trimestre par trimestre, dans le délai de un an au plus tard à partir de la promulgation de la présente loi.

L'époque du premier payement et les conditions auxquelles les actionnaires pourront être admis à anticiper les payements ultérieurs, seront fixées par une décision de la banque.

Art. 4. — Le produit de ces nouvelles actions sera affecté, jusqu'à concurence de 91,250,000 fr., à la formation du capital déterminé par l'art. 2, et, pour le surplus, à l'augmentation du fonds de réserve actuellement existant.

Art. 5.— Sur le produit desdites actions, une somme de 100 millions sera versée au Trésor public dans le courant de 1859, aux époques qui seront convenues entre le ministre des finances et la banque.

Cette somme sera portée en atténuation des découverts du Trésor.

Le ministre des finances est autorisé à faire inscrire sur le grand livre de la dette publique la somme de rente 3 p. 100 nécessaire pour l'emploi de ladite somme de 100 millions.

Un fonds d'amortissement du centième du capital nominal desdites rentes sera ajouté à la dotation de la caisse d'amortissement.

Les rentes seront transférées à la banque de France au cours moyen du mois qui précédera chaque versement, sans que ce prix puisse être inférieur à 75 fr.

Art. 6. — Sur les rentes inscrites au Trésor au nom de la caisse d'amortissement, et provenant des consolidations du fonds de réserve de l'amortissement, il sera rayé du grand livre de la dette publique une somme égale à celle des rentes créées par l'article précédent.

Les rentes seront définitivement annulées en capital

et arrérages, à dater du jour où les rentes nouvelles seront transférées à la banque.

Art. 7. — La faculté accordée à la banque de faire des avances sur effets publics français, sur actions et obligations de chemins de fer français, sur obligations de la ville de Paris, est étendue aux obligations émises par la Société du crédit foncier de France.

Les dispositions générales qui régleront le mode d'exécution du paragraphe précédent devront être approuvées par un décret.

Art. 8. — La banque de France pourra, si les circonstances l'exigent, élever au-dessus de 6 p. 100 le taux de ses escomptes et l'intérêt de ses avances.

Les bénéfices qui seront résultés pour la banque de l'exercice de cette faculté, seront déduits des sommes annuellement partageables entre les actionnaires et ajoutés au fonds social.

Art. 9. — La banque de France aura la faculté d'abaisser à 50 fr. la moindre coupure de ses billets.

Art. 10. — Dix ans après la promulgation de la présente loi, le gouvernement pourra exiger de la banque de France qu'elle établisse une succursale dans les départements où il n'en existerait pas.

Art. 11. — Les intérêts qui seront dus par le Trésor à raison de son compte courant, seront réglés sur le taux fixé par la banque pour l'escompte du papier de commerce, mais sans qu'ils puissent excéder 3 p. 100.

Art. 12. — Un règlement d'administration publique déterminera à l'égard des actionnaires incapables et des actionnaires en retard de versement, les mesures nécessaires à l'exécution de la présente loi.

III

PROJET DE TRAITÉ

ENTRE LE TRÉSOR PUBLIC ET LA BANQUE DE FRANCE.

ART. 1er. — Les arrérages des rentes qui seront délivrées à la banque, en exécution de la loi portant augmentation de son capital, courront, à partir du premier jour du semestre qui suivra la livraison de ces rentes, sauf bonification à la banque, à raison de 4 p. 100 l'an, de l'intérêt pour le temps compris entre cette époque et celle des versements.

ART. 2. — En réciprocité des avantages qui résultent pour la banque de ce qu'elle reçoit en compte courant les encaissements disponibles du Trésor, la banque s'engage, pour la durée de son privilége, à faire au Trésor, au fur et à mesure de ses besoins, des avances qui pourront s'élever à 80 millions, y compris les 55 millions restant à rembourser, sur le prêt prorogé par le traité du 3 mars 1852.

Le maximum de ces avances devra être réduit à 60 millions, au moyen des remboursements annuels stipulés audit traité. Des bons du Trésor, renouvelables de trois mois en trois mois, seront délivrés à la banque en garantie de ses avances.

Art. 3. — Les sommes qui seront portées au débit du Trésor, en vertu de cette convention, se compenseront jusqu'à due concurrence avec celles qui formeront le crédit de son compte courant, soit à Paris, soit dans les succursales, de manière que les intérêts dus par le Trésor ne soient calculés chaque jour que sur le solde dont il est réellement débiteur.

Art. 4. — Les intérêts du compte courant ainsi établi seront réglés sur le tarif fixé par la Banque pour l'escompte du papier de commerce, sans qu'ils puissent excéder 3 p. 100.

Art. 5. — Si le Trésor venait à retirer ses fonds en compte courant, la banque serait affranchie des engagements qu'elle contracte par le présent traité.

IV

CORPS LÉGISLATIF

Séance du jeudi 28 mai 1857.

PRÉSIDENCE DE M. SCHNEIDER

DISCUSSION DU PROJET DE LOI RELATIF A LA PROROGATION DU PRIVILÉGE DE LA BANQUE DE FRANCE.

N. B. — Les débats du corps législatif n'étaient publiés, en 1857, que sous la forme du compte-rendu inséré au *Moniteur*. Néanmoins, M. Kœnigswarter ayant été autorisé par le Corps législatif à imprimer à ses frais le discours par lui prononcé dans la séance du 28 mai 1857, nous avons obtenu de sa bienveillance le texte de ce discours. En conséquence, nous le réimprimons ici, avec son assentiment, et nous complétons la discussion par le compte-rendu emprunté au *Moniteur* du samedi, 30 mai 1857.

L'ordre du jour appelle la discussion du projet de loi ayant pour objet la prorogation du privilége de la banque de France.

MM. Baroche, président du Conseil d'État, de Parieu, vice-président, Boinvilliers, président de section, et Vuitry, conseiller d'État, siégent au banc des commissaires du gouvernement.

M. Kœnigswarter a la parole, et s'exprime ainsi :

Messieurs,

Avant d'aborder la discussion du projet de loi soumis à vos délibérations, je demande la permission de vous dire quelques mots sur ma situation personnelle dans cette dernière session. Des circonstances douloureuses m'ont constamment tenu éloigné de vos travaux, et je l'ai d'autant plus vivement regretté, que le Corps législatif a été appelé à discuter et à se prononcer sur des questions d'impôts relatifs à la propriété mobilière, questions auxquelles, comme vous le savez, je m'étais depuis longtemps vivement intéressé. Revenu dans cette enceinte samedi dernier, lorsque déjà la discussion sur le budget était complètement épuisée, je n'ai pas voulu ranimer le débat, et, me félicitant du premier pas qui a été fait dans la voie des impôts sur les valeurs mobilières ou industrielles, j'attends le reste de l'avenir. J'ai peut-être le droit de parler de la sorte, messieurs, et de rappeler à cette occasion les dernières paroles par lesquelles j'ai terminé, l'année dernière, mon discours sur le budget de 1857, en m'adressant à l'honorable M. de Vuitry, commissaire du gouvernement, occupant alors la même place où j'ai le plaisir de le voir en ce moment. Je disais :

« Je finirai par un dernier mot : le gouvernement « actuel a déjà rétabli le principe de l'autorité, il « a amélioré beaucoup la condition matérielle des « classes nécessiteuses ; il lui reste encore une grande « chose à faire, c'est celle à laquelle je le convie : l'éga- « lité, l'équité, en matière d'impôt ; c'est le vœu que « j'exprime. Et la prédiction que je me permets de « faire, c'est qu'il y sera inévitablement porté par l'opi- « nion publique et par la force des choses. »

Je ne croyais certes pas que mes vœux seraient si vite exaucés.

En vous remerciant, messieurs, de m'avoir fourni l'occasion de vous présenter ces considérations pour expliquer mon silence, je passe à quelque chose de plus sérieux, c'est-à-dire au projet de loi sur la prorogation du privilége de la banque de France.

Ici, messieurs, je vous avoue que mon embarras est extrême, car je me demande si, sérieusement, une Chambre sérieuse peut discuter, approfondir, et examiner avec toute la maturité que comporte cet important sujet, un projet de loi qui nous a été apporté il y a peu de jours, et dont le rapport, comme vous le savez, a été déposé hier seulement. Les revirements inattendus et étranges de la Commission (je me permets de les qualifier ainsi) vous sont connus ; je vous avoue franchement que je m'attendais à tout autre chose *qu'à des conclusions d'adoption*, et je pense qu'un grand nombre de mes honorables collègues partageaient mon sentiment. Nous savons tous, en effet, que l'honorable rapporteur de la Commission s'était exprimé, lundi soir, dans les termes les plus énergiques et les plus résolus à cet égard, et je n'ai pas besoin de dire *où*.

M. le Président fait observer à l'orateur qu'il ne doit parler que du projet de loi et des documents qui sont à la disposition de la chambre. Il l'invite à laisser de côté ce qui n'a aucun caractère officiel, afin de conserver à la discussion la dignité qu'elle doit toujours avoir.

M. Kœnigswarter. — Je suis convaincu que M. le président du Corps législatif me conservera la parole avec la plus grande impartialité.

Si donc la chambre est d'avis qu'une discussion sérieuse est possible dans les dernières heures du dernier jour de la dernière session de notre législature, je suis à sa disposition. . . . .

. . . .

Puisque la chambre désire m'entendre, j'exposerai mes motifs de rejet. Je tiens d'abord, Messieurs, à dégager le terrain de la discussion de trois points très-importants.

Voici d'abord ce qui s'est dit hautement parmi nous. Le rejet de ce projet de loi, à la fin de notre dernière session, ferait une mauvaise impression sur l'opinion publique. J'énonce le fait, parce que je suis d'un avis tout contraire, et que je puis vous assurer que ce projet de loi a été reçu avec la plus profonde indifférence dans le pays. Je vais vous en dire la raison; c'est qu'il n'améliore ni la situation du public, ni celle du Trésor vis-à-vis de la banque de France. J'irai plus loin : j'ai la conviction intime que si le Corps législatif avait l'énergie, la salutaire énergie de rejeter ce projet de loi

(*Interruption*), ce rejet, qui ne serait qu'un ajournement, produirait le meilleur effet; et voici pourquoi :...

M. le Président réclame le silence et invite la chambre à ne pas interrompre l'orateur. La discussion est épineuse par elle-même, et précisément parce que l'on touche aux derniers moments de la session, il convient de laisser l'orateur exprimer sa pensée en toute liberté, quelle que soit la forme qu'il donne à ses observations.

M. Lequien fait observer que la chambre ne peut accepter le reproche que l'orateur lui fait de manquer d'énergie. L'orateur paraît s'attribuer le monopole de l'énergie; c'est ce que la chambre ne saurait admettre.

M. le Président dit que, quand il a invité la Chambre à écouter l'orateur, quelle que fût la forme du discours prononcé devant elle, il a cru donner satisfaction au sentiment de la chambre; il n'a pas pensé devoir aller plus loin. Dans une discussion si grave, engagée devant le Corps législatif le dernier jour de la législature, M. le président recommande à la Chambre d'observer le calme et le silence, et de laisser à l'orateur la plus grande liberté.

M. Kœnigswarter. — Le public intelligent des affaires ne comprend pas que le gouvernement impérial, si haut placé en Europe et à l'intérieur, soit obligé d'en passer, dix ans à l'avance, par des conditions semblables à celles qui concernent la prorogation du privilége de la banque; il ne comprend pas pourquoi c'est au mois de mai 1857 qu'on vient nous proposer de proroger de trente ans un privilége qui n'expire qu'en 1867. Le public est persuadé que l'État et le commerce pourraient obtenir des conditions bien meilleures, et c'est pour cela qu'il se féliciterait du rejet de la loi. C'est là mon opinion; la chambre peut ne pas la partager; mais, moi, je désire l'exprimer.

Le projet qui nous est soumis n'est pas venu du jour au lendemain. Tout le monde le sait, tous les journaux l'ont répété, que depuis plusieurs mois le gouvernement s'en est occupé, qu'il y a eu les réunions les plus sérieuses, même auprès du chef de l'État, dans le sein du conseil d'État et du conseil des ministres. C'est donc un projet qui a été mûri pendant longtemps. Or, pourquoi ne nous est-il présenté que le 9 mai, alors que la session devait finir le 15? Car ce n'est que plus tard qu'elle a été prorogée, et, en fait, vous savez que le rapport n'a été déposé qu'hier.

Quelques esprits timorés d'un côté, quelques ennemis du gouvernement de l'autre, ont dit, et je n'hésite pas à révéler leur secret, parce que je ne crois pas à ces bruits: Savez-vous pourquoi le gouvernement fait cette proposition? c'est parce qu'il a absolument besoin de 100 millions!

L'exposé des motifs nous dit que le gouvernement n'a pas le moindre besoin de cette somme avant 1859. Je suis persuadé que MM. les commissaires du gouvernement eux-mêmes viendront combattre cette assertion. Un gouvernement qui a soutenu l'une des plus grandes guerres que la France ait eues à supporter, qui a fait trois emprunts alors qu'on ne pouvait prévoir comment et quand cette guerre finirait, un tel gouvernement ne peut avoir besoin de proroger pour trente ans un privilége qui n'expire qu'en 1867, et cela pour obtenir

100 millions à 4 p. 100 l'an. Cette supposition est inadmissible; ce serait une véritable dérision. Je ne puis donc admettre que ce soit par un besoin d'argent immédiat que le gouvernement ait dû accepter les conditions de la banque.

J'arrive au dernier des trois points. En matière de finance, les opinions sont très-différentes. Il y a des personnes qui pensent qu'une grande banque doit avoir ses intérêts complétement séparés de ceux de l'État, et que la puissance comme le crédit de la banque diminueraient le jour où l'État viendrait s'immiscer dans la gestion ou lui demander trop d'argent.

L'honorable M. de Vuitry a cité un grand homme dans son exposé des motifs, permettez-moi de le citer également : c'est Napoléon Ier, le fondateur de la banque de France. Je vais vous lire deux passages curieux que quelques-uns d'entre vous ne connaissent peut-être pas. Vous allez voir ce que pensait, non pas un faible individu comme moi, mais l'empereur Napoléon Ier lui-même. Voici en quels termes il s'exprimait dans les séances du conseil d'État dans lesquelles fut discuté le projet relatif au privilége de la banque de France :

« Je consens à ce que le chef de la banque soit appelé gouverneur si cela peut lui faire plaisir, car les « titres ne coûtent rien. Je consens aussi à ce que son « traitement soit aussi élevé qu'on voudra, puisque « c'est la banque qui doit payer : on peut le fixer, si « l'on veut, à 60,000 fr. Quant à la proposition d'exiger « que le gouverneur soit hors des affaires, je pense que « quelque parti qu'on prenne, on empêchera difficile- « ment les chefs de la banque d'abuser de la connais-

« sance qu'ils auront des opérations du gouvernement « et du mouvement des fonds. Ainsi, dans la dernière « crise de la banque, après que le conseil des régents « eut décidé d'acheter des piastres, plusieurs régents « sortirent, firent acheter des piastres pour leur compte, « et les revendirent deux heures après à la banque « avec un gros bénéfice.

« . . . . . . On a dit que le gouvernement avait « pris de l'argent à la banque. Le gouvernement n'a pas « pris un sou. La banque n'appartient pas seulement « aux actionnaires, mais aussi à l'État, qui lui donne le « privilége de battre monnaie....

« Je veux que la banque soit assez dans la main du « gouvernement et n'y soit pas trop. Je ne demande pas « qu'elle lui prête de l'argent, mais qu'elle lui procure « des facilités pour réaliser à bon marché ses revenus, « aux époques et dans les lieux convenables. Je ne de- « mande en cela rien d'onéreux à la banque, puisque les « obligations du trésor sont le meilleur papier qu'elle « puisse avoir. »

Et plus loin :

« Je suis convaincu que ce sont les banquiers eux- « mêmes qui ont causé la ruine de la banque. »

Je ne puis vous dire combien j'ai été heureux de trouver que l'empereur Napoléon avait si bien touché les points principaux de la question. De *qui* la banque de France tient-elle son privilége, son crédit? *de l'État*, Messieurs; et si demain l'État retirait à la banque le monopole d'émettre des billets qui seuls ont cours dans toute l'étendue de l'empire, le crédit de la banque et ses bénéfices énormes n'existeraient plus.

Dans la seconde séance du conseil d'État, l'empereur Napoléon s'exprimait ainsi :

« Quant à la nomination du gouverneur, je ne veux « pas présenter des candidats au comité des actionnaires, « ce serait restreindre la liberté de mon choix et me « mettre dans une position avilissante vis-à-vis de ce « comité.

« Si je consens à me mettre en certains cas dans cette « position vis-à-vis du Sénat, c'est parce qu'il repré- « sente la nation, qui est la source de toute force et de « tout pouvoir. Je pourrais tout au plus consentir à ce « que le comité désignât un gouverneur et soumît ce « choix à mon approbation; cela se fait ainsi pour les « places d'académiciens; mais je dois être le maître « dans tout ce dont je me mêle, et surtout dans ce qui « regarde la banque, qui est bien plus à l'empereur « qu'aux actionnaires, puisqu'elle bat monnaie.

« La banque a failli tomber dans les mains d'un en- « voyé de M. Pitt, M. Talon; il a fallu détourner par la « force un danger qui provenait du peu d'influence de « l'autorité publique dans les élections de la banque. »

Messieurs, ceci prouve que l'empereur pensait que la banque avait bien quelques remercîments à adresser, quelques services à rendre au gouvernement, qui lui donnait un privilége si énorme, et qu'elle pouvait aussi prêter un peu d'argent à ce même gouvernement, qui était certes le meilleur débiteur qu'elle pût avoir. Je suis complétement de cet avis.

Selon moi, il est impossible de séparer entièrement le crédit de la banque de celui du trésor. Le jour où le trésor ne payerait plus, ce jour-là la banque se trouverait également dans une mauvaise situation. Nous en avons eu une sorte d'exemple en 1848. A cette époque, la banque de France a été obligée de suspendre ses payements en espèces, tandis que le gouvernement payait le semestre de la rente même huit jours avant l'échéance.

Vous croyez peut-être, Messieurs, que je suis l'ennemi de cette malheureuse banque de France, dont les actions de 1,000 fr. sont à 4,500 fr., et que je veux lui imposer des conditions impossibles? Détrompez-vous, car je tiens à vous montrer que quelques autres banques de l'Europe jouissent de conditions bien moins favorables; et veuillez remarquer que je ne parle ici ni de la principauté de Monaco ni de tout autre petit État, mais bien, et pour commencer, de la Prusse, une des cinq grandes puissances européennes.

Voici à quelles conditions le gouvernement prussien a prorogé, par une loi du 7 mai 1856, le privilége de la banque de Prusse jusqu'en 1871.

1° Le capital de la banque de Prusse a été porté de 37 millions à 56 millions de francs.

2° La banque a remboursé pour 56 millions de billets du trésor dus par le gouvernement, ce qui, avec un ancien solde, forme un prêt total de 62 millions de francs fait par la banque à l'État (soit 6 millions de plus que son capital). La banque reçoit en payement de ce prêt 62 millions de rentes prussiennes 4 1/2 p. 100 au pair et aliénables; mais la banque rembourse annuellement à l'État la somme de 2,322,000 fr. sur les intérêts de ces rentes, et elle ne touche en définitive que 468,000 fr., soit 3/4 p. 100 d'intérêt par an du capital prêté à l'État;

ou, si elle vend les 62 millions de rentes 4 1/2 p. 100, elle se trouve payer annuellement les 2,322,000 fr. de droit ou impôt spécial au gouvernement.

3° Après que les actionnaires ont touché 4 1/2 p. 100 d'intérêt du capital de leurs actions, le solde des bénéfices annuels est partagé par moitié entre la banque et l'État.

Le capital de la banque de Prusse est inférieur, il est vrai, à celui de la banque de France; mais vous savez tous que, jusqu'au mois de mars 1848, le capital de cet établissement n'était que de 67 millions 900,000 fr., ce qui ne l'a pas empêché de faire, jusqu'en 1847, des affaires tout aussi grandes que celles qu'il a faites depuis avec son capital plus considérable; car, naturellement, le mouvement général des affaires a aussi augmenté le mouvement des opérations de la banque. Vous croyez que la banque de Prusse, avec de telles conditions, doit se trouver en mauvaise position, et, en la comparant à la banque de France, vous pensez qu'elle ne peut vivre? Pas le moins du monde : ses actionnaires touchent un dividende de 8 1/2 p. 100, tout en ayant partagé le surplus au-dessus de 4 1/2 p. 100 d'intérêt avec l'État, et les actions sont cotées à 50 p. 100 de prime. Remarquez en outre qu'en Prusse le gouvernement fait concurrence à la banque dans l'émission du papier-monnaie, car il en émet en coupures variant de 1 à 50 thalers de Prusse, et par masses considérables, tandis qu'ici le monopole unique appartient à la banque de France.

Je passe à un autre exemple, celui de la banque d'Angleterre.

Le 26 octobre 1852, la banque d'Angleterre était créancière du gouvernement anglais d'une somme de 625 millions de francs. Vous croirez peut-être que le crédit d'un gouvernement qui doit à une seule banque 625 millions est dans une bien mauvaise situation. Eh bien! à cette même époque, le 3 p. 100 anglais était au-dessus du pair.

J'ajouterai finalement que, en 1851, à la banque d'Autriche, sur un actif total de 681 millions, l'État était compris pour 450 millions, c'est-à-dire pour les deux tiers de l'actif.

Le rapprochement de ces chiffres avec ceux de la banque de France vous montre clairement dans quelle situation exceptionnellement favorable la banque de France se trouve ici vis-à-vis du gouvernement. Aussi, je ne vois pas de défense possible pour un projet de loi qui proroge bénévolement un privilége aussi énorme, contre des compensations qui n'en sont pas; je le prouverai tout à l'heure.

J'arrive maintenant à l'exposé des motifs. Je sais que je m'en prends à forte partie; car je vois devant moi les sommités du conseil d'État et de la section des finances surtout; et véritablement il faut une conviction profonde pour oser combattre un projet de loi défendu par quatre athlètes comme les honorables commissaires du gouvernement ici présents. Et cependant, lorsque j'ai vu qu'un homme aussi fort que l'honorable M. de Vuitry ne trouvait que de bien faibles raisons pour défendre ce projet de loi, je me suis dit qu'un homme aussi faible que moi pouvait se permettre de l'attaquer avec quelque force. L'honorable rapporteur de l'exposé des motifs n'ayant pas de bonnes raisons à l'appui du projet même, s'est rabattu sur la forme, et nous a fait, dans un très-gracieux langage, l'historique le plus charmant de la banque de France depuis son origine jusqu'à nos jours; mais cela prouve-t-il qu'il faille voter le projet de loi? Pas le moins du monde. J'étais plus convaincu que jamais, au contraire, après cette lecture, qu'il fallait le rejeter à outrance.

L'exposé des motifs s'appuie sur deux précédents, 1806 et 1840. Or, comme je parle à une assemblée sérieuse, je ne m'arrêterai pas longtemps à celui de 1806. A cette époque, la France était en guerre avec toute l'Europe, les finances épuisées, la rente 5 p. 100 à 60 fr., et l'Empereur, à la veille d'une lutte contre l'Europe coalisée, voulait tout naturellement s'assurer le concours de la banque. C'est alors qu'il a prorogé de 25 ans le privilége de la banque, douze ans avant son expiration.

Mais j'arrive à 1840 ; car là les circonstances étaient plus normales. L'honorable M. Thiers, vous pouvez le voir par ses discours, était un grand ami de la banque de France. Qu'a-t-il fait? Il a attendu que la banque ne fût plus *qu'à trois années* de l'expiration de son privilége. Et rappelez-vous les circonstances. C'était au mois de juin 1840. La question d'Orient était à son point le plus brûlant : la France pouvait se trouver en conflit avec l'Europe entière. C'était encore tout naturel que l'on voulût s'assurer les bons offices de la banque de France.

Et cependant, pour rester fidèle à la vérité, je dois ajouter que ce projet n'a pas été discuté deux ou trois heures avant la clôture d'une dernière session, mais bien pendant quatre grandes séances, dans lesquelles dix-huit orateurs différents ont été entendus, et je ne vous parle ici ni de tous les amendements qui se sont produits, ni de la discussion à la chambre des pairs. La loi a paru au *Moniteur* un mois ou six semaines après la présentation du projet. La chambre a entendu à cette occasion les discours des premiers financiers et de presque tous les ministres. Enfin, le projet a été très-largement discuté et diversement amendé. Et encore, dans ce projet de loi de 1840, il y a une disposition qui me conduit nécessairement à adresser des reproches au gouvernement actuel; car cette disposition décidait que dans l'une des deux sessions qui précéderont le 31 décembre 1855, c'est-à-dire en 1853 ou 1854, le gouvernement aurait le droit de proposer des modifications aux statuts. Je trouve que le gouvernement a eu bien tort d'oublier ce fait il y a deux ans. C'était alors le moment de nous présenter un projet ou de causer avec la banque, et de formuler des conditions. Je vois M. le rapporteur faire un signe de dénégation. Si je me trompe, je serai bien aise d'entendre la rectification.

Voilà pour l'exposé des motifs. J'aborderai tout à l'heure le projet de loi lui-même, que je veux combattre, surtout pour deux raisons principales : à cause de l'inopportunité de sa présentation, et à cause de ses conditions.

Maintenant, je vous demande la permission de causer un peu avec M. le rapporteur de votre commission.

Si je n'avais pas lu à la fin du rapport que votre commission concluait à l'adoption du projet de loi, je vous déclare, sur l'honneur, qu'après avoir parcouru ce document, rédigé par mon honorable collègue et ami M. Devinck, qui nous a donné de si nombreuses et de si grandes preuves de son talent, j'aurais supposé que c'était une simple énumération des amendements rejetés ou adoptés, et pas autre chose; et ce qui vient à l'appui de ce que j'avance, *c'est qu'en changeant seulement les dernières lignes, le rapport pourrait aussi bien servir à une conclusion de rejet.*

En effet, après avoir dit, avec une confiance que je ne partage pas et que je combattrai tout à l'heure, que la commission avait obtenu des améliorations considérables, le rapporteur nous fait part de l'auto-da-fé auquel le conseil d'État a condamné tous les autres amendements; aussi je croyais qu'il allait dire : Vu que le conseil d'État a rejeté tous les amendements qui avaient de l'importance, et qu'il n'a accepté que ceux qui sont une dérision (je vais le prouver à l'instant), la commission rejette. Ma surprise a donc été extrême, quand j'ai lu que, *quoique* le conseil d'État eût rejeté tous les amendements importants et sérieux, elle concluait à l'*adoption* du projet.

Passons maintenant en revue les amendements.

Le conseil d'État a adopté celui qui dit que la banque de France aura la faculté d'abaisser à 50 fr. la moindre coupure de ses billets. Remarquez que c'est *la faculté* et non pas une *obligation* imposée. Quand j'appuie là-dessus, c'est que vous vous rappelez tous que la banque n'a jamais été un violent progressiste... et qu'elle s'est vue forcée quelquefois à des réformes réclamées par l'opinion publique; à ce sujet, vous n'avez pas oublié la discussion du mois de février 1847, au sein de la Chambre des députés, à laquelle le gouvernement avait proposé d'établir des coupures de 250 fr., réduites par amendement à 200 fr. — L'honorable M. Léon Faucher était d'avis d'abaisser jusqu'à 100 fr. Mais M. le comte Duchâtel, remplaçant momentanément le ministre des finances malade, et les principaux chefs de la banque de France, prétendaient que cette proposition jetterait la perturbation dans les affaires du pays. Qu'est-il arrivé? Les billets de 100 fr. ont été introduits plus tard par ce terrible gouvernement provisoire et ont été reçus avec bonheur par le public, auquel ils ont rendu les plus grands services, ainsi qu'à la banque elle-même, car l'encaisse métallique s'est beaucoup accru par l'émission de ces petits billets. Je dis donc que j'aurais voulu que les coupures de 50 fr. fussent obligatoires, car je suis convaincu que la loi votée aujourd'hui et promulguée la semaine prochaine, la banque ne s'empressera guère d'émettre ces billets. Et pourtant, le résultat, presque certain pour elle, ce serait, comme à l'époque de la création des coupures de 100 fr., l'augmentation immédiate de son encaisse métallique. En admettant une augmentation de 25 millions de numéraire, qui comporte une augmentation de circulation de billets de 75 millions, cela constituerait pour la banque un bénéfice annuel de 3 ou 4 millions au profit de ses actionnaires. Je ne puis, par conséquent, m'apitoyer sur le sort de la banque, quand même le conseil d'État lui aurait imposé un tel amendement.

Je passe à un autre.

Votre commission a réduit de 4 à 3 p. 100 le taux de

l'intérêt que le gouvernement aurait à payer à la banque, si les 80 millions qui forment l'objet du traité avec le ministre des finances étaient supérieurs à son solde créditeur du compte courant.

Je ne ferai point de phrases, mais je combattrai tout par des faits matériels.

J'ai là le compte rendu du solde créditeur du trésor à la banque, pendant les années 1855, 1856 et les cinq premiers mois de 1857. Aimant, avant tout, la discussion loyale vis-à-vis de mes adversaires, je vous préviens que je retranche immédiatement de l'année 1855 le mois d'août, où le solde créditeur du trésor était de 255 millions à la suite des versements du dernier emprunt; je ne parlerai que des autres mois; je trouve que le solde créditeur du trésor a été en moyenne de 81 millions; en 1856, il a été de 86 millions. Je vous épargne le détail du chiffre; mais vous pouvez vous en rapporter à ce que je vous dis; en 1857, pour les cinq premiers mois, il a été de 82 millions.

Or, il est clair comme le jour que si le compte courant de l'État est presque toujours supérieur à 80 millions, il y a peu d'importance que ce soit 6 p. 100, 4 p. 100, 3 p. 100 qui soient fixés pour le taux de l'intérêt, puisque le gouvernement ne doit payer que sur le surplus et qu'il n'y en a pas. Dans ce moment le gouvernement ne doit que 55 millions à la banque, et la banque lui en doit 80. Et veuillez remarquer que le gouvernement n'est pas, même vis-à-vis de la banque *qui tient de lui son monopole*, dans la position du premier venu vis-à-vis de son banquier, c'est-à-dire d'avoir un compte courant d'intérêts réciproques; car, quand le trésor a 50 millions de plus à la banque, la banque ne lui bonifie rien; mais le jour où le trésor lui doit seulement cent francs, il est obligé de lui bonifier l'intérêt.

J'arrive au troisième amendement.

Le chiffre de 75 fr. avait été fixé pour le prix de 4 millions de rente à livrer à la Banque. La commission a fait adopter un amendement par lequel elle fait fixer le prix d'après le cours moyen du mois précédant les versements, mais toujours avec le minimum de 75 fr.

Eh bien ! je vous avoue franchement, car j'ai l'habitude de dire ma pensée tout entière, que je suis peu touché de cette condition, vu qu'en 1859 la rente sera probablement dans les cours de 72 à 75 fr., plutôt au-dessous qu'au-dessus, et cela par une raison bien simple. Le gouvernement, très à tort selon moi, et je ne me suis pas gêné de le lui dire dans la commission du budget comme en séance publique, a laissé créer par les compagnies de chemins de fer des armées d'obligations au prix de 275 fr. environ (ce qui donne du 3 p. 100 à 55 fr.), remboursables au pair de 500 fr. Le jour où ces émissions cesseront, la rente s'élèvera : mais il y en a pour plusieurs années. Je crois donc pouvoir laisser passer encore cette concession sans remercîment.

Quatrième amendement. — Si, dans 10 ans, la banque n'a pas établi une succursale dans chaque chef-lieu de département, le gouvernement pourra l'y obliger.

Là, de nouveau, c'est un *avantage* qu'on donne à la banque.

Je sais bien qu'on peut me répondre qu'il y a quelque succursales qui donnent ou qui ont donné de la perte ; mais d'ici à 10 ans le réseau de nos chemins de fer sera terminé, les chefs-lieux qui sont aujourd'hui tout à fait dans les montagnes et éloignés des communications, et par conséquent du mouvement, ces chefs-lieux deviendront, à leur tour, des centres d'affaires aussi bien que les autres, et la banque de France y gagnera en ruinant peut-être quelques banquiers des localités.

Je ne me crois donc pas obligé de remercier le conseil d'État et la banque de l'adoption de cet amendement.

Continuons. Le jour du dépôt du rapport, quatre derniers amendements furent présentés au conseil d'État. Je puis en parler puisqu'il en est fait mention dans le rapport même. Ces quatre amendements étaient ceux-ci : 1° Obligation pour la banque de France de prendre à 80 fr. les 4 millions de rentes dont le prix était fixé à 75 fr. REJETÉ. 2° Obligation pour la banque d'avoir à accepter peut-être des modifications à ses statuts en 1877, c'est-à-dire 20 ans de paix, de tranquillité et de bénéfices, et dans 20 ans on ne se réservait que la *faculté* de modifier. REJETÉ.

Je dois dire tout de suite que même l'adoption de ces deux amendements ne m'aurait pas décidé à voter le projet de loi, que je repousse pour d'autres raisons. Mais enfin, ils avaient leur valeur. Examinons maintenant les deux autres amendements que j'appelle de véritables dérisions.

Le premier voulait qu'après le prélèvement d'un intérêt de 8 p. 100 sur le capital, comme dividende d'intérêts aux actionnaires, il fût pris sur le surplus 10 p. 100, pour être affectés à l'augmentation du capital social.

Pour vous donner une idée de la nullité de cet amendement, je vous dirai que, l'année dernière, les bénéfices de la banque ont été d'environ 26 millions, si je ne me trompe ; en défalquant 16 millions pour l'intérêt à 8 p. 100 du capital, il resterait 10 millions, sur lesquels 10 p. 100, ou 1 million, seraient prélevés pour l'augmentation du capital, c'est-à-dire que la banque de France, au lieu d'un capital de 200 millions, aurait un capital de 201 millions !

Cependant l'amendement n'a pas trouvé grâce devant le conseil d'État, et moi, qui ne le trouve pas sérieux, je ne puis faire de graves reproches à MM. les commissaires du gouvernement d'en avoir fait bon marché.

Quant au quatrième amendement, adopté par le gouvernement, je le trouve presque plaisant.

Il disait que tout ce que la banque recevrait au delà de 6 p. 100 d'intérêt serait mis à la réserve ou joint au capital social.

Or, vous savez que, de 1806 jusqu'en 1847, c'est-à-dire pendant 41 ans de l'existence de la banque, LE TAUX DE L'INTÉRÊT N'A JAMAIS VARIÉ ET EST RESTÉ A 4 P. 100. Les taux de 5 et 6 p. 100 n'existent que depuis que nous avons eu le malheur d'avoir de mauvaises récoltes et la guerre. Je crois que MM. les commissaires du gouvernement reconnaîtront avec moi que le taux de 6 p. 100 est un taux anormal qui disparaîtra bientôt, et que, quant à des taux *supérieurs* à 6 p. 100, il n'existent que dans les nuages, et qu'il pourrait se passer encore 41 ans sans qu'il vienne s'ajouter un centime de ce chef-là au capital de la banque.

Je me permets donc de ne pas considérer ceci comme sérieux.

C'est *là* l'amendement qui a été adopté, et c'est *alors* qu'a eu lieu ce revirement soudain et étrange par suite duquel, tout à coup, la commission, qui rejetait le projet de loi du gouvernement, l'a accepté. Je n'ose pas dire quel nom l'on pourrait appliquer à un tel changement d'opinion.

Arrivons maintenant aux huit amendements qui ont été rejetés par le conseil d'État.

Le premier était celui-ci :

La commission proposait de permettre la révision des statuts de la banque à partir du 31 décembre 1877. C'était une disposition très-importante, le conseil d'État l'a repoussée.

Second amendement. —La commission, faisant preuve de sentiments de conciliation, a diminué de cinq ans, et n'a plus demandé la faculté de réviser que dans vingt-cinq ans, c'est-à-dire en 1882.

Cette proposition venait de l'honorable M. Lequien, qui l'avait évidemment présentée dans un esprit de conciliation.

Rejetée sans pitié !

Troisième amendement. — 15 p. 100 des bénéfices affectés à l'augmentation du capital social.

Comme cela rentre dans la catégorie des deux petits amendements dont j'ai fait tout à l'heure justice, n'en parlons plus.

Quatrième amendement. — Augmentation du capital de la même manière, lorsque les bénéfices dépasseront 10 p. 100 du capital nominal.

Également rejeté.

Cinquième amendement. — M. Réveil, notre honorable vice-président, et M. Germain Thibaut, président de la chambre de commerce de Paris, avaient proposé une disposition qui avait une grande importance pour le commerce : c'était, puisqu'on donnait une prorogation de trente ans à la banque de France, d'exiger qu'elle ne pût pas, à l'avenir, réduire les échéances au-dessous du maximum de quatre-vingt-dix jours, afin d'éviter aux négociants et commerçants les graves embarras que leur causait la réduction soudaine des échéances à l'escompte.

On aurait pu espérer qu'ici, du moins, on trouverait un meilleur accueil : erreur, l'amendement a été impitoyablement rejeté.

Sixième amendement. —Le solde débiteur du Trésor produira 3 p. 100 d'intérêt.

Cela n'a pas d'importance, puisque je vous ai démontré tantôt que le solde créditeur du Trésor était toujours supérieur à son débit.

Le septième amendement fixait le taux des 4 millions de rente à 85 fr. — Rejeté !

Par un amendement conciliateur de l'honorable M. Aug. Chevalier, on réduisait le chiffre à 80 fr. En vain. — Rejeté encore ! !

Voilà, messieurs, l'histoire des travaux de la Commission ; je vous l'ai racontée sans poésie, dans toute la crudité de la vérité.

Arrivons maintenant au projet de loi lui-même.

Je repousse ce projet à cause de son inopportunité et à cause de ses conditions.

À CAUSE DE SON INOPPORTUNITÉ !

Pourquoi cette précipitation ? On nous présente le 9 mai un projet de loi, quand notre session devait finir le 15 ! La législature est prolongée de quinze jours ; les amendements vont leur petit train, et c'est la veille du jour de la clôture de cette dernière session qu'on nous dépose le rapport ; pourquoi cela ? Est-ce que le crédit de la banque n'existe plus ? L'ennemi est-il aux portes de Paris ? L'État a-t-il un si pressant besoin de ces 100 millions, qu'il soit obligé de se jeter aux genoux de la banque et de lui demander d'avoir la bonté d'accepter trente ans de prorogation de son privilége en échange de ces 100 millions ?

Pour ma part, comme député, je n'admets pas cette supposition ; et si je repousse le projet en me fondant sur cette prorogation inutile à dix ans de distance de la fin du privilége, et sur cette présentation dans les derniers jours de la session, je crois que j'aurai l'assentiment d'une grande partie de la Chambre. Et quand l'honorable président du Conseil d'État nous déclarait hier, avec sa parole si entraînante et si gracieuse, que tout ce que disait et désirait le Corps législatif était toujours pris en très-sérieuse considération par le gouvernement, j'aurais été heureux si son charmant discours se fût terminé par ces paroles : « Au nom de l'Empereur, je viens RETIRER le projet de loi relatif à la prolongation du privilége de la banque de France. »

Messieurs, je ne crois pas me tromper, et si je me trompais, M. le commissaire du gouvernement me rectifierait, en disant que, dans ce moment-ci, le taux de l'intérêt que bonifie le Trésor à ceux qui viennent déposer des fonds dans ses caisses, est de 4 1/2 p. 100 pour trois mois, 5 p. 100 pour six mois, 5 1/2 p. 100 pour un an. Eh bien ! quand je vois cela, et surtout quand je me rappelle les trois emprunts qui ont été réalisés récemment et dans les circonstances les plus difficiles, je me dis : Mais mon Dieu ! est-il donc impossible de trouver une combinaison pour avoir 100 millions à meilleur marché qu'au prix de l'augmentation du privilége de la banque de France pour trente ans ? Je ne puis m'imaginer que la section des finances du Conseil d'État, composée d'hommes si distingués, n'ait pu trouver un moyen plus simple et moins coûteux de se procurer ce capital. Ma raison me dit que toute l'économie du projet de loi semble avoir pour but d'obtenir 100 millions, et c'est là une des grandes raisons qui me font repousser le projet.

Il y a encore dans quelques esprits une erreur dont je voudrais faire justice.

On dit souvent, et beaucoup de mes honorables collègues m'ont dit : Que voulez-vous faire ? Voulez-vous rejeter le projet de loi ? Vous voulez donc donner la banque de France à d'autres, ou n'en plus avoir ? Mais alors ce sera une crise terrible. J'ose avancer que ce sont là de vaines terreurs. Qu'est-ce que le crédit de la banque ? Sur quoi est-il basé ? Sur deux choses : 1° sur le privilége que la banque tient de l'État d'être la seule à battre monnaie ; 2° sur la confiance qu'inspirent au public les hommes qui se trouvent à la tête de ce grand établissement financier.

Dans cette situation, cela peut vous paraître téméraire ; voici ce que je ferais si j'étais le gouvernement.

Je laisserais tranquillement s'écouler le temps ; il arriverait assurément que la banque de France, qui a une affaire magnifique, viendrait faire des propositions avant 1867 ; elle viendrait dire, je suppose : Voyons, messieurs du Gouvernement, mon privilége commence à toucher à son terme, qu'est-ce que nous allons faire ? *Je répondrais*, comme gouvernement : *A telles et telles conditions*, je suis disposé à prolonger votre privilége. Et si la banque de France ne voulait pas se rendre, ce que je n'admets que par hypothèse, car on ne joue pas avec des bénéfices de 25 millions par an, et 1867 n'arriverait pas sans que la banque et le gouvernement se fussent entendus ; et si, enfin, par impossible, le 31 décembre 1867 arrivait sans que la banque et le gouvernement fussent tombés d'accord, je dirais : Vous ne voulez pas de telles conditions ? Eh bien ! votre privilége est fini. Et le lendemain, par décret, la banque de France serait immédiatement reconstituée, et dans cette banque, j'en suis certain, sur les quinze régents actuels, il s'en trouverait au moins quatorze qui désireraient y rentrer.

Messieurs, si l'on voulait pousser à l'extrême le système qui a été adopté par le gouvernement vis-à-vis de la banque de France, on arriverait à dire que c'est elle qui est en position de prescrire des conditions au gouvernement telles qu'elle les voudrait. Voilà la vérité. J'en appelle ici encore au juge suprême en cette matière, à l'empereur Napoléon !

Je ne voudrais surtout pas que vous crussiez, messieurs, que je suis un de ces hommes qui font bon marché du crédit public ; j'ai été trop longtemps dans les affaires, je les ai vues de près et les ai maniées dans plusieurs grands pays, et c'est pour cela que je me permets d'en parler, sans vouloir cependant des choses impraticables. Je ne suis pas du tout d'avis qu'on écoute certains grands professeurs de crédit public, qui font des programmes magnifiques, et promettent l'âge d'or, si on veut leur permettre l'émission de quelques centaines de mille obligations, afin d'acheter des valeurs qu'ils revendraient à grands bénéfices à la partie innocente du public. Non, je veux laisser la banque de France dans les mains où elle se trouve maintenant, et les critiques que se sont permises contre elle les directeurs de certains établissements, je ne les partage en aucune façon, parce que je crois que ces messieurs ne feraient pas aussi bien qu'elle, et que les millions qu'on leur donnerait en mains ne seraient pas aussi bien employés que par la banque. La Chambre me comprend, je ne nommerai personne, car je ne veux pas faire de personnalité. Passons donc. Mais je n'admets pas non plus que le gouvernement doive subir les conditions qu'il plaira à la banque de lui imposer. Que fallait-il faire alors, me dira-t-on? RIEN. Le projet de loi est inutile. Pourquoi nous l'a-t-on présenté? Je ne le comprends pas. Je vois M. le rapporteur du Conseil d'État prendre des notes; je serais heureux si, dans ses notes, il se trouvait pour moi des moyens de conviction de voter le projet de loi.

Lorsque j'avais lu ce projet, si je ne l'avais pas vu accompagné d'un exposé des motifs signé par trois honorables membres du Conseil d'État, j'aurais cru, et je ne fais pas ici de plaisanterie, qu'il avait été rédigé dans une assemblée générale des actionnaires de la banque de France, présidée par un de ses régents. Aussi vous pouvez être bien sûrs d'une chose, c'est que, si vous avez la bonté de voter ce projet de loi, les actionnaires de la banque de France, dans une prochaine assemblée, voteront des remercîments, et des remercîments bien mérités, à MM. les régents, à M. le gouverneur, et surtout aux personnes qui ont été chargées de négocier pour la banque avec le gouvernement.

Finalement, messieurs, je me demande pourquoi le ministre des finances a consenti à ce projet de loi. Je ne comprends pas davantage pourquoi le Conseil d'État l'a adopté; je comprends encore moins que nous le votions. Quant à moi, je reconnais que le gouvernement a fait de très-bonnes choses ; mais, financièrement, j'ai *assez* de ce système d'aliénation de tout l'avenir, j'ai *assez* de ces compagnies de chemins de fer aussi puissantes, presque plus puissantes que le gouvernement même; de ces compagnies qui, après avoir gagné des centaines de millions, par les concessions les plus avantageuses, venaient, il y a peu de jours encore, se plaindre avec une audace incroyable de quelques centimes d'impôts qu'on leur demandait. Je ne veux plus aliéner les joyaux du pays les uns après les autres, et j'appelle le privilége de la banque de France le dernier de ces joyaux qui nous reste peut-être.

Un dernier mot, messieurs, en terminant. Après vous avoir démontré jusqu'à l'évidence, je crois, que ce projet de loi ne constitue que des avantages aux actionnaires de la banque, que le gouvernement aliène un privilége énorme à des conditions que le plus pauvre particulier repousserait avec énergie, que le commerce aura à craindre dans l'avenir une aggravation par l'augmentation possible au-dessus de 6 p. 100 du taux des escomptes et des avances, tandis qu'aucune obligation n'est imposée à la banque de maintenir toujours ses escomptes à 90 jours, je vous soumettrai quelques dernières considérations que vous partagerez, je l'espère.

Le Corps législatif, dans une période de six années d'existence, a donné à l'Empereur et à son gouvernement les preuves les plus éclatantes de son dévouement à la cause napoléonienne, à l'ordre public, au rétablissement de l'autorité. Aucun conflit n'a eu lieu, et, malgré le rejet, parfois dur, par le Conseil d'État, de nombreux amendements, toutes les lois ont reçu notre sanction.

Dans les questions se rattachant à la politique intérieure ou extérieure, notre concours a été énergique et complet. C'est sur le terrain seul des questions financières que se sont quelquefois élevés de légers nuages, car ces questions divisent bien souvent les esprits les plus éclairés. Y a-t-il, dès lors, un seul de mes honorables collègues qui pût craindre que si, par des motifs tout de dévouement pour le gouvernement impérial et son trésor, nous avions ajourné par notre rejet provisoire ce projet de loi à l'année prochaine, afin d'être examiné par la Chambre nouvelle, y a-t-il quelqu'un qui oserait soutenir qu'au dehors ce rejet exercerait la moindre influence, soit sur le cours des fonds publics, soit sur les esprits en général? Non. — Au contraire, tout le monde serait convaincu que notre ajournement devra profiter au commerce et à l'État, en obtenant de la banque, soit l'année prochaine, soit dans l'une des années ultérieures jusqu'en 1867, de grands avantages dans les conditions. — Quand on a une affaire *magnifique*, on tâche de la conserver, surtout si, même après quelques modifications consenties, elle reste toujours *très-belle*; c'est ce que ferait la banque, et ses actionnaires l'en remercieraient.

Quant à moi, dont l'opinion ne peut être suspectée, car j'ai eu l'heureux privilége de pouvoir faire preuve de dévouement à la cause de l'Empereur dans des moments moins faciles, entré dans cette enceinte avec l'inébranlable résolution d'y garder mon entière indépendance, tout en soutenant énergiquement le gouvernement impérial, c'est après une mûre réflexion et avec une conviction profonde *que je vote contre le projet.*

M. Garnier votera pour le projet de loi; il l'a approuvé lors de l'examen qui en a été fait dans les bureaux, et aujourd'hui que ce projet est modifié et amélioré, il l'approuve encore plus complétement. L'orateur est convaincu que la banque de France est d'une grande utilité. On compte aujourd'hui des caisses et des établissements financiers de toutes sortes; pour résister aux crises que ces entreprises pourraient amener dans certains cas, il importe d'avoir un établissement solide capable de les soutenir et de les maîtriser au besoin. La banque de France a fait ses preuves; elle fournit une grande partie des capitaux nécessaires aux besoins du commerce et de l'industrie; c'est cet établissement qui a sauvé le crédit en France dans les circonstances les plus difficiles. L'honorable membre n'entreprendra pas de justifier les avantages que le projet peut accorder à la banque; cette mission sera remplie par MM. les commissaires du gouvernement; quant à lui, les quarante années d'existence que le projet doit assurer à la banque lui paraissent une garantie de sécurité pour le commerce et pour l'industrie; cette considération lui suffit.

Les avantages assurés à l'État par le traité fait avec la banque consistent d'abord en un prêt de 100 millions contre des titres de rente dont le prix est fixé à 75 fr. au minimum, et pourra, selon l'éventualité des cours, s'élever jusqu'à 80 ou 85; l'excellent effet de cette opération est de dégager la dette flottante d'une somme importante. Un autre avantage qu'obtient l'État, c'est de pouvoir emprunter à la banque jusqu'à concurrence de 80 millions de francs, à l'intérêt de 3 p. 100 seulement. L'honorable préopinant a prétendu que cette condition ne procurerait aucun avantage au trésor; l'orateur est, au contraire, convaincu que, le plus souvent, il en résultera un bénéfice pour l'État, et c'est un des motifs pour lesquels il donne son approbation au projet de loi.

S'expliquant sur un amendement qui avait été présenté par MM. Réveil et Germain-Thibaut, afin que la longueur des échéances du papier à escompter ne pût être réduite au-dessous de quatre-vingt-dix jours, l'orateur reconnaît que les variations fréquentes en cette matière sont très-gênantes pour le commerce; mais il est d'avis qu'il est impossible de formuler à cet égard des prescriptions impératives; il peut arriver que les circonstances ne permettent pas le maintien absolu du terme de l'escompte à quatre-vingt-dix jours; si la loi exigeait qu'il fût maintenu, la banque se verrait forcée d'échapper à cette disposition en scindant les bordereaux. Les dispositions de l'article 8, en donnant la faculté d'élever le taux de l'escompte au-dessus de 6 p. 100, donnent à la banque le moyen de se défendre contre la concurrence des banques voisines ayant leur taux d'escompte libre, et de donner au commerce la garantie morale que les quatre-vingt-dix jours seront toujours conservés.

M. Devinck, rapporteur, dit que l'honorable M. Kœnigswarter, dans le discours parfois très-piquant qu'il vient de prononcer, a laissé tomber un mot qui tendrait à faire penser que la commission a manqué d'énergie; la commission n'a pas manqué d'énergie, elle s'est consciencieusement acquittée du mandat que les bureaux lui avaient confié. L'honorable membre rappelle ce qui s'est passé dans les bureaux après la présentation du projet de loi; les commissaires nommés ont reçu la mission d'introduire des modifications dans le projet; un grand nombre de modifications ont eu lieu en effet; elles répondent aux indications faites par les commissaires qui, à la première réunion de la commission, ont exprimé les vœux des bureaux dont ils avaient reçu leur mandat. L'honorable membre se propose de passer en revue ces diverses observations en indiquant les résultats qu'elles ont produits.

La première observation était commune à presque tous les bureaux; on était généralement d'accord pour improuver la disposition qui fixait à 75 fr. le prix des rentes à livrer à la banque en échange de son avance de 100 millions; on disait qu'il y avait un grand inconvénient à indiquer ainsi un prix ferme et invariable pour cette valeur; la commission a proposé un amendement sur ce point, et d'accord avec le conseil d'État, le projet a été modifié en ce sens que le taux des rentes dont il s'agit sera fixé d'après le cours moyen du mois précédent, sans pouvoir descendre au-dessous de 75 fr. C'est là un avantage réel, car il y a tout lieu d'espérer que la rente montera le plus souvent au-dessus de 75 fr.

La seconde observation avait pour objet la disposition du projet portant que les rentes à livrer devraient être prises parmi celles qui appartiennent à la caisse d'amortissement; on a rappelé que les lois constitutives de la caisse d'amortissement ne permettaient pas que l'on disposât de ces rentes; sur les observations de la commission, cette disposition a été modifiée.

On avait généralement demandé qu'une disposition de la loi autorisât la création de billets ou coupures de 50 fr. C'est là une excellente mesure qui permettra aux petites épargnes d'abandonner le numéraire et qui fera peut-être rentrer 50 ou 60 millions dans le réservoir de la banque. Cette proposition a été adoptée par le conseil d'État. Quelques personnes auraient voulu que l'article fût impératif, et que la banque ne fût pas la maîtresse d'émettre ou de ne pas émettre ces billets; la commission n'a pas pensé qu'il en dût être ainsi. Une institution de crédit comme la banque doit jouir de toute sa liberté d'action et de son indépendance; elle doit, avant de mettre en circulation les coupures de 50 fr., avoir le loisir d'étudier les résultats probables de cette émission.

Dans les bureaux, on avait encore exprimé le vœu

que la banque eût au moins une succursale dans chaque département; un amendement qui autorise le gouvernement, après l'expiration d'un délai de dix ans, à exiger l'établissement de ces succursales, a été proposé par la commission et accepté par le conseil d'État.

M. le rapporteur rappelle encore que des réclamations nombreuses se sont élevées contre les dispositions du projet qui tendaient à autoriser la banque à ajouter une commission au montant de ses escomptes; on craignait que l'importance de cette commission ne fît monter, pour certains effets, le taux de l'escompte à 10, 12, et même 15 p. 100, à raison de ce que, dans les bordereaux, se trouvent souvent des effets à des échéances diverses, de telle sorte que des billets à 30 jours de date auraient supporté la même commission que ceux à 90 jours; à cette disposition la commission en a substitué une autre qui permet seulement d'élever, en cas de nécessité, l'intérêt au-dessus du taux légal de 6 p. 100. C'est, à la vérité, une dérogation à la loi de 1807; mais la commission, du moins, n'a pas voulu que le boni provenant de cette augmentation d'intérêts fût distribué aux actionnaires à titre de bénéfices annuels, elle a demandé que ces sommes fussent ajoutées au fonds social : le conseil d'État a accepté l'ensemble de la proposition.

On a parlé d'un partage de bénéfices qui aurait dû être stipulé au profit de l'État; M. le rapporteur dit qu'aucun membre n'a proposé d'amendement dans ce sens; si l'honorable M. Kœnigswarter avait jugé à propos d'en présenter un, cet amendement aurait été discuté et très-probablement rejeté. A l'appui de ce système, on a parlé des statuts de la banque de Prusse et de la banque d'Angleterre qui stipuleraient un partage de bénéfices. La commission connaît parfaitement ces statuts; ceux de la banque de Prusse n'ont pas reçu encore la sanction de l'expérience à raison du peu de temps qui s'est écoulé depuis la fondation de cette banque. Quant à la banque d'Angleterre, il est très-vrai qu'elle paye à l'État 60,000 l. st. pour droit de timbre, et 120,000 l. st. à un autre titre; mais, par contre, elle reçoit de l'État 245,000 l. st. ou 6,200,000 fr. pour faire le service de la dette inscrite et de la caisse centrale; or, en France, ces deux services ne coûtent pas, à beaucoup près, aussi cher à l'État; ainsi il est vrai de dire qu'en Angleterre l'État ne demande rien à la banque sur ses bénéfices.

L'honorable membre ajoute que la commission s'est placée sur un terrain plus élevé; elle a voulu que la grande institution de crédit de la France fût la première du monde; pour qu'il en soit ainsi, il importe qu'elle soit riche et prospère. L'honorable M. Kœnigswarter a insisté beaucoup sur l'élévation considérable du prix des actions de la banque; mais s'il fallait demander un partage de bénéfices à toutes les opérations qui rapportent beaucoup d'argent, cela pourrait aller bien loin. Les actions de la banque ont été émises à 1,000 fr.; après cinquante ans de succès, elles valent aujourd'hui 4,500 fr. Peut-on trouver ce progrès exagéré lorsqu'on voit que dans nombre d'entreprises qui ne datent que de quelques années les actions ont quadruplé et quintuplé de prix?

L'orateur a cherché dans le discours de M. Kœnigswarter des idées nouvelles; il n'en a trouvé qu'une et toujours la même : partage des bénéfices ou prêt obligatoire de 100 à 150 millions comme celui qui a été fait par la banque de Prusse à l'État : la commission persiste à penser que la banque doit être libre et indépendante dans son action; c'est pour cela qu'elle a voulu faire à cet établissement des conditions propres à le maintenir dans cette situation.

Pour quels motifs y a-t-il eu un revirement dans la commission? L'orateur le dira. Cependant il ne parlera point de ce qui a eu lieu lundi, car M. Kœnigswarter n'a pas le droit de s'en enquérir. C'est sur ce qui s'est passé dans la commission que l'orateur s'expliquera.

La commission a demandé une modification importante à l'article 1er; la majorité de la commission pense encore en ce moment qu'une modification conforme à son amendement eût mieux valu que l'article 1er du projet. Mais lorsque le conseil d'État repoussait cet amendement, était-ce une raison pour la commission de rejeter le projet de loi? Ne fallait-il pas au dernier moment mettre en balance les inconvénients et les avantages du projet? Quant à lui, l'orateur déclare que le deuxième paragraphe de l'article 5 a puissamment influé sur sa détermination. Ce paragraphe porte que les 100 millions qui seront versés au trésor sur le produit des nouvelles actions de la banque seront portés en atténuation des découverts du trésor.

Depuis cinq ans, l'honorable membre a toujours fait partie de la commission du budget. Pendant tout ce temps, ses collègues et lui n'ont pas cessé de demander la consolidation d'une partie de la dette flottante. Or, le projet aura pour résultat de consolider 100 millions sur cette dette flottante qui fait face aux découverts; et comme, il y a peu de jours, le Corps législatif a voté une autre consolidation, celle des 80 millions de la dotation de l'armée, cela fera en totalité une consolidation de 180 millions.

Voici le résultat qui sera obtenu de cette manière : on retirera de la circulation une somme égale de bons du Trésor, qui sont actuellement remis à des capitalistes. Ceux-ci attendent impatiemment l'instant où le gouvernement devra faire un emprunt. L'orateur dit qu'ils attendront en vain et que leur espoir sera déçu, car il ne sera pas fait d'emprunt. Les 180 millions seront rendus au marché; ils entreront dans les effets publics ou dans d'autres valeurs; ils produiront la hausse des effets publics, ou plutôt l'abaissement de l'intérêt.

Quand l'argent est cher à la bourse, il est cher dans le commerce; l'abaissement des reports conduira donc à une négociation plus facile et moins chère des effets de commerce. Or l'intérêt figurant dans le prix de revient de la marchandise, il s'ensuivra évidemment une diminution dans le prix des objets de consommation.

L'orateur le répète, ce qui l'a décidé en faveur du projet, c'est que grâce à la loi votée sur la dotation de l'armée et au projet de loi actuellement soumis à la chambre, la dette flottante sera allégée de 180 millions; on rendra 100 millions à la circulation. Voudrait-on dire qu'en réalité les 100 millions du projet actuel ne seront pas rendus à la circulation? l'orateur répondrait que c'est là une erreur. Le service des 100 millions dont il s'agit est habituellement fait par les capitaux non classés. Les nouvelles actions de la banque vont être prises par les actionnaires actuels. Dès à présent elles sont placées. En moyenne, les actions de la banque restent plus de cinq ans dans les mains de la même personne; il est donc très-exact de dire que les 100 millions auront leur placement assuré, et que la dette flottante, le marché financier, seront allégés d'une somme égale.

En définitive, après avoir soutenu et tout en soutenant encore que l'art. 1er du projet ne le satisfait pas entièrement, l'orateur n'en a pas moins donné son adhésion à l'ensemble de ce projet. Il n'est pas de loi importante dont quelques dispositions n'aient donné lieu à des opinions diverses. On ne peut espérer qu'une loi comme celle sur la banque réunisse l'unanimité des opinions à l'égard de toutes ses dispositions. Mais ce que veut l'orateur, c'est le vote de la loi. S'il demandait le rejet de l'art. 1er, il provoquerait le rejet de la loi entière, et par cela même il irait contre son but. Convaincu de l'utilité du projet, et en voulant l'adoption, il votera pour l'art. 1er comme pour toutes les autres parties du projet. Qui veut la fin veut les moyens.

M. Kœnigswarter. — L'honorable M. Devinck n'a pas combattu mes objections. Je demande cependant à lui répondre deux mots, avant que l'honorable M. Vuitry prenne la parole, car il va parler dans le même sens que M. Devinck. Je veux seulement réfuter l'assertion de ce dernier sur les prétendus 100 millions qui vont être rendus à la circulation.

Je le nie quant aux 100 millions, et voici pourquoi :

Je m'appuie sur l'exposé des motifs. Le gouvernement nous dit lui-même qu'il n'a besoin des 100 millions qu'en 1859. Nous sommes à deux ans de distance.

Je vais plus loin.

Qu'est-ce qui va arriver, si vous votez malheureusement le projet de loi ?

La banque de France va appeler ses actionnaires à verser en diverses fois, comme le fait le gouvernement quand il effectue un emprunt, cette somme de 100 millions.

M. Devinck veut bien croire et supposer (je le crois aussi) que la plupart des actionnaires de la banque sont des gens riches, et il serait étonnant, en effet, qu'ils ne le fussent pas, avec des affaires comme ils en font. Mais lorsque la banque les appellera à verser... il faudra bien qu'ils empruntent de l'argent quelque part, qu'ils en demandent à la banque, ou qu'ils vendent de la rente et d'autres valeurs. Par conséquent il est très-spécieux, mais il n'est pas exact de dire qu'il y aura sur le marché 100 millions de plus. Ce sont 100 millions qui sortent d'une poche et entrent dans l'autre. Voilà tout. Là où il y a 100 millions de plus, c'est quand la balance du commerce est telle, qu'il entre chez nous 100 millions en or étranger, en or russe, ou en or anglais. il y a alors 100 millions de plus. Mais quand les actionnaires de la banque versent 100 millions qu'ils vont prendre ailleurs, il n'y a rien de plus.

M. Devinck me reprochait de n'avoir pas plus tôt fait connaître mon opinion.

J'ai une réponse bien simple à faire. Vous le savez, notre règlement nous interdit de présenter des amendements en séance publique. Il y a une cause malheureuse qui m'a retenu loin de Paris dans ces derniers jours, et je n'ai pas eu matériellement le temps de formuler mes propositions. Je le déclare, si je l'avais pu, deux amendements principaux auraient été présentés de ma part, l'un pour demander un partage entre l'État et la banque, après un certain taux de bénéfice, 8 p. 100, par exemple, ou, à défaut de celui-là, obligation de la part de la banque de mettre gratuitement et annuellement, à la disposition de l'État, une certaine somme dont je n'avais pas fixé le chiffre, mais que M. Devinck veut bien fixer à 100 ou 150 millions. Cette somme ne coûterait rien à la banque, puisqu'elle la donnerait en billets.

M. Devinck vous a dit que le système du partage n'existait pas.

Il existe. Certaines compagnies de chemins de fer doivent partager avec l'État après 8 p. 100 de bénéfices. Je sais bien qu'on a éludé cette condition jusqu'à présent, qu'on a demandé à en être exempté lorsqu'on s'est chargé de nouveaux embranchements ou prolongements.

Si j'ai parlé de partage de bénéfices entre l'État et la banque, c'est précisément parce que j'ai vu que toutes ces sommes qui devaient revenir à l'État des Compagnies de chemins de fer, ne lui sont pas arrivées, car jamais jusqu'ici l'État n'a touché un centime des Compagnies de chemins de fer, qui, cependant, ont fait des recettes supérieures à tout ce qu'on avait jamais osé supposer.

Un dernier mot.

Ce que je reproche à la commission, et ce que je ne

cesserai de lui reprocher jusqu'au dernier moment (je ne sais pas pourquoi, à cet égard, M. le rapporteur m'a taxé d'indiscrétion, puisque c'est connu de toute la Chambre), c'est d'avoir changé son opinion de *rejet* en *adoption*, sur l'acceptation par le conseil d'État de ce simple amendement de l'adjonction au capital de tout ce que la banque recevrait en sus de 6 p. 100.

Je le répète, il peut se passer trente ans avant qu'un centime de ce chef entre dans la caisse de la banque, et, par conséquent, je ne comprends pas encore une fois que ce qu'on avait rejeté deux heures avant, on l'adopte ensuite sans qu'il y ait le moindre changement dans le projet de loi.

M. Devinck, rapporteur, n'admet pas ce que vient de dire M. Kœnigswarter, que la consolidation ne provenant pas de l'introduction en France d'une quantité plus grande d'or étranger, n'allégera pas le marché. M. Kœnigswarter a ajouté que lorsque la banque payait en billets, cela ne lui coûtait rien. C'est là une assertion qui a étonné M. le rapporteur.

D'abord, en ce qui concerne le premier point, un capitaliste est actionnaire de la banque, on vient lui demander de verser le prix des nouvelles actions. Il a de l'argent placé d'une manière flottante, au premier mois en bons du Trésor, au deuxième mois en reports, au troisième mois en effets de commerce; c'est ce qu'on appelle des capitaux non classés. Il a ainsi, par exemple, 10,000 fr. dont il peut disposer. Du moment qu'il aura versé ces 10,000 fr. à la banque, le classement en est opéré; les 10,000 fr. ne seront plus flottants. C'est par ce motif que l'orateur se croit pleinement fondé à dire

20

d'une manière générale qu'il y aura consolidation certaine pour les 100 millions.

Sur le deuxième point, sur ce qu'a dit M. Kœnigswarter que la banque peut émettre 100 millions de plus sans que cela lui coûte rien, que la banque n'aura qu'à émettre en plus 100 millions en billets, dont la représentation sera dans son portefeuille, l'orateur répondra que la banque a 580 millions de billets, et, par conséquent, 580 millions en valeurs sur lesquelles elle a fait des avances. Si la banque voulait mettre trop de billets en circulation, aussitôt ses billets retourneraient vers leur source.

Pour que la banque puisse donner 100 millions au gouvernement, il faudra qu'elle demande ces 100 millions à ses actionnaires ; il ne lui suffira pas de faire de nouveaux billets de banque : ces billets ne sont pas une monnaie ; ils sont seulement un signe représentatif de ce qui est dans le portefeuille de la banque.

M. Vuitry, conseiller d'État, commissaire du gouvernement, dit que M. Kœnigswarter ayant attaqué avec une grande vivacité le projet de loi, son devoir est de lui répondre. Il le fera avec autant de concision qu'il le pourra, il le fera avec l'énergie d'une profonde conviction.

L'honorable M. Kœnigswarter a reconnu que le projet de loi avait été préparé avec soin. En effet, le projet a été médité et mûri par M. le ministre des finances, soumis ensuite au conseil d'État, qui l'a examiné avec l'attention scrupuleuse qu'il apporte dans toutes ses délibérations. M. Kœnigswarter a fait allusion à une autre circonstance qui n'est sans doute ignorée de personne dans la Chambre. Pendant que le conseil d'Etat était saisi du projet, le gouvernement, désirant s'entourer de toutes espèces de lumières, provoquait des conférences dans lesquelles il voulait entendre les hommes les plus compétents en ces matières, les notabilités financières du pays, celles-là surtout qu'on pouvait supposer être en dissidence avec la pensée qui animait le gouvernement dans la présentation du projet.

Ce n'est qu'après avoir entendu tous les avis, toutes les critiques, que le gouvernement à pris sa résolution. Cela explique à la fois et l'application soutenue avec laquelle a été étudié le projet et l'époque tardive à laquelle il a pu être présenté à la Chambre. C'est pour le gouvernement une cause de vif regret que le soin même avec lequel il voulait étudier les questions délicates soulevées par le projet de loi ait été la cause d'une présentation tardive. Il a fait tout ce qui dépendait de lui pour que la plus complète maturité pût présider à la délibération du Corps législatif, et c'est pour cela que la session a été prorogée de douze jours. Mais, quoique la Chambre touche presque au terme de ses travaux, pourrait-on, lorsqu'on voit l'attention profonde qu'elle prête à la discussion, supposer que le projet de loi ne dût pas sortir de ce débat avec l'autorité morale qui s'attache à une délibération mûre et éclairée ? L'orateur ne s'aurait l'admettre. Le Corps législatif a toute sa liberté. Il examinera avec toute la maturité nécessaire un projet de loi dont l'importance est incontestable.

Le projet de loi touche à des intérêts nombreux, divers, mais qui tous peuvent se résumer ainsi : l'intérêt du public, c'est-à-dire l'intérêt du commerce et de l'industrie; l'intérêt financier de l'État, l'intérêt de la banque elle-même. La prétention du gouvernement, c'est d'avoir donné satisfaction à chacun de ces intérêts dans une mesure convenable, dans de justes limites, sans en exagérer aucun aux dépens des autres. M. Kœnigswarter prétend le contraire. Tel est l'objet du débat. Ces trois points seront successivement passés en revue par l'orateur.

L'intérêt du public, l'intérêt du commerce et de l'industrie, est celui dont l'orateur s'occupera tout d'abord, parce qu'à ses yeux c'est le plus important. Il reconnaît que c'est spécialement pour le commerce et l'industrie que la banque de France a été créée; c'est au commerce et à l'industrie que la banque doit surtout rendre des services. Sans doute elle en doit rendre aussi à l'État, mais elle ne doit pas les lui rendre aux dépens de ceux qu'elle doit au commerce et à l'industrie.

On a objecté contre le projet que ce n'était pas réellement un service rendu à l'industrie ; on a prétendu que le projet revenait à ceci : augmenter de 100 millions le capital de la banque et les prendre aussitôt pour satisfaire à un besoin de l'État. M. le commissaire du gouvernement répond que la critique serait vraie s'il fallait laisser à la banque la disposition de ce capital de 100 millions pour augmenter ses affaires. Ici l'orateur aborde une question délicate. Quel est l'objet du capital d'une banque, d'une banque de circulation et d'escompte? quel rôle joue-t-il dans son fonctionnement ? Il y a des personnes qui croient que le capital de la banque, s'il n'était pas employé comme on propose de le faire, en rentes sur l'État, préviendrait les crises ou du moins les diminuerait.

A quoi tiennent les crises? A ce que, dans certains moments, par suite des besoins du commerce, par suite de la situation du commerce intérieur vis-à-vis du commerce étranger; par suite le plus souvent du manque de céréales, le numéraire sort des caisses de la banque; qu'il n'y a plus équilibre suffisant entre le numéraire en caisse et le nombre des billets; c'est à cela que tiennent les crises des banques.

De ce que le capital de la banque serait resté à sa disposition, l'encaisse métallique en serait-il pour cela plus considérable? Là est la question.

Selon l'orateur du gouvernement, il n'est à la volonté de personne, sauf du public entier, c'est-à-dire du commerce et de l'industrie, de former l'encaisse métallique de la banque. La banque paye et reçoit; elle paye quand elle escompte des effets de commerce, quand elle donne aux détenteurs des effets la valeur qui en est la représentation; elle reçoit quand elle touche à leur échéance ces mêmes effets.

Comment paye-t-elle la valeur représentative des effets qu'elle escompte? elle la paye en billets de banque, mais le lendemain ses billets de banque peuvent être présentés à son guichet. D'un autre côté, la banque, après avoir encaissé les effets, en touche le montant. Comment la paye-t-on? en billets de banque ou en numéraire, et alors il arrive ceci: quand le public commerçant et industriel n'a pas besoin de numéraire métallique, les billets de banque qui sont donnés par la banque en échange des effets de commerce ne viennent pas à sa caisse pour être échangés en écus, ils restent dans la circulation. Quand on paye la banque, comme le public préfère les billets aux écus, on la paye en écus plutôt qu'en billets, de sorte que ce sont les écus qui s'amassent dans les caves de la banque.

Au contraire lorsque, comme l'année dernière, le commerce français a besoin de solder à l'étranger des matières premières, telles que le blé, la soie, et qu'il ne peut les solder avec des lettres de change de la France sur l'étranger, où va-t-on chercher le numéraire nécessaire ? Dans les caves de la banque où il s'est amassé. C'est ainsi que disparaît l'encaisse métallique.

Alors, au point de vue de l'encaisse métallique, à quoi sert le capital ? Par le projet, le capital est augmenté de 100 millions. Comment seront-ils payés ? En écus ou en billets ? Ils le seront évidemment en billets. La banque sera soulagée d'autant, parce qu'elle aura retiré ses billets.

L'honorable M. Kœnigswarter a dit que les 100 millions dont il s'agit, qui vont être pris à quelqu'un, qui vont être demandés au public, causeront un vide sur le marché des capitaux, que si on les emploie exclusivement à l'escompte du papier de commerce, ils manqueront aux capitaux ; c'est vrai, et c'est pour cela qu'ils ne doivent pas être employés à l'escompte que la banque doit faire avec ses billets. Quand la banque fait l'escompte des effets de commerce avec ses billets, elle fait une opération raisonnable ; voici pourquoi : c'est que l'escompte des effets de commerce répond à une véritable transaction commerciale déjà opérée, qui doit se solder à l'échéance en espèces ou en billets. Le billet de banque ainsi employé répond donc à une nécessité commerciale, et voilà pourquoi il y a peu d'abus à craindre, toutes les fois que la banque n'emploie ses billets qu'à l'escompte.

Mais quand elle se livre à ces opérations avec son capital, c'est une véritable déperdition de force. L'orateur du gouvernement ne comprendrait pas que pendant plusieurs années prospères, la banque restât avec son capital improductif ou inactif: improductif ou inactif parce qu'elle l'emploierait à l'escompte des effets de commerce, alors qu'elle aurait pu tout aussi bien y employer ses billets. Voilà pourquoi le capital n'a pas besoin de rester dans les caisses de la banque. M. le commissaire du gouvernement ne dit pas qu'il faille qu'elle le place en totalité en rentes, parce qu'il faut qu'elle puisse en avoir une partie disponible, à certains moments donnés, pour des emplois plus utiles; mais en l'employant en rentes, on ne cause aucun dommage au commerce.

On a parlé légèrement, suivant M. le conseiller d'État, des besoins du Trésor. C'est rendre au commerce un véritable service que de dégager la situation du Trésor. Le Corps législatif sait que, depuis deux ans, ses commissions de finances ont appelé l'attention du gouvernement sur le chiffre élevé des découverts et de la dette flottante. Par suite de ces déclarations et d'une situation que le pays connaît parfaitement, car la situation du trésor n'est jamais, en France, un mystère pour personne, depuis six mois, un an, on dit partout qu'un emprunt sera nécessaire. Au mois d'octobre de l'année dernière, par exemple, alors que la banque de

France se trouvait en face d'une crise monétaire, on disait à la bourse : Dans huit jours, il y aura un emprunt de 200 millions. C'est donc faire quelque chose d'utile aux affaires que de dégager la situation de cette crainte permanente, et de rendre au marché sa liberté. Or c'est là le grand service qui sera rendu par le projet de loi.

Cela est si vrai, qu'il n'est pas une personne au courant des affaires qui ne considère ce projet comme bon et qui n'approuve l'emploi en rentes. Mais, tout en approuvant l'emploi en rentes, on voudrait que ces rentes fussent achetées sur la place, afin de la débarrasser des titres flottants. On aurait raison, mais à une condition : c'est que le Trésor ne fût pas dans une situation qui l'oblige à avoir recours à l'emprunt. En effet, qu'aurait-on fait ? On aurait amené ce résultat, qui s'est produit souvent quand l'amortissement opérait en même temps qu'on empruntait, c'est-à-dire que, tandis que d'une main l'État par l'amortissement rachetait des rentes assez cher, de l'autre main l'État en vendait assez bon marché. Si l'on avait employé le capital de la banque à racheter des rentes sur la place, on aurait bien pu faire monter les cours, au grand bénéfice des porteurs d'inscriptions, mais dans six mois l'État serait venu émettre un emprunt. Alors les cours seraient redescendus dans une proportion plus considérable qu'ils n'auraient monté, et l'État aurait perdu, sans profit pour personne, sinon pour certains individus dont on ne fera pas reproche à l'État de ne pas se préoccuper dans cette circonstance.

M. Kœnigswarter a dit que l'État n'avait pas besoin

d'emprunter, puisqu'il ne devait recevoir que dans dix-huit mois seulement les 100 millions que la banque aura à verser au Trésor. Cela est vrai ; l'État n'a pas besoin d'emprunter immédiatement, voilà pourquoi il laisse à la banque ces 100 millions pendant dix-huit mois. La banque, à son tour, les laissera dans le courant des affaires ; les valeurs flottantes qui proviennent du dernier emprunt auront ainsi le temps de se classer. Suivre le conseil que M. Kœnigswarter donne au gouvernement, ce serait rendre de plus en plus imminent l'emprunt que les commissions de finances ont déclaré nécessaire pour consolider les découverts ; ce serait ajourner la liberté que doit recouvrer la place en se voyant dégagée de la crainte de tout emprunt. Déjà la loi qui autorise le gouvernement à employer en rente les 80 millions de la dotation de l'armée promet d'alléger la situation du marché. Le projet de loi actuellement en discussion sera un nouveau service rendu au commerce et à l'industrie. L'empereur, dans le discours par lequel il a ouvert cette année la session du Corps législatif et du Sénat, a annoncé que le gouvernement n'aurait pas besoin de recourir au crédit. Voilà par quel procédé sera tenu l'engagement pris par l'Empereur.

Mais, du moins, on aurait pu faire quelque chose pour le commerce, a-t-on dit, une de ces trois choses, par exemple : ou bien supprimer la nécessité de la troisième signature sur les effets présentés à l'escompte de la banque, ou bien réduire le taux de l'intérêt de ses escomptes, ou bien encore lui retirer le droit d'escompter au-dessous de 90 jours.

Sur le premier point, M. le commissaire du gouvernement fait remarquer que la troisième signature, nécessaire à la banque, est utile surtout au petit commerce, dont le crédit n'est pas connu de la banque, et qui ne pourrait pas se faire escompter sans cette garantie. C'est là, du reste, une réclamation aujourd'hui abandonnée. Il en est de même pour la limitation du taux de l'intérêt. Le taux de l'intérêt dépend des circonstances; on ne peut le limiter; et cela est si vrai que le projet de loi fait sur ce point le contraire de ce qu'on demandait autrefois.

Quant à la durée des escomptes, le conseil d'État n'a pu consentir à ce qu'on interdît à la banque d'escompter à 60 jours. Voici pourquoi : de toutes les restrictions que la banque est obligée d'imposer au commerce en temps de crise, la plus dure, la plus douloureuse, c'est assurément la restriction de la durée des échéances. Le conseil d'État ne le méconnaît pas, et c'est pour cela précisément que le projet accorde à la banque le droit d'élever le taux de ses escomptes au-dessus de 6 p. 100; cela rendra moins nécessaire la diminution de l'échéance des effets escomptés. Quant à retirer absolument ce droit à la banque, il ne le fallait pas dans l'intérêt du commerce lui-même. Mieux vaut, en effet, pour le commerce, voir la banque restreindre la durée de ses échéances, que de la voir refuser d'escompter. Or, la banque pourrait être forcée de cesser ses escomptes, si on lui retirait le droit de restreindre les échéances. Mieux vaut le crédit de soixante jours seulement, que pas de crédit du tout. Il a donc fallu laisser à la banque tous les moyens défensifs qui lui ont été accordés dans l'intérêt même du commerce, autrement on amènerait le désastre de la banque elle-même. Voilà à quel point de vue le projet de loi fait pour le commerce tout ce qu'il était possible de faire.

Que fait-il pour l'État ? Ici la situation change : on reprochait au projet de trop faire pour l'État, de ne pas faire assez pour le commerce. On lui reproche maintenant de ne pas faire assez pour l'État. M. le commissaire du gouvernement demande sur quel principe repose le privilége de la banque de France. Soutient-on que ce privilége devait être aliéné à titre onéreux ? Rien de pareil n'est proposé. En 1840, cette pensée s'est produite, mais timidement. Voici dans quels termes elle était repoussée par un des commerçants les plus considérés de Paris, par un homme bien connu pour sa grande expérience en matière de finance et de commerce, M. Legentil : « Que doit-on demander à la banque ? disait M. Legentil en 1840. De rendre au commerce le plus de services possible, rien de plus ; mais lui en demander le prix, ce serait, permettez-moi de le dire, suivre le système du moyen âge qui consistait à rançonner tous ceux qui s'enrichissaient. » M. le commissaire du gouvernement ajoute que ces paroles furent accueillies par la chambre avec des marques unanimes d'approbation. L'État ne doit pas vendre à la banque son privilége, parce qu'il faut que l'État ait toute action sur la banque pour l'obliger à rendre au commerce tous les services possibles. Il ne faut pas que la banque puisse dire : Si je n'escompte pas à un taux modéré, c'est que j'ai à payer mon privilége à l'État. Donner à la banque le droit de tenir ce langage, ce serait créer une sorte de conflit dangereux entre le public et l'État.

Mais parce que l'État ne vend pas le privilége, ne doit-il pas demander à la banque tous les services qu'il est dans sa nature de rendre? C'est ce que le projet de loi lui permettra de faire. On augmente le cautionnement de la banque de manière à la mettre en position d'accroître ses affaires. Mais cette augmentation de capital sera employée en rentes. Voilà un service qu'il était dans la nature de la banque de rendre, et que l'État pouvait demander sans la faire sortir de la liberté d'action qu'elle doit conserver.

A quel taux ces rentes doivent-elles être livrées à la Banque par l'État? La commission demandait le taux de 85 fr., parce que, selon elle, le taux de 75 fr. semblerait indiquer que d'ici à 1859 les cours du 3 p. 100 ne dépasseraient pas 75 fr. Ce n'est pas le conseil d'État assurément qui aurait opposé des difficultés à la commission en ce qui concerne le cours de la rente. Le conseil d'État a dit : Oui, il est possible et cela est désirable que le cours des effets publics soit au-dessus de 75 fr., et c'est ce qui l'a décidé à écrire dans la loi, avec la commission, que les rentes seraient livrées à la banque au cours moyen du mois qui précéderait chaque versement, en fixant un minimum de 75 fr.

Ainsi le taux de 75 fr. n'est pas le prix auquel les rentes seront livrées, c'est un minimum. L'État a donc mis de cette manière toutes les chances de son côté : si la rente est à un prix élevé, la banque les payera à ce prix élevé; si, au contraire, la rente reste au-dessous de 75 fr., la banque payera toujours 75 fr. Fallait-il aller plus loin? Fallait-il mettre la rente au minimum de 80 ou de 85 fr.? Si l'on s'engageait dans cette voie, on sortait de la position nette et précise que M. le commissaire du gouvernement vient d'indiquer. On ne fixait pas le taux de la rente, mais bien le prix du privilége, et alors on le fixait trop bas. Voilà pourquoi le conseil d'État n'a admis qu'une partie de l'amendement de la commission.

Il y a dans le traité qui est annexé au projet de loi une autre condition : c'est celle en vertu de laquelle la banque fait à l'État une avance permanente, ouvre un crédit permanent de 80 millions, réductible à 60 millions, et qui comprendra les 55 millions prêtés par la banque au Trésor, en 1848. M. Kœnigswarter a, suivant M. le commissaire du gouvernement, considérablement méconnu les avantages de ce traité. La banque ouvre à l'État un crédit de 60 millions; puis, quand l'État aura déposé à la banque des fonds en compte courant, il y aura compensation entre les sommes déposées par l'État à la banque et celles avancées par la banque à l'État, de sorte que l'État n'aura pas d'intérêts à payer. L'orateur du gouvernement ne conteste pas que ce ne soit là ce qui se passe entre la banque et les particuliers. Mais il fait remarquer que si la banque reçoit des fonds en compte courant sans payer d'intérêts, c'est que la banque n'a jamais voulu appeler dans ses caisses, par ce moyen, que les fonds qui ne cherchent pas un placement; elle n'a pas voulu solliciter ainsi les fonds qui cherchent à être productifs. En échange des fonds qui dormaient dans les caisses des commerçants, et qu'elle reçoit dans les siennes, elle rend aux déposants le service de se charger des recouvrements à faire pour eux et de leur ouvrir un compte courant. C'est là le seul service qu'elle rende en échange des fonds déposés dans ses caisses.

Attacher d'ailleurs un intérêt à des fonds qui sont restituables à toute heure, ce serait ajouter à la responsabilité que fait peser sur elle l'échéance de ses billets au porteur, la nouvelle responsabilité que lui imposerait le dépôt dans ses caves d'une masse de fonds toujours exigible. Comment la banque agirait-elle à l'égard de l'État autrement qu'à l'égard du public? Lorsque l'État dépose des fonds en compte courant, il ne perçoit pas d'intérêts. Cependant il y a pour l'État une situation un peu différente de celle du public. Cette situation explique le traité au point de vue de l'équité et de la justice. Le Trésor a à la banque presque toujours des fonds en compte courant; c'est une moyenne de 50 ou 60 millions. Dès lors la banque est toujours assurée d'avoir 50 ou 60 millions à l'État déposés chez elle. Puisqu'il en est ainsi, il n'y avait rien que de juste de la part du Trésor à dire à la banque : En échange de ces 60 millions toujours déposés chez vous en compte courant, je vous demande de m'ouvrir un crédit de pareille somme et d'admettre la compensation d'intérêts. La compensation d'intérêts pouvant aller au delà aurait créé à l'État vis-à-vis de la banque une situation qui n'aurait été ni convenable ni juste.

Dira-t-on que l'État n'y gagne rien? Il faut que l'État ait toujours un fonds de roulement considérable. Ce sont les fonds de tous les comptables de l'État : ils s'élèvent à 200 ou 250 millions. Ce fonds de roulement est en général fourni par l'anticipation des recettes sur les dépenses. Pour parfaire ce qui est nécessaire au service public, il faut que l'État demande à la dette flottante les 60 ou 70 millions qui représentent en moyenne son encaisse à la banque. Dès lors il forme habituellement son encaisse à la banque avec 60 ou 70 millions, qui sont fournis par la dette flottante, qui sont recueillis par l'État sous forme de bons du Trésor, et dont il paye l'intérêt de 4 à 5 p. 100; son encaisse à la banque lui coûte donc de 4 à 5 p. 100. Par l'ouverture du crédit que lui fait la banque, le Trésor aura son compte courant habituel à la banque, compte courant nécessaire au service de la trésorerie, sans qu'il lui en coûte un sou d'intérêt : c'est, sur 60 millions, une économie de 4 à 5 p. 100 par an. Voilà l'avantage; n'est-ce pas quelque chose? Seulement le conseil d'État a admis l'amendement de la commission qui limite à 3 p. 100 l'intérêt que le Trésor pourra avoir à payer à la banque en vertu du traité seulement.

Fallait-il aller plus loin? On a dit qu'il aurait été bon de stipuler au profit de l'État un partage dans les bénéfices de la banque. M. le commissaire du gouvernement croit que cette combinaison serait la pire de toutes; elle établirait entre la banque et l'État une solidarité dangereuse. A l'appui de cette prétention, on a cité l'exemple des chemins de fer, dont les cahiers de charges contiennent la clause de partage des bénéfices au profit de l'État; mais pour comprendre la différence qui existe entre les deux situations, il suffit de se rappeler comment cette clause s'est introduite dans les cahiers de charges de certains chemins de fer.

Les travaux de ces chemins étaient exécutés en vertu

de la loi de 1842, qui chargeait l'État de la dépense des terrassements et de l'achat des terrains; du moment où les dépenses étaient partagées, il était tout naturel que les bénéfices le fussent aussi. Mais, y a-t-il quelque parité entre l'exploitation d'un chemin de fer et l'exploitation d'une banque? évidemment non. Si la clause de partage des bénéfices existait pour la banque de France, cet établissement ne pourrait pas élever le taux de son escompte que le gouvernement ne fût aussitôt soupçonné d'avoir autorisé cette mesure dans le but d'accroître les bénéfices.

L'orateur fait remarquer que cette idée ne date pas d'aujourd'hui; on a dit, il y a longtemps déjà, qu'il fallait que la banque appartînt à l'État. Il importe, au contraire, beaucoup que le crédit de la banque et celui de l'État soient complétement distincts l'un de l'autre. Ainsi, lorsqu'au mois d'octobre de l'année dernière une crise s'est déclarée à la banque, cette crise n'aurait-elle pas risqué d'amener de grands malheurs si elle se fût en même temps manifestée au trésor? En 1848, alors que le trésor ne pouvait pas rembourser les fonds des caisses d'épargne, que fût-il arrivé si le crédit de la banque n'eût pas subsisté? C'est grâce à la banque de France que les intérêts de la dette purent être acquittés exactement, et elle a fourni pour cette destination, en 1848, 40 millions au mois de mars et 75 millions au mois de juin.

La mesure qui, à cette époque, a autorisé la banque de France à ne pas rembourser ses billets en numéraire n'a pas même produit de dépréciation sur les billets; ces excellents résultats étaient dus d'abord à la haute opinion que l'on avait dans le public de la sagesse avec laquelle la banque était administrée, et ensuite à la séparation complète de son crédit et de celui de l'État.

On a reproché au projet de loi d'être trop favorable à la banque; si l'orateur a été assez heureux pour prouver que le projet fait, pour le commerce, pour le public et pour l'État, tout ce qu'on est en droit d'en attendre, il ne restera plus d'autre critique que celle qu'on a élevée contre la durée du privilége.

L'honorable M. Kœnigswarter a demandé pourquoi ce renouvellement était demandé dix ans avant l'expiration du privilége actuel; il a rappelé qu'en 1840 le renouvellement n'avait devancé que de trois ans la date de l'expiration; il est même permis de supposer que, dans la pensée de l'honorable membre, trois années ne seraient pas nécessaires, et que l'on pourrait attendre jusqu'au 31 décembre 1869 pour traiter avec la banque au sujet du renouvellement.

M. le commissaire du gouvernement dit que pour peu qu'on réfléchisse aux nombreux intérêts impliqués dans les opérations de la banque, il est facile de comprendre que si l'existence de ce grand établissement ne doit pas être laissée en suspens, c'est beaucoup moins dans l'intérêt de la banque même que dans l'intérêt du commerce et de l'industrie; si en 1840 on a attendu que le privilége n'eût plus que trois années de durée, c'est parce que, pendant les années précédentes, le gouvernement et les Chambres avaient été livrés à des préoccupations d'une toute autre nature que les affaires de la banque de France.

Il faut d'ailleurs remarquer qu'en 1806 on a opéré à

peu près comme on se propose d'opérer aujourd'hui ; à cette époque, le privilége avait encore douze ans à courir et il a été prorogé pour vingt-cinq ans, total trente-sept ans ; en ce moment, il reste encore dix années de durée au privilége, on propose de le proroger de trente ans, total quarante ans, c'est-à-dire seulement trois ans de plus qu'en 1806. L'honorable M. Kœnigswarter, pour expliquer la longue durée du privilége accordé en 1806, a dit qu'à cette époque la banque de France étant à son début, il importait de lui donner des conditions de force et de durée dont elle peut se passer aujourd'hui ; l'orateur est d'avis, au contraire, que c'était surtout à la naissance d'une institution nouvelle et non encore éprouvée qu'on aurait pu vouloir faire acte de prudence, en limitant sa durée à une période plus courte que celle aujourd'hui proposée.

On fait remarquer que la loi de 1840 réservait au gouvernement le droit de retirer ou de modifier le privilége après une période de douze années ; M. le commissaire du gouvernement croit pouvoir expliquer de la manière suivante les motifs de cette disposition ; d'abord en 1840, c'était pour la première fois, depuis l'établissement du gouvernement représentatif, que la question des banques était discutée par les pouvoirs publics ; il y avait en outre une question qui préoccupait tous les esprits, la question des banques départementales ; il s'agissait de savoir si, dans un pays de centralisation comme la France, il y aurait dans les départements des banques indépendantes les unes des autres, ou si, au contraire, il n'y aurait qu'une banque centrale ayant des succursales dans les départements.

C'est en raison de cette préoccupation qu'on a inséré dans la loi de 1840 un article portant que les banques départementales ne pourraient désormais être établies ou prorogées qu'en vertu d'une loi ; en exécution de cette disposition, le privilége de la banque de Rouen a été renouvelé en 1842, avec une clause permettant de révoquer le privilége dans les deux années qui précéderaient le 31 décembre 1855. Dans le projet présenté en 1856 pour le renouvellement du privilége de la banque de Bordeaux pour une durée de vingt années (de 1848 à 1868), on a introduit une clause portant que le privilége pourrait être retiré ou modifié par une loi rendue dans l'une des deux sessions qui précéderait le 31 décembre 1855.

L'orateur indique encore une autre considération contre le système de la concession à courte durée : si une combinaison de cette nature a été possible à d'autres époques, elle est complétement impossible aujourd'hui; en effet, il s'est créé une foule d'institutions qui prouvent qu'une longue durée est maintenant considérée comme un élément essentiel de succès dans les grandes affaires. Dans l'opinion de l'orateur, il est impossible, au point de vue des principes financiers, d'approuver des dispositions qui donnaient aux deux établissements de banque dont il vient de parler une aussi courte durée; mais elles s'expliquent par ce fait que le législateur voulait ramener à une même époque la durée de toutes les banques, pour être à même de décider, à un jour donné, la question d'une banque centrale. Cette question a été résolue en 1848 dans des conditions telles que la banque de France a suffi, dans les circonstances les plus graves, à tout ce qu'on était en droit d'attendre d'elle dans l'intérêt du commerce et de l'industrie.

Pour démontrer que les longues concessions sont aujourd'hui généralement considérées comme indispensables dans les grandes affaires, on peut citer les entreprises des chemins de fer, dont les concessions sont faites pour quatre-vingt-dix-neuf ans; sans doute, les conditions d'un établissement de banque ne doivent pas, au point de vue de la durée, être comparées à celles d'un chemin de fer; cette dernière entreprise a besoin d'une plus longue exploitation pour amortir son capital; il n'en est pas moins prouvé que depuis plusieurs années on s'est accoutumé à des affaires de longue durée; les sociétés du crédit foncier et du crédit mobilier sont constituées pour quatre-vingt-dix-neuf ans; le comptoir d'escompte, cet établissement qui ne vit que par la banque de France, puisqu'il ne peut renouveler son capital qu'au moyen de réescomptes, le comptoir d'escompte, ce satellite de la banque, est en jouissance d'un privilége renouvelé pour trente ans en 1854.

Dans ces circonstances et en face de ces exemples, le gouvernement a pensé que la faculté réclamée par la commission de réduire à une période peu étendue le privilége de la banque serait pour cet établissement un véritable échec moral. La commission, qui avait reconnu qu'une durée de trente ans était nécessaire, voulait faire une coupure à l'expiration des quinze premières années; le conseil d'État a dû repousser cette proposition par les raisons qui viennent d'être indiquées, et, en outre, par ce motif que le traité joint au projet de loi est un véritable contrat entre la banque et l'État; il était impossible de laisser à une des parties contractantes le droit de modifier les clauses de ce contrat et d'obliger la banque à renoncer à l'une de ces clauses.

M. le commissaire du gouvernement a dit tout à l'heure par quels motifs on aurait pu, en 1806, soutenir qu'à cette époque il n'était pas nécessaire de donner trente ans de durée au privilége de la banque; aujourd'hui, on invoque contre cette même durée des motifs tout autres; on dit que les progrès de la science économique et de l'industrie pourront peut-être, dans un avenir prochain, révéler la nécessité de modifications importantes dans les statuts de la banque de France; c'est encore là un argument qui aurait pu être bon en 1806, mais après cinquante ans d'existence, lorsque la banque, en 1856, est arrivée à un chiffre annuel d'affaires de plus de 5 milliards et demi, n'est-il pas bien démontré que cette institution est assise sur des bases telles qu'elle peut facilement se prêter à tous les développements et satisfaire à tout ce que le commerce et le crédit sont en droit d'en attendre? L'orateur n'ignore pas que, de même qu'on a cherché autrefois la pierre philosophale, certains esprits rêvent aujourd'hui un système de banque qui, on ne sait par quels moyens, suffirait à tous les besoins, quelque étendus qu'on pût les supposer. Tant que le capital ne pourra se former que grâce au travail et à la patience, de semblables idées devront être considérées comme des chimères, et lorsqu'on prétend réserver dans la loi une place pour leur réalisation possible, autant vaudrait dire qu'on ne peut pas adopter le projet.

M. le commissaire du gouvernement fait remarquer,

au surplus, que si l'avenir révélait l'utilité de certaines combinaison nouvelles, rien ne s'opposerait à ce qu'elles fussent adoptées d'un commun accord ; c'est ainsi qu'en 1834, la banque a été autorisée à prêter sur dépôt de rentes ; c'est ainsi que, depuis, ont été créés les billets de 200 fr. et de 100 fr. Il est même remarquable que la loi de 1840, qui a renouvelé le privilége, ne contient aucune innovation de cette nature. Pour que des modifications utiles puissent être admises, il n'est pas nécessaire de réserver à l'État le droit de modifier les statuts de la banque à époque fixe ; le gouvernement exerce toujours sur cet établissement l'autorité la plus légitime de toutes, l'autorité du conseil ; il lui sera toujours facile d'amener la banque à adopter des mesures reconnues bonnes et profitables.

En un mot, la fixation du délai de trente ans, disposition restrictive, ferme la porte au mal et la laisse toujours ouverte au bien. C'est dans cet esprit de conservation que la loi a été rédigée ; ce sont ces considérations qui engageront le Corps législatif à l'adopter.

Aucun membre ne réclamant plus la parole, la discussion générale est fermée.

M. le président met successivement aux voix les articles du projet rédigés d'accord par la commission et par le conseil d'État.

Les sept premiers articles sont adoptés.

L'article 8 est ainsi conçu :

« La banque de France pourra, si les circonstances l'exigent, élever au-dessus de 6 p. 100 le taux de ses escomptes et l'intérêt de ses avances.

« Les bénéfices qui seront résultés, pour la banque,

de l'exercice de cette faculté, seront déduits des sommes annuellement partageables entre les actionnaires, et ajoutés au fonds social.

M. Perret dit qu'il ne veut pas rentrer dans la discussion du projet ; seulement, comme il a toujours respecté les lois du pays sans jamais contester l'obéissance qui leur est due, il se croit forcé de demander quelques explications sur l'article 8, qui est en contradiction avec une loi antérieure.

Il existe une loi qui a toujours inspiré quelques doutes sur son utilité, c'est la loi du 3 septembre 1807, relative à la fixation du taux de l'intérêt ; cette loi est-elle aujourd'hui bien opportune, en présence du prodigieux développement qu'ont pris les affaires ? est-elle bien dans nos mœurs actuelles ? C'est ce que l'orateur ne veut ni examiner ni discuter ; mais en présence de la disposition proposée et qui a pour but d'autoriser une perception d'intérêt de plus de 6 p. 100, il demande des explications sur les deux points suivants. D'abord, qui sera juge des circonstances dans lesquelles ce fait pourra avoir lieu ? Sera-ce le gouvernement ou la banque ? D'un autre côté, que deviendra la loi de 1807 ? Continuera-t-elle à vivre concurremment avec cet article 8 ? Le rapport ne contient à cet égard aucun éclaircissement. On a objecté qu'en Angleterre la banque peut, à sa volonté, élever le taux de l'intérêt ; mais en Angleterre il n'y a pas de loi de 1807.

L'honorable membre se demande quel spectacle serait donné au pays, si, au moment même où la banque aurait le droit d'élever au-dessus de 6 p. 100 l'intérêt de ses escomptes, on voyait poursuivre en police correctionnelle, comme usurier, un homme qui aurait prêté à 6 1/2 ou à 7.

M. Baroche, président du conseil d'État, commissaire du gouvernement, dit que les observations qui viennent d'être présentées ne l'obligent pas à rentrer dans la question qui a été si bien traitée par son collègue, M. Vuitry; en d'autres termes, il n'a pas à revenir sur l'utilité de l'article 8, à l'occasion duquel l'interpellation a été produite. M. Vuitry a expliqué d'une manière complète dans quel but l'élévation du taux de l'escompte avait été d'abord présentée par le gouvernement, puis acceptée par lui avec la modification proposée par la commission. C'est pour entrer dans la voie indiquée par un amendement de la commission que le gouvernement a consenti à modifier l'article 8, dont le premier paragraphe a été ainsi rédigé d'un commun accord: « La banque de France pourra, si les circonstances l'exigent, élever au-dessus de 6 p. 100 le taux de ses escomptes et l'intérêt de ses avances. » Ce qu'il y avait de mieux à faire pour réaliser une pensée qui a préoccupé le gouvernement et la commission, c'était de donner à la banque le moyen de se défendre contre la surabondance des escomptes qu'on réclame d'elle.

Le seul moyen que la banque eût jusqu'ici à sa disposition, c'était de réduire à soixante-quinze jours ou même à soixante le terme de quatre-vingt-dix jours, durée ordinaire des échéances; ce qui devenait pour le commerce une condition rigoureuse. L'élévation du taux de l'escompte paraît être une mesure qui pourra être employée plus habituellement et avec beaucoup moins d'inconvénients ; elle permettra aussi à la banque de maintenir l'équilibre entre elle et les banques étrangères, lorsque celles-ci, par l'élévation de leurs escomptes, tendraient à épuiser ou à diminuer notablement son encaisse métallique.

Mais M. Perret a demandé d'abord qui serait juge de ces circonstances à raison desquelles serait élevé le taux de l'escompte. Sera-ce la banque ? sera-ce le gouvernement ? M. le président du conseil d'État répond que ce sera à la fois le gouvernement et la banque. On sait comment cet établissement est organisé ; son administration délibère, et le gouverneur peut opposer son *veto*. Or, le gouverneur de la banque est le représentant de l'intérêt général et de l'administration près cet établissement, qui, à cause de son importance, ne peut être appelé un établissement particulier, mais qui ne dépend pas directement de l'État. Lorsque la banque jugera opportun d'user de la faculté de l'article 8, il arrivera ce qui arrive pour la limitation de la durée de l'escompte. Elle délibérera, et sa délibération sera soumise à l'approbation du gouverneur, ce qui veut dire que la mesure aura besoin de la sanction du gouvernement. Ainsi le gouvernement et la banque décideront.

L'honorable M. Perret a ensuite posé une autre question; il a demandé ce qui adviendrait de la loi de 1807 en dehors de la banque, lorsque cette loi se trouverait en face de la disposition proposée par l'article 8 du projet. M. Perret a refusé d'admettre l'argument que le rapport tire de l'exemple de l'Angleterre. M. le président du conseil d'État pourrait insister sur cet exemple en rappelant qu'en Angleterre, avant 1833, le cours légal de l'intérêt était fixé. En 1833, la banque anglaise fut dispensée de l'exécution des lois antérieures sur l'usure; on lui donna la faculté d'aller au delà de la limite fixée par ces lois. Quelque temps après, la même mesure fut prise d'une manière générale en matière de commerce.

Le même sort est-il réservé en France à la loi de 1807? M. le président du conseil d'État ne peut le dire encore. Il rappellera seulement que cette loi, surtout en ce qui concerne le taux de l'intérêt commercial, a été l'objet d'observations critiques de la part des économistes. Il y a là une question qui préoccupe gravement le gouvernement; elle ne restera pas longtemps indécise, et le Corps législatif sera sans doute prochainement appelé à l'examiner, quoique M. le président du conseil d'État ne puisse pas promettre que ce doive être dans la prochaine session.

La troisième question de M. Perret est celle-ci: qu'adviendra-t-il en dehors de la banque tant que la loi de 1807 ne sera pas modifiée? La réponse est simple. Tant qu'une loi n'est pas modifiée, elle doit être respectée et obéie; la loi de 1807 devra continuer de recevoir son exécution.

M. le président du conseil d'État répète en finissant que le gouvernement s'occupe de la question et qu'elle ne restera pas longtemps sans être résolue.

L'article 8 (nouvelle rédaction concertée entre la commission et le conseil d'État) est mis aux voix et adopté.

Les articles 9, 10, 11 et 12 sont également votés.

Au scrutin, l'ensemble du projet de loi est adopté à la majorité de 225 suffrages contre 15 sur 240 votants.

V

QUESTIONNAIRE

FORMULÉ PAR LA COMMISSION CHARGÉE DE L'ENQUÊTE SUR LES BANQUES

N. B. Pendant que ce volume était sous presse, la Commission d'enquête a publié le questionnaire ci-après, adopté par elle comme base de ses travaux. Nous avons répondu d'avance à la plupart des questions générales posées dans les paragraphes 2, 3, 4 et 5 de ce document. Un coup d'œil jeté sur notre table des chapitres suffira au lecteur pour trouver les éléments de solution des principales questions posées.

ENQUÊTE SUR LES PRINCIPES ET LES FAITS GÉNÉRAUX QUI RÉGISSENT LA CIRCULATION MONÉTAIRE ET FIDUCIAIRE

§ 1er. — *Des crises monétaires.*

1. Quelles ont été les causes de la crise monétaire de 1863-1864?

2. Quelles analogies et quelles différences cette crise a-t-elle présentées avec les crises antérieures?

3. Les crises monétaires tendent-elles à devenir plus fréquentes? Tendent-elles à devenir plus générales?

4. Quelles sont, dans un pays, les causes régulatrices du taux de l'intérêt?

5. Quelles sont les causes qui ont agi depuis dix ans sur le cours des métaux précieux?

6. Quelles sont les causes qui ont pu récemment réduire la disponibilité des capitaux?

7. Y a-t-il eu ralentissement dans la formation des épargnes ou mauvaise direction donnée à ces épargnes?

8. Y a-t-il eu insuffisance de capitaux ou excès d'entreprises?

9. La constitution de plusieurs sociétés de crédit, sous forme de sociétés anonymes, a-t-elle exercé de l'influence sur les embarras monétaires?

10. L'existence et l'organisation de ces sociétés sont-elles de nature à éloigner ou à rapprocher les causes de crise?

11. Quelle influence a exercée sur le marché intérieur la participation des capitaux français aux entreprises étrangères?

12. Quels avantages ou quels inconvénients présente la cote, à la bourse de Paris, des valeurs étrangères et des emprunts étrangers?

13. Quel a été, depuis dix ans, le mouvement d'entrée et de sortie des métaux précieux?

Y a-t-il des indications qui permettent de compléter les renseignements recueillis par l'administration des douanes?

14. Le déplacement du numéraire a-t-il lieu dans de fortes proportions ?

15. Quelles opérations donnent lieu à ce déplacement? Exerce-t-il une influence sensible sur les transactions et sur le loyer de l'argent? Existe-t-il des moyens de détruire ou de limiter cette action?

§ 2. — *De la monnaie fiduciaire.*

16. Quelle est l'utilité de la monnaie fiduciaire?

17. Le rôle de cette monnaie tend-il à devenir plus important?

18. Est-ce par les émissions de billets au porteur et à vue, ou à l'aide des compensations par virements, comptes courants, chèques, etc., que le crédit tend à se développer?

19. L'emploi de la monnaie fiduciaire peut-il prendre un développement indéfini? Si non, dans quelles limites doit-il être enfermé ?

§ 3. — *Des conditions d'une bonne monnaie fiduciaire.*

20. A quelles conditions l'emploi de la monnaie fiduciaire est-il sans inconvénients?

21. La convertibilité constante des billets est-elle indispensable ?

22. L'unité du billet de banque en favorise-t-elle la circulation?

23. Quels sont les inconvénients et les avantages de la pluralité des banques, soit générales, soit à circonscription limitée ?

§ 4. — *Des établissements qui émettent des monnaies fiduciaires.*

24. La banque de France satisfait-elle à toutes les conditions à exiger d'une banque d'émission? Sinon, quelles modifications seraient désirables dans son organisation ?

25. Quels avantages ou quelle infériorité présente l'organisation de la banque de France, relativement à l'organisation et au régime des banques, soit d'émission, soit de dépôt, des autres pays, notamment des banques d'Angleterre, des États-Unis, de Hambourg et de Hollande ?

26. Y a-t-il intérêt ou inconvénient à séparer le département de l'émission de celui de l'escompte ?

27. Le cours légal, tel qu'il existe en Angleterre, s'il était attribué aux billets de la banque de France, aurait-il pour effet d'en mieux assurer la circulation ?

28. Quel nombre de signatures une banque doit-elle exiger pour sa sécurité ?

29. L'émission des billets doit-elle être limitée? Convient-il de proportionner l'émission à l'encaisse ou au capital ?

§ 5. — *Du fonctionnement de la banque.*

30. A quel niveau doit être maintenu l'encaisse de la banque pour assurer la convertibilité des billets ?

31. Quelles sont les causes qui tendent à diminuer ou

à augmenter l'encaisse et les moyens à employer pour en maintenir le niveau?

32. Quel est le rôle et quelle est la destination du capital de la banque? Le capital doit-il être accru? Quels seraient les effets de cet accroissement?

33. La banque devrait-elle aliéner, en totalité ou en partie, les rentes qu'elle possède? Quels seraient les effets de cette aliénation?

34. Le capital des banques d'émission doit-il, en général, être un capital de garantie, ou peut-il être employé utilement dans les affaires de la banque?

35. Quels sont, pour les banques d'émission, et spécialement pour la banque de France, les avantages et les inconvénients des avances sur dépôt?

36. L'élévation de l'escompte est-elle le seul moyen efficace de maintenir ou de constituer l'encaisse?

37. Est-il possible de prévenir les variations de l'escompte ou de les renfermer dans de certaines limites?

38. Est-il possible d'imposer à une banque privilégiée un taux fixe d'escompte ou même de maximum?

39. Quels sont les avantages et les inconvénients des petites coupures, notamment au point de vue de la conservation de l'encaisse?

40. Quel est celui des moyens suivants de défendre l'encaisse qui présente le moins d'inconvénients pour le commerce : élever le taux de l'escompte, refuser un certain nombre de bordereaux, graduer le taux de l'escompte d'après les échéances?

41. Le développement actuel des relations interna-

tionales entraîne-t-il une certaine solidarité entre les encaisses de toutes les banques d'émission?

42. Quelles sont les conséquences de cette solidarité? Est-il possible de la faire cesser ou de la restreindre?

FIN DES ANNEXES.

TABLE DES MATIÈRES

CHAPITRE IV

DES BANQUES DE CIRCULATION

CHAPITRE V

CONSIDÉRATIONS POLITIQUES

DEUXIÈME PARTIE

CHAPITRE VI

LA CIRCULATION EN FRANCE, DE 1815 A 1857

CHAPITRE VII

LOI DU 9 JUIN 1857

CHAPITRE VIII

DE LA LIBERTÉ DES BANQUES

CHAPITRE IX

DES BANQUES RÉGIONALES

CHAPITRE X

RÉFORME DE LA BANQUE DE FRANCE

ANNEXES

FIN DE LA TABLE DES MATIÈRES.

Paris. Imprimerie de P.-A. BOURDIER et Comp., rue des Poitevins, 6.

www.ingramcontent.com/pod-product-compliance
Ingram Content Group UK Ltd.
Pitfield, Milton Keynes, MK11 3LW, UK
UKHW020321200726
13857UKWH00001B/238

9 782011 919113